Intendiertes Ermessen

Europäische Hochschulschriften

Publications Universitaires Européennes
European University Studies

Reihe II
Rechtswissenschaft

Série II Series II
Droit
Law

Bd./Vol. 3331

PETER LANG
Frankfurt am Main · Berlin · Bern · Bruxelles · New York · Oxford · Wien

Jasmin Beuermann

Intendiertes Ermessen

PETER LANG
Europäischer Verlag der Wissenschaften

Die Deutsche Bibliothek - CIP-Einheitsaufnahme

Beuermann, Jasmin :

Intendiertes Ermessen / Jasmin Beuermann. - Frankfurt am Main ; Berlin ; Bern ; Bruxelles ; New York ; Oxford ; Wien : Lang, 2002
(Europäische Hochschulschriften : Reihe 2, Rechtswissenschaft ; Bd. 3331)
Zugl.: Göttingen, Univ., Diss., 2001
ISBN 3-631-38929-9

Gedruckt auf alterungsbeständigem, säurefreiem Papier.

D 7
ISSN 0531-7312
ISBN 3-631-38929-9

Printed in Germany 1 2 3 4 5 7

www.peterlang.de

Meinen Eltern

Vorwort

Die vorliegende Arbeit wurde im März 2001 an der Juristischen Fakultät der Georg-August-Universtität Göttingen als Dissertation eingereicht.
Rechtsprechung und Literatur konnten im wesentlichen bis August 2001 Berücksichtigung finden.

Meinem Doktorvater, Herrn Professor Dr. Christian Starck, danke ich ganz besonders dafür, daß ich an seinem Lehrstuhl für Öffentliches Recht als wissenschaftliche Hilfskraft tätig sein durfte, er mir bei der Erstellung der Arbeit alle Freiräume ließ und das Erstgutachten überaus zügig erstellte.
Herrn Professor Dr. Werner Heun danke ich ebenfalls für die äußerst rasche Anfertigung des Zweitgutachtens.

In freundschaftlicher Verbundenheit richte ich meinen Dank ferner an Herrn Dr. Volker Schlette und Herrn Dr. Thorsten Ingo Schmidt. Auf Herrn Dr. Schlette geht die Anregung des Themas zurück; Herr Dr. Schmidt unterstützte mich mit wertvollen Hinweisen bei der Überarbeitung.

Nicht zuletzt möchte ich meinem Ehemann Sascha Beuermann für seinen unermüdlichen moralischen Rückhalt, seine beständige Diskussionsbereitschaft und die Hilfe bei den Korrekturarbeiten danken.

Hannover, im September 2001 *Jasmin Beuermann*

Inhaltsverzeichnis

2. Teil:

Rechtliche Würdigung des intendierten Ermessens

3. Teil:

Konsequenzen des intendierten Ermessens

Anhang:

Entscheidungsübersicht zum intendierten Ermessen

Abkürzungsverzeichnis

a.A. .... anderer Ansicht
a.F. .... alte, durch Gesetzesänderung überholte Fassung
aaO .... am angegebenen Ort
Abs. .... Absatz
AFWoG......................... Gesetz über den Abbau der Fehlsubventionierung im Wohnungswesen
Alt. .... Alternative
Anm. .... Anmerkung
AO .... Abgabenordnung
AöR .... Archiv des öffentlichen Rechts
Art. .... Artikel
AuslG .... Gesetz über die Einreise und den Aufenthalt von Ausländern im Bundesgebiet
Az............................... Aktenzeichen
BadWürttAGFlHG .... Baden-Württembergisches Gesetz zur Ausführung des Fleischhygienegesetzes
BadWürttGBl. .... Gesetzblatt für Baden-Württemberg
BadWürttHO .... Baden-Württembergische Haushaltsordnung
BadWürttPolG .... Baden-Württembergisches Polizeigesetz
BadWürttStaatshaushaltsG . Baden-Württembergisches Staatshaushaltsgesetz
BAG............................. Bundesarbeitsgericht
BauGB .... Baugesetzbuch
BauR .... Zeitschrift für das gesamte öffentliche und zivile Baurecht
BayAFWoG .... Gesetz über den Abbau der Fehlsubventionierung im Wohnungswesen in Bayern
BayBG .... Bayerisches Beamtengesetz
BayBO .... Bayerische Bauordnung
BayVBl. .... Bayerische Verwaltungsblätter (Zeitschrift)
BB .... Betriebs-Berater (Zeitschrift)
BBauBl. .... Bundesbaublatt
BBauG .... Bundesbaugesetz

BBG	Bundesbeamtengesetz
BDSG	Bundesdatenschutzgesetz
BerlDSG	Gesetz über den Datenschutz in der Berliner Verwaltung
BerlGVBl.	Gesetz- und Verordnungsblatt für Berlin
BerlZwBesG	Berliner Gesetz zur Beseitigung der Zweckentfremdung von Wohnraum
BerlZwVbVO	Berliner Zweckentfremdungsverbot-Verordnung
BErzGG	Bundeserziehungsgeldgesetz
BFH	Bundesfinanzhof
BFHE	Sammlung der Entscheidungen des Bundesfinanzhofes
BGB	Bürgerliches Gesetzbuch
BGBl.	Bundesgesetzblatt
BGH	Bundesgerichtshof
BImSchG	Gesetz zum Schutz vor schädlichen Umwelteinwirkungen durch Luftverunreinigungen, Geräusche, Erschütterungen und ähnliche Vorgänge
BKatV	Bußgeldkatalogverordnung
BRS	Baurechtssammlung, Rechtsprechung des BVerwG, der OVGe der Länder und anderer Gerichte zum Bau- und Bodenrecht
BSG	Bundessozialgericht
BSHG	Bundessozialhilfegesetz
Bsp.	Beispiel
BStBl.	Bundessteuerblatt
BT-Drs.	Bundestagsdrucksache
BVerfG	Bundesverfassungsgericht
BVerfGE	Sammlung der Entscheidungen des Bundesverfassungsgerichts
BVerfSchG	Gesetz über die Zusammenarbeit des Bundes und der Länder in Angelegenheiten des Verfassungsschutzes und über das Bundesamt für Verfassungsschutz
BVerwG	Bundesverwaltungsgericht

BVerwGE	Sammlung der Entscheidungen des Bundesverwaltungsgerichts
bzw.	beziehungsweise
d.h.	das heißt
DDR	Deutsche Demokratische Republik
DDR-URG	Umweltrahmengesetz der Deutschen Demokratischen Republik
ders.	derselbe
Diss.	Dissertation
DÖV	Die Öffentliche Verwaltung (Zeitschrift)
DVBl.	Deutsches Verwaltungsblatt (Zeitschrift)
DVP	Deutsche Verwaltungspraxis (Zeitschrift)
ebd.	ebenda
EFG	Entscheidungen der Finanzgerichte
ESVGH	Entscheidungssammlung des Hessischen Verwaltungsgerichtshofs und des Verwaltungsgerichtshofs Baden-Württemberg mit Entscheidungen der Staatsgerichtshöfe beider Länder
etc.	et cetera
f	folgende (Singular)
FEVS	Fürsorgerechtliche Entscheidungen der Verwaltungs- und Sozialgerichte
ff	folgende (Plural)
FG	Finanzgericht
Fn.	Fußnote
FS	Festschrift
GastG	Gaststättengesetz
GBl.	Gesetzblatt/Gesetzblätter
GewArch	Gewerbearchiv (Zeitschrift)
GewO	Gewerbeordnung
GG	Grundgesetz für die Bundesrepublik Deutschland – Bonner Grundgesetz
GjS	Gesetz über die Verbreitung jugendgefährdender Schriften
GjSM	Gesetz über die Verbreitung jugendgefährdender Schriften und Medieninhalte

GmS-OGB .... Gemeinsamer Senat der obersten Gerichtshöfe des Bundes (gemäß Gesetz zur Wahrung der Einheitlichkeit der Rechtsprechung der obersten Gerichtshöfe des Bundes vom 16.6.1968, BGBl. I, 661)

GS .... Gedächtnisschrift

GüKG .... Güterkraftverkehrsgesetz

GVBl. .... Gesetz- und Verordnungsblatt

h. M. .... herrschende Meinung

HbgDenkmSchG............. Hamburger Denkmalschutzgesetz

HbgGVBl. .... Hamburgisches Gesetz- und Verordnungsblatt

HessFG .... Hessisches Finanzgericht

Hrsg. .... Herausgeber/in

HS .... Halbsatz

HwO............................. Handwerksordnung

i. d. F. .... in der Fassung

i. E. .... im Ergebnis

i. S. .... im Sinne

i. S. v. .... im Sinne von

i. V. m. .... in Verbindung mit

insbes. .... insbesondere

JA................................ Juristische Arbeitsblätter (Zeitschrift)

JuS .... Juristische Schulung (Zeitschrift)

JZ .... Juristenzeitung (Zeitschrift)

KWKG.......................... Gesetz über die Kontrolle von Kriegswaffen

lit. .... litera (Buchstabe)

LKV .... Landes- und Kommunalverwaltung (Zeitschrift)

Losebl. .... Loseblattsammlung

LStrVG By.................... Bayerisches Gesetz über das Landesstrafrecht und das Verordnungsrecht auf dem Gebiet der öffentlichen Sicherheit und Ordnung

m. Anm. .... mit Anmerkung

m. w. N. .... mit weiteren Nachweisen

MDR .... Monatsschrift für Deutsches Recht (Zeitschrift)

MutterSchG................... Mutterschutzgesetz

n.F. .... neue Fassung

NamÄndG	Namensänderungsgesetz
NBauO	Niedersächsische Bauordnung
NdsGVBl.	Niedersächsisches Gesetz- und Verordnungsblatt
NdsHO	Niedersächsische Haushaltsordnung
NdsRG	Niedersächsisches Rundfunkgesetz
NGefAG	Niedersächsisches Gefahrenabwehrgesetz
NJW	Neue Juristische Wochenschrift (Zeitschrift)
NordÖR	Zeitschrift für öffentliches Recht in Norddeutschland (Zeitschrift)
Nr.	Nummer
Nrn.	Nummern
NuR	Natur und Recht (Zeitschrift)
NVwZ	Neue Zeitschrift für Verwaltungsrecht (Zeitschrift)
NVwZ-RR	NVwZ-Rechtsprechungs-Report Verwaltungsrecht (Zeitschrift)
NWVBl.	Nordrhein-Westfälische Verwaltungsblätter (Zeitschrift)
OVG	Oberverwaltungsgericht
OVGBlnE	Amtliche Sammlung der Entscheidungen des Oberverwaltungsgerichts Berlin
OVGE	Amtliche Sammlung der Entscheidungen der Oberverwaltungsgerichte Münster und Lüneburg
RAO	Reichsabgabenordnung
Rdnr.	Randnummer
Rdnrn.	Randnummern
Red.	Redaktion
RfStV	Rundfunkstaatsvertrag
RGBl.	Reichsgesetzblatt
RSprEinhG	Gesetz zur Wahrung der Einheitlichkeit der Rechtsprechung der obersten Gerichtshöfe des Bundes
RVerwG	Reichsverwaltungsgericht
RVerwBl.	Reichsverwaltungsblatt
S.	Satz/Sätze bzw. Seite/n
SächsFrTrSchulG	Sächsisches Gesetz über Schulen in freier Trägerschaft

SächsGVBl.	Sächsisches Gesetz- und Verordnungsblatt
SächsVBl.	Sächsische Verwaltungsblätter
SGB	Sozialgesetzbuch
SGG	Sozialgerichtsgesetz
SHGVOBl.	Gesetz- und Verordnungsblatt für das Land Schleswig-Holstein
SHLVwG	Allgemeines Verwaltungsgesetz für das Land Schleswig-Holstein
sog.	sogenannte/r/s
st. Rspr.	ständige Rechtsprechung
StVZO	Straßenverkehrszulassungsordnung
s.u.	siehe unten
ThürGVBl.	Gesetz- und Verordnungsblatt für das Land Thüringen
ThürHO	Thüringer Haushaltsordnung
ThürVBl.	Thüringer Verwaltungsblätter
TierschutzG	Tierschutzgesetz
u.	und
u.a.	unter anderem
u.ä.	und ähnliche/s
u.U.	unter Umständen
VBlBW	Verwaltungsblätter für Baden-Württemberg (Zeitschrift)
Verf.	Verfasser/in
VerwArch	Verwaltungsarchiv
VG	Verwaltungsgericht
VGH	Verwaltungsgerichtshof
vgl.	vergleiche
VR	Verwaltungsrundschau (Zeitschrift)
VRS	Verkehrsrechtssammlung (Zeitschrift)
VVDStRL	Veröffentlichungen der Vereinigung der Deutschen Staatsrechtslehrer
VwGO	Verwaltungsgerichtsordnung
VwVfG	Verwaltungsverfahrensgesetz
WaffenG	Waffengesetz

WaldG BW .... Waldgesetz für Baden-Württemberg

WoBauG .... Wohnungsbaugesetz

WoBindG .... Wohnungsbindungsgesetz

WoGG .... Wohngeldgesetz

WPflG .... Wehrpflichtgesetz

z.B. .... zum Beispiel

ZDG .... Gesetz über den Zivildienst der Kriegsdienstverweigerer

ZfV .... Zeitschrift für Verwaltung

ZLR .... Zeitschrift für das gesamte Lebensmittelrecht

ZRP .... Zeitschrift für Rechtspolitik

ZSchG .... Zivilschutzgesetz

ZUM .... Zeitschrift für Urheber- und Medienrecht

1. Teil:

Einführung in die Problematik

A. Einleitung

Seit das Kind einen Namen hat, findet das von der Verwaltungsrechtsprechung ins Leben gerufene, mittlerweile so genannte „intendierte Ermessen“[1] zunehmend Beachtung in der Literatur. Seither ist die Rede von einer eigenständigen Rechtsfigur.[2]

Zunächst hatte sich die literarische Auseinandersetzung mit der einschlägigen Rechtsprechung vornehmlich auf die betroffenen Normen beschränkt. Dies beruhte vermutlich auf der anfänglichen Annahme, es handle sich bei den Normen, die von den Gerichten – anfänglich nur der Sache nach und nicht unter dieser Bezeichnung – dem intendierten Ermessen zugerechnet worden waren, um besonders gelagerte Einzelfälle, so daß grundsätzliche Überlegungen zu diesem Thema nicht angestellt und allgemeingültige Aussagen nicht für erforderlich gehalten wurden.

Im Laufe der Zeit wurde die der Sache nach im Gewerberecht verwurzelte Rechtsprechung[3] jedoch zunehmend auf weitere Rechtsgebiete übertragen. Mittlerweile findet sich das intendierte Ermessen in den verschiedensten Gebieten des besonderen Verwaltungsrechts wie auch des Verwaltungsverfahrensrechts.[4]

---

1 Erstmals ausdrücklich findet sich der Begriff des „intendierten Ermessens“ im Urteil des Bundesverwaltungsgerichts vom 5. Juli 1985, BVerwGE 72, 1, 6. Eine sprachlich-ähnliche Formulierung verwendete das Gericht allerdings bereits in seinem Beschluß vom 28. August 1980, in dem es davon sprach, das der Behörde eingeräumte Ermessen sei nicht „ohne gesetzliche Intention freigegeben“, BVerwG, BRS 36 Nr. 93, S. 217. Auf dieser Formulierung fußt anscheinend die spätere Wortschöpfung des „intendierten Ermessens“.

2 Borowski, DVBl. 2000, S. 149; Volkmann, DÖV 1996, S. 283; Kopp/Ramsauer, VwVfG, § 40 Rdnr. 45; Wolff/Bachof/Stober I, § 31 Rdnr. 34a; Vahle, DVP 1998, S. 85; Hain/Schlette/Schmitz, in: AöR 122 (1997), S. 40.

3 Vgl. VGH Mannheim, GewArch 1966, S. 62, als erste Entscheidung, die inhaltlich dem entspricht, was heute unter den Begriff des „intendierten Ermessens“ gefaßt wird.

4 Zum Anwendungsbereich im Einzelnen siehe 2. Teil, Gliederungspunkte B. und C., S. 63 ff und S. 93 ff.

Die Literatur beschränkt sich teilweise auf eine wertungsfreie bloße Wiedergabe der einschlägigen Formulierungen der Gerichte.[5] Neben dieser stillschweigenden Akzeptanz treffen die ausdrücklichen Befürworter des intendierten Ermessens[6] auf eine geraume Anzahl von Stellungnahmen, die Skepsis[7], teilweise sogar ausdrückliche Ablehnung[8] äußern. Allen Beiträgen zum intendierten Ermessen – gleich ob befürwortenden oder ablehnenden Inhalts – ist gemeinsam, daß sie nicht hinreichend zwischen den verschiedenen Anwendungsbereichen des intendierten Ermessens differenzieren, so daß die geäußerte Kritik stets nur für Teilbereiche ihre Berechtigung aufweist.

Die vorliegende Arbeit strebt eine kritische Auseinandersetzung mit der Rechtsprechung zum intendierten Ermessen sowie ihrer bisherigen literarischen Bewertung an.

Dazu wird in diesem ersten Teil der Betrachtungsgegenstand der Arbeit näher erläutert. Im zweiten Teil wird das intendierte Ermessen einer rechtlichen Würdigung unterzogen. Diese rechtliche Würdigung soll eine Kategorisierung der einschlägigen Rechtsprechung erleichtern. Der dritte Teil ist der Darstellung der rechtlichen Folgewirkungen vorbehalten, die das intendierte Ermessen mit sich bringt.

Der Anhang gibt schließlich übersichtsartig die Entscheidungen der verschiedenen Gerichte in chronologischer Reihenfolge unter Verweis auf die Fundstellen in der Arbeit wieder, unter denen sich Ausführungen zu den jeweiligen Entscheidungen finden.

---

5 Kopp/Ramsauer, VwVfG, § 40 Rdnr. 45 f; Schmalz, Rdnr. 114; Selmer, JuS 1998, S. 764; Beckmann, VR 1999, S. 357 ff; Vahle, aaO, der allerdings einleitend ironisierend davon spricht, der Siegeszug des sog. intendierten Ermessens scheine nicht mehr aufzuhalten.

6 Am deutlichsten Schwabe, DVBl. 1998, S. 147 f; im Anschluß hieran auch Kopp/Schenke, VwGO, § 114 Rdnr. 21b; Wolff/Bachof/Stober I, aaO; in diesem Sinne zunächst auch Henneke, in: *Knack*, VwVfG, § 39 Rdnr. 32 und § 40 Rdnr. 35, der hier jedoch im selben Atemzug im Anschluß an Volkmann (Fn. 7) zu Skepsis anhält; befürwortend jedenfalls für bauaufsichtliche Maßnahmen: Jäde, Verwaltungsverfahren, Rdnr. 38, und für ordnungsrechtliches Einschreiten: Rennert, in: *Eyermann*, VwGO, § 114 Rdnr. 15; vgl. auch Ossenbühl, in: *Erichsen*, § 10 Rdnr. 13.

7 Volkmann, DÖV 1996, S. 288; Borowski, DVBl. 2000, S. 159 f; Bull, Allgemeines Verwaltungsrecht, Rdnr. 412a; Brinktrine, S. 47 f; Weitzel, S. 137; Hain/Schlette/Schmitz, in: AöR 122 (1997), S. 40 (dort Fn. 22); Gerhardt, in: *Schoch/Schmidt-Aßmann/Pietzner*, VwGO, § 114 Rdnr. 20; Redeker, in: *Redeker/von Oertzen*, VwVfG, § 114 Rdnr. 7.

8 Maurer, § 7 Rdnr. 12; Peine, Rdnr. 69; Michaelis, JA 1998, S. 455; Stelkens, in: *Stelkens/Bonk/Sachs*, VwVfG § 39 Rdnr. 35 und § 40 Rdnr. 30; ders., in: NWVBl. 1989, S. 339.

B. Dogmatische Einordnung zur Bestimmung des Betrachtungsgegenstandes

Zunächst gilt es, den Betrachtungsgegenstand der Arbeit zu verdeutlichen. Um zu einem gemeinsamen Begriffsverständnis dessen zu gelangen, was man letztlich unter „intendiertem" Ermessen zu verstehen haben wird, muß der erste Schritt in einer dogmatischen Einordnung bestehen. Diese dogmatische Einordnung bedarf wegen der teilweise uneinheitlichen Begriffsverwendung in der Verwaltungsrechtsprechung einer detaillierten Differenzierung.

I. Einordnung des intendierten Ermessens in den Kontext herkömmlicher Formen behördlicher Entscheidungsfindung

Aufgrund des in Art. 20 Abs. 3 GG normierten Grundsatzes der Gesetzmäßigkeit der Verwaltung sind die Verwaltungsbehörden zum Vollzug des Verwaltungsrechts verpflichtet.[9] Häufig bedürfen die gesetzlichen Regelungen hierbei eines erheblichen Moments an aktiver Ergänzung, Vorbereitung, Planung und Verdeutlichung durch die Verwaltung.[10] Wie die Verwaltung ihrer Vollzugspflicht im konkreten Fall nachkommt, d.h. auf welchem Wege sie letztlich zu einer Entscheidung gelangt, bestimmt sich anhand der jeweiligen gesetzlichen Ausgestaltung des Vollzugsauftrages.

In der Regel unterteilen sich Normen, die ein Tätigwerden der Verwaltung vorsehen, formell in Tatbestand und Rechtsfolge.[11] Grundvoraussetzung für ein behördliches Tätigwerden bei der Anwendung derartiger Normen ist die Erfüllung des gesetzlichen Tatbestandes.[12] Somit hat die Behörde regelmäßig in einem ersten Schritt zu ermitteln, ob die auf der Tatbestandsseite formulierten (bestimmten oder unbestimmten) Rechtsbegriffe gegeben sind oder nicht.

Gelangt die Behörde hierbei zu einem positiven Ergebnis, ergeben sich Unterschiede dahingehend, auf welche Weise sie der Tatbestandserfüllung Rechnung trägt. Wie und zu welcher Entscheidung die Behörde im Ergebnis kommt, hängt vom gesetzlich vorgesehenen Weg der Entscheidungsfindung ab.

---

9 Peine, Rdnr. 65; Hofmann/Gerke, S. 54; Maurer, § 7 Rdnr. 1; Ossenbühl, in: *Erichsen*, § 9 Rdnr. 4; Suckow, Rdnr. 25.

10 Scheuner, DÖV 1969, 585 ff.

11 Ausgenommen sind in diesem Zusammenhang solche Normen, die der Verwaltung einräumen, gestaltend bzw. planerisch tätig zu werden, sowie bloße Aufgabenzuweisungen und Generalklauseln.

12 Vgl. Maurer, § 7 Rdnr. 3.

Beim intendierten Ermessen handelt es sich um eine Sonderform behördlicher Entscheidungsfindung. Seine dogmatische Einordnung hat demnach innerhalb des Kontextes der herkömmlichen Formen behördlicher Entscheidungsfindung zu erfolgen.

1. Die herkömmlichen Formen behördlicher Entscheidungsfindung

a) Die gebundene Entscheidung

Eine Form behördlicher Entscheidungsfindung stellt die sogenannte gebundene Entscheidung dar. Gebundene Entscheidungen zeichnen sich auf der Rechtsfolgenseite durch Formulierungen aus wie „ist zu erteilen", „muß entziehen", „haben festzusetzen und zu erheben" etc. Gelangt die Behörde in einem derartigen Fall zu dem Ergebnis, daß die Tatbestandsvoraussetzungen erfüllt sind, ist sie verpflichtet, die vorgesehene Rechtsfolge herbeizuführen.[13] Die hier durch das Gesetz bei Tatbestandserfüllung ausgesprochene Bindung der Verwaltung ist strikt.[14] Insoweit fehlt es der Verwaltung an einem Entscheidungsspielraum, ob und wie sie das Recht zu vollziehen hat. Ein Beispiel für eine solche gebundene Entscheidung findet sich in der *Verpflichtung* der Bauaufsichtsbehörden nach den einzelnen Landesbauordnungen, eine Baugenehmigung zu erteilen, wenn die rechtlichen Voraussetzungen für die Erteilung erfüllt sind.[15]

b) Die Ermessensentscheidung

aa) Die gewöhnliche Ermessensentscheidung

Eine flexiblere Art behördlicher Entscheidungsfindung stellt die Ermessensentscheidung dar. Hier hält das Gesetz für den Fall, daß der Tatbestand erfüllt ist, unterschiedliche Rechtsfolgen für möglich und überläßt die Auswahl der Behörde.[16] Sie wird in die Lage versetzt, zwischen zwei oder auch mehreren vom Gesetzgeber als rechtmäßig angesehenen Entscheidungen zu wählen.[17] Hierbei wird zwischen zwei Ausprägungen der Ermessenseinräumung unterschieden: Zum einen kann Ermessen dergestalt eingeräumt werden, daß die Behörde darüber entscheiden kann, *ob* sie eine Maßnahme trifft (Entschließungsermessen), zum anderen kann die Behörde wählen, *welche* von verschiedenen zulässigen

---

13 Maurer, § 7, Rdnr. 10; Peine, aaO; Redeker, in: *Redeker/von Oertzen*, VwVfG, aaO.

14 Wolff/Bachof/Stober I, § 31 Rdnr. 5; Peine, aaO.

15 So lautet beispielsweise § 75 Abs. 1 NBauO: „Die Baugenehmigung ist zu erteilen, wenn die Baumaßnahme, ..., dem öffentlichen Baurecht entspricht."

16 Maurer, § 7 Rdnr. 7; Hofmann/Gerke, S. 142.

17 Vgl. hierzu die Gesetzesbegründung zu § 40 VwVfG, BT-Drs. 7/910, S. 61.

Maßnahmen sie ergreift (Auswahlermessen).[18] Daß eine Norm eine Ermessensentscheidung vorsieht, indizieren neben der eher selten auftretenden ausdrücklichen Nennung des Wortes „Ermessen“ Formulierungen wie „kann“, „ist befugt“, „darf“, „hat die Wahl“, „ist berechtigt“ etc. Nicht selten bleibt die Frage, ob eine Vorschrift der Behörde Ermessen einräumt, eine Frage der Auslegung.[19]

Ein klassisches Beispiel für Ermessensvorschriften sind die jeweiligen landesrechtlichen Generalklauseln im Polizeirecht, denen zufolge die Verwaltungsbehörden und die Polizei die notwendigen Maßnahmen ergreifen *können*, um eine Gefahr abzuwehren.[20]

Anfänglich rief die gesetzliche Einräumung behördlichen Ermessens im Schrifttum noch Kritik im Hinblick auf das Verfassungsrecht, insbesondere unter dem Gesichtspunkt der Rechtsstaatlichkeit, hervor:[21] In einem Rechtsstaat müsse die öffentliche Verwaltung möglichst lückenlos durch Gesetz determiniert und nahezu vollständig durch Gerichte kontrolliert sein.[22] Insbesondere gesetzliche Ermessensermächtigungen zum Erlaß grundrechtsbeschränkender Verwaltungsakte seien verfassungswidrig.[23] Diese Bedenken sind jedoch mittlerweile dem Bewußtsein gewichen, daß die mit dem Ermessen einhergehenden Gestaltungsmöglichkeiten der öffentlichen Verwaltung in vielen Bereichen unverzichtbar sind.[24] Die Vielzahl, Vielfalt und Komplexität der Verwaltungsaufgaben und die daraus resultierenden Probleme schließen eine abschließende gesetzliche Determinierung des Verwaltungshandelns weitgehend aus.[25] Vielmehr erscheint gerade im Bereich der sogenannten Eingriffsverwaltung die Einräumung von Ermessen der individuellen Freiheit häufig förderlicher zu sein als eine strikte Bindung, da das Ermessen auch die Befugnis einräumt, von einem Eingriff abzusehen.[26]

---

18 Wolff/Bachof/Stober I, § 31 Rdnr. 35; Maurer, § 7 Rdnr. 7; Henneke, in: *Knack*, VwVfG, § 40 Rdnr. 34.

19 Vgl. Kopp/Ramsauer, VwVfG, § 40 Rdnr. 12; von Mutius, Jura 1987, S. 97.

20 Vgl. beispielsweise § 11 NGefAG: „Die Verwaltungsbehörden und die Polizei können die notwendigen Maßnahmen treffen, um eine Gefahr abzuwehren, ...“

21 Vgl. nur Imboden, S. 14 ff; Rupp, S. 177 ff.

22 W. Schmidt, Einführung, S. 46 f.

23 Ule, Speyerer Antrittsvorlesung, S. 127 ff; mittlerweile hiervon abgerückt ders., Rechtsstaat und Verwaltung, VerwArch 76 (1985), S. 11.

24 Bullinger, in: JZ 1984, S. 1001; Wolff/Bachof/Stober I, § 31 Rdnr. 32.

25 Meyn, JA 1980, S. 332; Seewald, Jura 1980, S. 177; Wolff/Bachof/Stober I, aaO.

26 Von Mutius, Jura 1987, S. 98.

Zwar müssen gesetzliche Ermessensermächtigungen zum Erlaß belastender Verwaltungsakte „nach Inhalt, Gegenstand, Zweck und Ausmaß" hinreichend bestimmt und begrenzt sein, so daß Eingriffe meßbar und in gewissem Umfang für den Bürger vorhersehbar und berechenbar sind.[27] Dies berührt jedoch nicht die grundsätzliche Verfassungsmäßigkeit gesetzlicher Ermessenseinräumung.[28] Auch das Bundesverfassungsgericht stellte beispielsweise in seinem Beschluß vom 12. November 1958 ausdrücklich die Verfassungsmäßigkeit der gesetzlichen Ermessenseinräumung fest.[29]

Kommt der Behörde beim Vollzug einer Norm des Verwaltungsrechts ein Ermessensspielraum zu, so hat sie gemäß § 40 VwVfG ihr Ermessen entsprechend dem Zweck der Ermächtigung auszuüben und die Grenzen des Ermessens einzuhalten. Hiernach ist sie gehalten, ihr Ermessen pflichtgemäß, d.h. im Sinne des Gesetzes auszuüben.[30] Ein „freies" Ermessen ohne rechtliche Bindung besteht mithin nicht.[31] Die Verwaltung muß den Ermessensdirektiven Folge leisten, die dem Gesetz zu entnehmen sind.[32]

Bei der Ermessensausübung hat die Behörde stets zwei Seiten zu berücksichtigen, nämlich die Belange der Allgemeinheit und die Interessen des Einzelnen. Diese Interessen gilt es gegeneinander abzuwägen.[33]

bb) Die Entscheidung auf der Grundlage einer Sollvorschrift

Als weitere Kategorie behördlicher Entscheidungsfindung sind die sogenannten Sollvorschriften zu nennen. Hierbei handelt es sich um Normen, die die Verwaltung anhalten, sie „solle" bei Tatbestandserfüllung die angegebene Rechtsfolge herbeiführen.

Sollvorschriften finden sich in den verschiedensten Bereichen des besonderen Verwaltungsrechts[34] aber auch im Verwaltungsverfahrensrecht[35].

---

27 Von Mutius, aaO.

28 Zur verfassungskonformen Auslegung von Ermessensvorschriften s.u. Gliederungspunkt II. 2., S. 40.

29 BVerfGE 8, 274, 326; so später auch BVerfGE 9, 137, 146 ff.

30 Vgl. BT-Drs. 7/910, S. 61 unter Berufung auf BVerfGE 9, 137, 147.

31 Liebetanz, in: *Obermayer*, VwVfG, § 40 Rdnr. 21.

32 Ossenbühl, in: *Erichsen*, § 10 Rdnr. 13.

33 So ausdrücklich die positiv-rechtliche Regelung des § 73 Abs. 1 SHLVwG; ebenfalls anschaulich hierzu OVG Koblenz NJW 1995, S. 1043; Wolff/Bachof/Stober I, § 31 Rdnr. 32.

34 Vgl. nur § 12 Abs. 4 WPflG; §§ 20 Abs. 2 u. 25 Abs. 2 BImSchG; § 52 Abs. 2 S. 1 HwO; § 120 Abs. 3 S. 2 BSHG.

35 Z.B. §§ 14 Abs. 3 S. 1 u. 39 Abs. 1 S. 3 VwVfG; § 48 Abs. 1 S. 2 SGB X.

Während sich der Inhalt von gebundenen Vorschriften und Ermessensvorschriften relativ schnell erschließt, gestaltet sich die Auslegung von Sollvorschriften etwas schwieriger. Die Verpflichtung der Behörde, die normierte Rechtsfolge anzuordnen, ist gebundenen Vorschriften ohne weiteres zu entnehmen. Die für Ermessensvorschriften häufig verwendete Kann-Formulierung normiert ebenso eindeutig die Einräumung eines Entscheidungsspielraumes an die Behörde. Weniger eindeutig ist hingegen die Frage zu beantworten, wie bei Soll-Formulierungen zu verfahren ist.

So setzte noch das Reichsverwaltungsgericht Sollvorschriften den gebundenen Vorschriften gleich: Ein eigenes, selbständiges Ermessen der Behörde, im Einzelfall anders als vorgeschrieben zu verfahren, könne aus den nur in Form eines Sollens erteilten Anweisungen nicht abgeleitet werden.[36]

Abweichend hiervon ebnete jedoch das OVG Münster den Weg zur heutigen Rechtsprechung: Sollvorschriften seien Ermessensnormen ohne zwingenden Charakter, die sich von den eigentlichen Ermessensvorschriften nur insofern unterschieden, als der Ermessensspielraum etwas enger begrenzt sei.[37]

Die Ausführungen des OVG Münster konkretisierte das Bundesverwaltungsgericht alsbald wie folgt: Da Sollvorschriften in der Mitte zwischen gebundenen und Ermessensvorschriften verliefen, stellten sie weder ausnahmslos zwingende Rechtssätze noch reine Ermessensnormen dar. Vielmehr bestehe eine grundsätzlich bindende Wirkung wie bei Mußvorschriften. Ermessensfreiheit sei jedoch ausnahmsweise einmal dann gewährt, wenn eine abnorme Situation vorliege.[38]

Dies entspricht der auch heute noch gängigen Auslegung: Die Soll-Formulierung führt dazu, daß ein Abweichen von der gesetzlich vorgeschriebenen Rechtsfolge nur dann erlaubt ist, wenn ein wichtiger Grund der vorgeschriebenen Handhabung entgegensteht, d.h. ein atypischer Fall gegeben ist.[39] Diese Auslegung ist insbesondere unter dem Gesichtspunkt sachgerecht, daß der Begriff des „Sollens" bereits sprachlich weniger fordert als der des „Müssens", er aber andererseits eine stärkere Bindung schafft als der Begriff des „Könnens".[40]

---

36 RVerwG, RVerwBl. 1942, S. 396 f.

37 Vgl. OVG Münster, DVBl. 1953, S. 377; DÖV 1957, S. 458; DÖV 1960, S. 435; DÖV 1961, S. 627 f; ebenso Scheerbarth, DVBl. 1963, S. 288.

38 So bereits BVerwG, DÖV 1955, S. 186 f; DÖV 1957, S. 27 f; DVBl. 1961, S. 166 f; von da an st. Rspr.; ebenso Mussgnug, S. 75.

39 Vgl. nur BVerwGE 12, 284, 285; 16, 224, 226; 20, 117, 118; 40, 323, 330; 42, 26, 28; 49, 16, 23; 62, 230, 242; 64, 318, 323; 78, 101, 105; 84, 221, 233; 90, 88, 93; Maurer, § 7 Rdnr. 11; Wolff/Bachof/Stober I, § 31 Rdnr. 34; Kopp/Ramsauer, VwVfG, § 40, Rdnr. 44.

40 Vgl. Liebetanz, in: *Obermayer*, VwVfG, § 40 Rdnr. 14; ähnlich auch BVerwGE 42, 27, 28.

Dogmatisch sind Entscheidungen auf der Grundlage von Sollvorschriften damit dem Ermessen zuzuordnen,[41] allerdings verbleibt der Behörde hier in begrenzterem Ausmaß als bei gewöhnlichen Ermessensnormen Raum für eine Ermessensentscheidung:[42] Nur für den Fall, daß sie zu dem Ergebnis gelangt, daß eine Sonderkonstellation, also ein atypischer Fall vorliegt, löst dies den Eintritt in Ermessenserwägungen aus.[43]

Den Sollvorschriften sind neben ausdrücklichen Soll-Formulierungen auch solche Vorschriften zuzuzählen, die anordnen, „in der Regel" sei auf eine bestimmte Art und Weise zu verfahren. In derartigen Fällen schreibt das Gesetz eine bestimmte Rechtsfolge für die Regel der Fälle zwingend vor. Nur in Ausnahmefällen kann eine hiervon abweichende Entscheidung getroffen werden. Dies entspricht vollständig der beschriebenen Anwendung von Sollvorschriften.

2. „Intendiertes" Ermessen als neue Form behördlicher Entscheidungsfindung?

Hat uns die Verwaltungsrechtsprechung mit dem sogenannten intendierten Ermessen eine neue Form behördlicher Entscheidungsfindung beschert?

Zur Beantwortung dieser Frage bedarf es zunächst der Klärung, was der Begriff des „intendierten" Ermessens inhaltlich umschreiben soll.

a) Begriffsklärung

Die Verwaltungsrechtsprechung hat den Begriff des intendierten Ermessens für folgende Konstellationen entwickelt: Von intendiertem Ermessen ist in solchen Fällen die Rede, in denen das *Ergebnis* der vorzunehmenden Ermessenserwä-

---

41 Vgl. nur BVerwGE 12, 284, 285; 42, 26, 28; 78, 101, 105; Peine, Rdnr. 67; Hofmann/Gerke, S. 143, Liebetanz, in: *Obermayer*, VwVfG, § 40 Rdnr. 14.

42 Liebetanz, in: *Obermayer*, VwVfG, § 40 Rdnr. 14.

43 Im Verfahrensrecht entfalten Sollvorschriften in seltenen Fällen allerdings folgende Bedeutung, die von der ansonsten üblichen Auslegung von Sollvorschriften der Vollständigkeit halber zu unterscheiden ist:

Die Soll-Formulierung führt in diesen seltenen Fällen dazu, daß sich die Behörde zwar an sie halten muß, die Beteiligten hierauf aber keinen Anspruch haben, auf eine Abweichung also auch keinen Rechtsbehelf stützen können, vgl. BGH, NJW 1986, S. 1358; VGH Kassel, NVwZ 1984, S. 802; BVerwG, DVBl. 1965, S. 28 f; Kopp/Ramsauer, VwVfG, § 40 Rdnr. 44; Kopp/Schenke, VwGO, § 114 Rdnr. 21. Der Gesetzgeber will hier die mit dem Gesetzesvollzug beauftragte Behörde ebenso unbedingt verpflichten wie durch den Erlaß einer gebundenen Vorschrift; es soll lediglich verhindert werden, daß ihre Maßnahme der Nichtigkeit anheimfällt, wenn sie im Einzelfall das Gesetz verletzt, vgl. hierzu Mussgnug, S. 73.

gungen als vorgeprägt angesehen wird. So formuliert die einschlägige Rechtsprechung, beim intendierten Ermessen handle es sich um ein auf ein bestimmtes Ergebnis ausgerichtetes Ermessen.[44] Die Richtung der Ermessensbetätigung sei hier vom Gesetz vorgezeichnet. Ein bestimmtes Ergebnis stehe dem Gesetz näher, sei sozusagen im Grundsatz gewollt, und nur ausnahmsweise dürfe davon abgesehen werden.[45]

Fraglich erscheint allerdings, ob der Begriff des intendierten Ermessens diesen Inhalt tatsächlich zum Ausdruck bringt.

Das Verb „intendieren" leitet sich vom lateinischen „intendere" ab und findet sich in den aktuellen Fremdwörterlexika in der Übersetzung „beabsichtigen, bezwecken". Als Adjektivattribut gebraucht bedeutet es demnach „beabsichtigte(r/s), bezweckte(r/s)".[46] Folglich wäre das „intendierte" Ermessen hiernach ein beabsichtigtes, ein bezwecktes Ermessen.

Daß die gesetzgeberische Ermessenseinräumung ebenso wie die sich hieran anschließende Ermessensausübung durch die Verwaltung stets bezweckt sein wird, ist jedoch selbstredend. Insoweit ergibt die Wortschöpfung bezüglich dessen, was sie zum Ausdruck bringen soll, keinen Sinn.

Korrekt wäre es vielmehr, von einer intendierten, d.h. einer bezweckten Ermessens*entscheidung*[47], zu sprechen. Denkbar erscheint auch die Formulierung einer intentionalen, d.h. einer zielgerichteten, zweckbestimmten Ermessens*einräumung*. Eine solche Begriffsverwendung stünde im Einklang mit dem modernen Begriffsverständnis des Verbs „intendieren".

Das Begriffsverständnis des Bundesverwaltungsgerichts beruht jedoch offensichtlich auf einer Übersetzung, die sich enger am ursprünglichen lateinischen Sprachgebrauch orientiert. Dort findet sich das Verb „intendere" u.a. in der heutzutage etwas altertümlich anmutenden Übersetzung „sein Streben auf etwas richten". Als Adjektivattribut gebraucht kann man das „intendierte Ermessen" in

---

44 So die Erläuterung in BVerwGE 79, 274, 282.

45 BVerwGE 72, 1, 6; ähnlich auch BVerwGE 91, 82, 90; BVerwGE 105, 55, 57; BVerwG, NJW 1990, S. 2765; BSG, DVBl. 1994, S. 1247; VG Hannover, GewArch 1978, S. 338; VGH Mannheim, ZLR 1997, S. 670.

46 In einem anderen Kontext begreifen beispielsweise auch von Mutius, Jura 1987, S. 99 und Maurer, § 9 Rdnr. 55, den Begriff in diesem Wortsinne.

47 So auch – jedoch ohne nähere Reflexion – Kopp/Ramsauer, VwVfG, § 40 Rdnr. 45; darüber hinaus ist die Wortschöpfung des intendierten Ermessens bisher nicht auf Kritik gestoßen. Allerdings läßt der Umstand, daß der Begriff nahezu regelmäßig lediglich mit Anführungszeichen versehen Verwendung findet, auf gewisse – wenn auch unausgesprochene – Bedenken schließen. Selbst die Verwaltungsrechtsprechung spricht stets vom „*sogenannten* intendierten Ermessen".

Anlehnung hieran verstehen als ein „in seinem Streben auf etwas gerichtetes Ermessen", also freier als „ein in seiner Zielsetzung auf ein bestimmtes Ergebnis ausgerichtetes Ermessen". Diese Deutung deckt sich letztlich mit der von den Verwaltungsgerichten gewählten Formulierung, das Ermessen sei auf ein bestimmtes Ergebnis ausgerichtet.

Die dargestellte Diskrepanz zum modernen Sprachgebrauch verdeutlicht den beschränkten Nutzen derartiger Begriffsschöpfungen. Der anfänglichen Begeisterung über ein vermeintlich aussagekräftiges Schlagwort folgt alsbald die Erkenntnis, daß auch dieses nicht von der Aufgabe einer inhaltlichen Auseinandersetzung mit der Thematik enthebt.

b) Dogmatische Einordnung des intendierten Ermessens

Das intendierte Ermessen betrifft Entscheidungen auf der Grundlage von Ermessensvorschriften, die sich dem ersten Anschein nach nicht von anderen, gewöhnlichen Ermessensvorschriften unterscheiden. Dennoch gestaltet sich die Ermessensausübung hier anders, als es üblicherweise bei Ermessensvorschriften der Fall ist.

aa) Die Ähnlichkeit zur Sollvorschrift

Die Verwaltung trifft in Fällen intendierten Ermessens regelmäßig dann die richtige Entscheidung, wenn sie der Intention des Gesetzes entsprechend entscheidet. Seinen Niederschlag findet dies in der Formulierung der Rechtsprechung, intendiertes Ermessen liege dann vor, wenn die Richtung der Ermessensbetätigung bereits durch das Gesetz vorgezeichnet sei, wenn ein bestimmtes Ergebnis im Grundsatz gesetzlich gewollt sei und nur ausnahmsweise davon abgesehen werden dürfe.[48] Damit ist es in der Regel der Fälle rechtmäßig, wenn die Behörde der gesetzlichen Intention Folge leistet; nur in atypischen Fällen braucht sie in Ermessenserwägungen einzutreten. Insoweit ist die Ähnlichkeit zu den Sollvorschriften augenfällig.[49]

Dogmatisch handelt es sich demnach bei den intendierten Ermessensentscheidungen um Entscheidungen der Verwaltung auf der Grundlage von Ermessensvorschriften, die jedoch von den Gerichten ähnlich wie Entscheidungen auf der

---

48 Zu den einzelnen Entscheidungen siehe unten, 2. Teil, Gliederungspunkte B. und C., S. 63 ff und S. 93 ff.

49 Vgl. Borowski, DVBl. 2000, S. 157 f; Volkmann, DÖV 1996, S. 284; Michaelis, JA 1998, S. 455; Liebetanz, in: *Obermayer*, VwVfG, § 40 Rdnr. 16; Henneke, in: *Knack*, VwVfG, § 40 Rdnr. 35; Kopp/Ramsauer, VwVfG, § 40 Rdnr. 45; Wolff/Bachof/Stober I, § 31 Rdnr. 34a; Brinktrine, S. 47; Hain/Schlette/Schmitz, AöR 122 (1997), S. 40; Bull, Rdnr. 412a; Gerhardt, in: *Schoch/Schmidt-Aßmann/Pietzner*, VwGO, § 114 Rdnr. 20.

Grundlage ausdrücklicher Sollvorschriften beurteilt werden.[50] Insofern könnte man auf den ersten Blick von „verkappten" Sollvorschriften sprechen.

bb) Der Unterschied zur Sollvorschrift

Borowski[51] kritisiert dementsprechend, daß regelmäßig sehr zurückhaltend nur ein Näheverhältnis zwischen Vorschriften mit intendiertem Ermessen und Sollvorschriften formuliert werde und meint, dies präziser zu fassen, indem er den einzigen Unterschied zwischen beiden Erscheinungsformen daran festmacht, daß die Regel-Anordnung beim intendierten Ermessen nicht wie bei der Sollvorschrift bereits dem Wortlaut zu entnehmen sei.

Diese Verengung des Unterschiedes zwischen Sollvorschrift und intendiertem Ermessen auf den Wortlaut verdeutlicht jedoch einen anderen Aspekt nicht hinreichend, was möglicherweise die von *Borowski* kritisierte Zurückhaltung anderer Autoren beim Vergleich von Sollvorschriften und intendiertem Ermessen erklärt:

Bei Anwendung einer Sollvorschrift entscheidet die Behörde regelmäßig rechtmäßig, wenn sie die normierte Rechtsfolge anordnet. Hingegen gilt nach der Rechtsprechung zum intendierten Ermessen, daß die Behörde regelmäßig rechtmäßig handelt, wenn sie bei ihrer Entscheidung der gesetzlichen Intention Folge leistet.

Sollvorschriften sind demnach so konzipiert, daß es die in der Norm *genannte Rechtsfolge* ist, die im Regelfall eintritt. Dies kann sich beim intendierten Ermessen anders verhalten, denn die sich durch Auslegung ergebende gesetzliche Intention kann unter Umständen dazu führen, daß die in der Norm formulierte Rechtsfolge in der Regel gerade keine Anwendung findet.[52]

Bei Anwendung einer Sollvorschrift ermittelt die Behörde zunächst, ob der Tatbestand überhaupt erfüllt ist. Hieran schließt sich die Feststellung an, ob ein typischer oder ein atypischer Fall vorliegt. Gelangt die Behörde zu dem Ergeb-

---

50 Diese Ähnlichkeit erklärt u.U. die fehlerhafte Zuordnung der §§ 2 Abs. 1 S. 1 und Abs. 2 S. 2 BKatV (vgl. dazu BHG NJW 1992, S. 446 bzw. BGH NJW 1992, S. 1397) und des § 7 Abs. 2 Nr. 1 AuslG 1990 (vgl. dazu BVerwG, NVwZ 1994, S. 382) zum intendierten Ermessen, wie sie sich in der Literatur findet. Bei diesen Normen handelt es sich jedoch um gewöhnliche „in der Regel"-Anordnungen, wie sie oben, Gliederungspunkt B. I. 1. b) bb), S. 32, geschildert worden sind.

51 DVBl. 2000, S. 157.

52 Es finden sich tatsächlich Urteile zum intendierten Ermessen, in denen gerade die Nichtanordnung der normierten Rechtsfolge für im Regelfall intentionsgemäß erklärt wird; siehe hierzu 2. Teil, Gliederungspunkt B. I. 1., S. 64.

nis, es sei der Regelfall gegeben, so ordnet sie ohne weitere Erwägungen die in der betreffenden Norm vorgesehene Rechtsfolge an.

Bei Anwendung einer Norm mit intendiertem Ermessen hingegen tritt zu den geschilderten Erkenntnisakten ein weiterer hinzu: Auch hier klärt die Behörde zunächst, ob der gesetzliche Tatbestand erfüllt ist. Kommt sie allerdings im Anschluß hieran zu dem Ergebnis, es liege kein atypischer Fall vor, so ordnet sie nicht etwa wie bei der Sollvorschrift die normierte Rechtsfolge ohne zusätzliche Erwägungen an, sondern sie hat in einem weiteren Schritt zu ermitteln, wie sie im Rahmen des ihr eingeräumten Ermessens zu entscheiden hat, um der gesetzlichen Intention gerecht zu werden.[53]

Dieser letzte Schritt wird der Behörde bei Sollvorschriften abgenommen, denn hier findet die gesetzgeberische Intention gerade in der Wahl der formulierten Rechtsfolge ihren Ausdruck.

Dennoch läßt sich – auch quantitativ betrachtet – die Ähnlichkeit des intendierten Ermessens zu den Sollvorschriften nicht von der Hand weisen: In der Mehrzahl der Fälle bringt der Gesetzgeber seine Intention gerade durch die Formulierung der von ihm gewünschten Rechtsfolge zum Ausdruck, so daß beim intendierten Ermessen fast immer die Anordnung der normierten Rechtsfolge der gesetzlichen Intention entsprechen wird.[54]

II. Abgrenzung des intendierten Ermessens zu anderen Sonderkonstellationen im Rahmen der behördlichen Entscheidungsfindung auf der Grundlage von Ermessensnormen

Nachdem die grundsätzliche Ähnlichkeit des intendierten Ermessens zur Sollvorschrift aufgezeigt wurde, ergibt sich die Notwendigkeit einer weitergehenden Abgrenzung zu anderen außergewöhnlichen Konstellationen im Rahmen der behördlichen Entscheidungsfindung auf der Grundlage von Ermessensnormen.

---

53 Dieser Unterschied wurde bisher nicht erkannt, jedenfalls nicht betont.

54 Das wird jedenfalls für die einzelnen ordnungsrechtlichen Eingriffsermächtigungen gelten. Siehe hierzu näher unten, 2. Teil, Gliederungspunkt C. I., S. 94 ff.

1. Abgrenzung zur Ermessensreduzierung[55] auf Null[56]

Nicht zuletzt rechtfertigt sich die Abgrenzung des intendierten Ermessens von der Ermessensreduzierung auf Null aus dem Umstand, daß die Gerichte in Entscheidungen, die der Sache nach dem intendierten Ermessen zuzurechnen sind, immer wieder von einer „Ermessensreduzierung auf Null" sprechen.[57] Andersherum ist bereits ein Fall der Ermessensreduzierung auf Null fälschlicherweise dem intendierten Ermessen zugerechnet worden. Die folgende Abgrenzung soll derartige Verwechslungen für die Zukunft vermeiden helfen.

a) Ermessensreduzierung auf Null statt intendiertem Ermessen

Von der Ermessensreduzierung auf Null ist das intendierte Ermessen scharf zu trennen:[58] Bei der Ermessensreduzierung auf Null tritt eine Reduzierung des an und für sich gewährten Spielraumes aufgrund der besonderen Umstände eines bestimmten *Einzelfalles* und nur für *diesen* Einzelfall ein.[59] Hier bleibt es bei abstrakter Betrachtung beim Charakter einer gewöhnlichen Ermessensvorschrift. Die Behörde hat in Ermessenserwägungen einzutreten. Erst die in die Erwägun-

---

55 Als Synonyme finden sich auch die Begriffe „Ermessensreduktion" (vgl. beispielsweise Hain/Schlette/Schmitz, AöR 122 (1997), S. 39) oder „Ermessensschrumpfung" (vgl. beispielsweise Henneke, in: *Knack*, VwVfG, § 40 Rdnr. 72; Püttner, S. 54).

56 Zur Ermessensreduzierung auf Null: Martens, JuS 1962, S. 245 ff; Ossenbühl, DÖV 1976, S. 467 ff; Ule, Streik und Polizei, S. 52 ff; Gern, DVBl. 1989, S. 1194 ff; Maurer, § 7 Rdnrn. 24 f u. 49; Ossenbühl, in: Erichsen, § 10 Rdnr. 19 ff; Sarnighausen, NJW 1993, S. 1623 ff; Lisken/Denninger, S. 256 ff; Wilke, in: FS für Scupin, S. 831 ff; Dietlein, DVBl. 1991, S. 685 ff; Kopp/Ramsauer, VwVfG, § 40 Rdnr. 30; § 48 Rdnr. 56; Finkelnburg/Ortloff, S. 213 ff; Steinberg, NJW 1984, S. 462 ff; Di Fabio, VerwArch 86 (1995), S. 214 ff; Hain/Schlette/Schmitz, AöR 122 (1997), S. 32 ff.

57 Vgl. nur OVG Münster, GewArch 1978, S. 29; VGH Kassel, NVwZ 1991, S. 282; BSG, DVBl. 1994, S. 1246; OVG Münster, NDV 1986, S. 141; VGH Kassel, GewArch 1996, S. 292.

58 So auch die ganz überwiegende Auffassung in der Literatur, sofern die entsprechende Abgrenzung überhaupt problematisiert wird: Bull, Rdnr. 412a; Michaelis, JA 1998, S. 455; Hain/Schlette/Schmitz, AöR 122 (1997), S. 40; a.A. im Ergebnis nur Volkmann, DÖV 1996, S. 284, siehe hierzu näher Fn. 64.

59 Vgl. nur BVerwGE 11, 95, 98; 15, 3, 7; Hain/Schlette/Schmitz, AöR 122 (1997), S. 39 f; Ossenbühl, in: *Erichsen*, § 10 Rdnr. 21; Wolff/Bachof/Stober I, § 31 Rdnr. 56; Maurer, § 7 Rdnr. 24; Achterberg, S. 88; Gern, DVBl. 1987, S. 1194; Sarnighausen, NJW 1993, S. 1625 f; Götz, Allgemeines Verwaltungsrecht, S. 99; Wilke, Scupin-FS, S. 839; Weides, S. 178; a.A. Püttner, aaO, der den Begriff der Ermessensreduzierung scheinbar auch auf solche Fälle bezieht, in denen der abstrakt-generell für eine Vielzahl von Einzelfällen gewährte Spielraum reduziert wird.

gen einzustellenden Umstände des konkreten Einzelfalles haben zur Folge, daß nur eine bestimmte (Ermessens-)Entscheidung rechtmäßig ist, also jede andere Entscheidung rechtswidrig wäre.
Allgemeingültige Grundsätze, unter welchen Voraussetzungen eine Ermessensreduzierung anzunehmen ist, sind bisher von der Rechtsprechung nicht entwikkelt worden. Eine Ermessensreduzierung wird vielmehr stets induktiv aus dem Einzelfall heraus begründet.[60] Insoweit ist der bisherige Anwendungsbereich der Ermessensreduzierung auf Null der entsprechenden Kasuistik zu entnehmen.[61]
In der Literatur finden sich verschiedene Ansätze zur Entwicklung einer dogmatischen Begründung für die Ermessensreduzierung auf Null.[62] Ein dogmatisch übereinstimmendes Grundkonzept konnte bisher jedoch nicht entwickelt werden.[63]
Bei allen unzweifelhaft noch offenen Fragen zu den Voraussetzungen einer Ermessensreduzierung auf Null, deren Beantwortung nicht Gegenstand dieser Arbeit sein kann, ist jedenfalls festzuhalten, daß diese auf den Einzelfall beschränkt ist. Sie berührt den Charakter der betroffenen Norm als gewöhnliche Ermessensnorm nicht.
Beim intendierten Ermessen kommt es hingegen überhaupt nur bei Vorliegen eines atypischen Falles zu Ermessenserwägungen, während beim Vorliegen eines typischen Falles, also im Regelfall, die von der Behörde zu treffende Entscheidung durch den Gesetzeszweck bereits festgelegt sein soll. Damit betrifft das intendierte Ermessen bereits auf abstrakter Ebene den Charakter der einschlägigen Ermessensnormen. Aus diesem Grund sollten die Gerichte von der insbesondere in älteren Entscheidungen auftretenden Formulierung, das Ermessen sei in der Regel auf Null reduziert, zukünftig Abstand nehmen, da diese den beschriebenen dogmatischen Unterschied zwischen intendiertem Ermessen und der Ermessensreduzierung auf Null verwischt.[64]

---

60 Gern, DVBl. 1987, S. 1195.

61 Vgl. die nach Sachbereichen aufgeschlüsselten Übersichten bei Di Fabio, VerwArch 86 (1995), S. 214, 216 ff und Gern, DVBl. 1987, S. 1195 ff.

62 Vgl. zu den verschiedenen Ansätze die Übersicht bei Gern, DVBl. 1987, S. 1195; aus jüngerer Zeit siehe auch Di Fabio, VerwArch 86 (1995), S. 214 ff, 233 f; Brinktrine, S. 155 ff und Hain/Schlette/Schmitz, AöR 122 (1997), S. 42 ff.

63 Die entsprechende Feststellung von Gern, aaO, trifft auch heute noch zu.

64 Volkmann, DÖV 1996, S. 284, meint, man könne das intendierte Ermessen auch umschreiben als „eine Ermessensreduzierung auf Null, die vor aller Subsumtion bereits Gesetzeskraft“ habe. Insofern erkennt er zutreffend die Bedeutung des intendierten Ermessens für den abstrakten Charakter der betroffenen Ermessensnorm im Unterschied zum herkömmlichen Verständnis einer Ermessensreduzierung auf Null, nämlich die Beschrän-

b) Intendiertes Ermessen statt Ermessensreduzierung auf Null

Umgekehrt verbietet sich die Verwendung des Begriffs des intendierten Ermessens für solche Fälle, in denen der Sache nach eine Ermessensreduzierung auf Null problematisiert wird. Fälschlicherweise dennoch geschehen ist dies in folgendem Urteil des Bundesverwaltungsgerichts:[65]

Nach der Regelung des § 13a Abs. 1 S. 1 WPflG werden Wehrpflichtige, die sich vor Vollendung des fünfundzwanzigsten Lebensjahres mit Zustimmung der zuständigen Behörde auf mindestens sieben Jahre zum ehrenamtlichen Dienst als Helfer im Zivilschutz oder Katastrophenschutz verpflichtet haben, nicht zum Wehrdienst herangezogen, solange sie im Zivilschutz oder Katastrophenschutz mitwirken. Eine inhaltsgleiche Regelung findet sich bezüglich des Absehens von der Heranziehung zum Zivildienst in § 14 Abs. 1 ZDG. Demnach hängt die Freistellung vom Wehr- und Zivildienst davon ab, daß zunächst die zuständige Behörde der Tätigkeit im Zivil- bzw. Katastrophenschutz zustimmt.

Im konkreten Fall hatte die zuständige Behörde die zunächst erteilte Zustimmung zur Tätigkeit des Klägers im Zivilschutz widerrufen, da dieser die erforderliche sicherheitsmäßige Zuverlässigkeit wegen strafrechtlicher Verurteilungen nicht mehr besitze. Die zuständige Behörde hatte „Grundsätze für die freiwillige Mitarbeit im Warndienst" erlassen. Diese als Verwaltungsvorschriften zu qualifizierenden Grundsätze sahen eine zwingende Verpflichtung zum Widerruf der Zustimmung für den Fall eines Verstoßes gegen sie vor. Mit seiner Straffälligkeit hatte der Kläger hiergegen verstoßen.

Das Bundesverwaltungsgericht führte aus, durch die geschilderten Verwaltungsvorschriften sei eine Selbstbindung des behördlichen Ermessens eingetreten und insofern sei die Entscheidung der zuständigen Behörde, die Zustimmung zu widerrufen mangels außergewöhnlicher Umstände des Einzelfalles nicht zu beanstanden.

Überdies sei ohne den Widerruf das öffentliche Interesse gefährdet, wenn jemand trotz fehlender Eignung in einem besonders sicherheitsempfindlichen Bereich tätig sei. Die entsprechenden Eignungsvoraussetzungen ergäben sich aus der Funktion des Warndienstes, in dem der Kläger tätig war, nämlich „die Bevölkerung vor den Gefahren zu warnen, die ihr in einem Verteidigungsfall

---

kung auf den Einzelfall. Eben dieser Umstand sollte aber dazu führen, zur Erklärung des intendierten Ermessens nicht auf bereits belegte Begriffe zurückzugreifen, um eine unnötige Begriffsverwirrung zu vermeiden.

65 BVerwG, Buchholz 448.0 § 13a WPflG Nr. 19.

drohen“ (§ 7 Abs. 1 ZSchG). Diese Tätigkeit berge ein erhebliches Sicherheitsrisiko, zumal eine enge Verbindung zur jeweiligen militärischen Lage bestehe. Die Bewältigung dieser Aufgabe fordere ein hohes Maß an Zuverlässigkeit der im Warndienst tätigen Mitarbeiter. Die Straffälligkeit des Klägers rechtfertige die Annahme seiner Ungeeignetheit. Demzufolge sei das der zuständigen Behörde eingeräumte Ermessen im Hinblick auf das gewichtige öffentliche Interesse am Widerruf der Zustimmung intendiert. Auch aus diesem Grund sei eine (ausdrückliche) Begründung der getroffenen Entscheidung nicht erforderlich gewesen.[66]

Die vom Gericht postulierte Intendierung des Ermessens stützt sich hier eindeutig ausschließlich auf die besonderen Umstände des Einzelfalles, nämlich auf die Straffälligkeit des im Zivilschutz tätigen Klägers. Aus diesem Grund hätte das Gericht gut daran getan, sich bei seiner Argumentation auf die Selbstbindung der Verwaltung zu beschränken. Allenfalls hätte es den Widerruf zusätzlich unter Annahme einer Ermessensreduzierung auf Null für rechtmäßig erklären können. Um einen Fall intendierten Ermessens handelt es sich jedenfalls nicht.

Auch dieses Beispiel verdeutlicht die Notwendigkeit einer klaren Trennung der Begrifflichkeiten.

2. Abgrenzung zur Auslegung von Ermessensnormen als zwingende Vorschriften

Des weiteren ist das intendierte Ermessen abzugrenzen von solchen Normen, die dem Wortlaut nach zwar Ermessen einräumen, von der Rechtsprechung aber in gebundene Vorschriften umgedeutet werden.

Beispielsweise ordnet *Volkmann*[67] das bekannte Urteil des Bundesverwaltungsgerichts zu § 35 Abs. 2 BBauG[68] (jetzt § 35 Abs. 2 BauGB) fälschlicherweise dem intendierten Ermessen zu. Wie die folgenden Ausführungen verdeutlichen werden, handelt es sich hierbei jedoch vielmehr um einen Fall verfassungskonformer Auslegung, der andere Konsequenzen mit sich bringt als das intendierte Ermessen:

Nach § 35 Abs. 2 BauGB (damals § 35 Abs. 2 BBauG) *können* sonstige Vorhaben im Außenbereich, d.h. solche Vorhaben, die nicht von § 35 Abs. 1 BauGB erfaßt werden, im Einzelfall zugelassen werden, wenn ihre Ausführung oder Benutzung öffentliche Belange nicht beeinträchtigt und die Erschließung gesi-

66 BVerwG, Buchholz 448.0 § 13a WPflG Nr. 19, S. 6.

67 DÖV 1996, S. 283, dort Fn. 7.

68 Gesetz vom 23.6.1960, BGBl. 1960, S. 341.

chert ist. Hiernach scheint die Entscheidung über die Genehmigung sonstiger Vorhaben im Außenbereich in das *Ermessen* der Behörde gestellt zu sein. Eben dies verneinte das Bundesverwaltungsgericht jedoch unter Hinweis auf Art. 14 Abs. 1 S. 2 GG, wonach Inhalt und Schranken des Eigentums durch Gesetz bestimmt werden. Der Verfassunggeber habe mit Art. 14 Abs. 1 S. 2 GG verhindern wollen, daß der Gesetzgeber sich der ihm obliegenden Regelung enthalte und statt dessen die Bestimmung des Eigentumsinhalts dem Ermessen der Verwaltung anheimgebe.[69] Dürfte aber die Verwaltung nach ihrem Ermessen darüber entscheiden, ob sie ein nach dem Tatbestand des § 35 Abs. 2 BBauG rechtlich unbedenkliches Vorhaben zuläßt oder nicht, so ergäbe sich damit der Inhalt des Eigentums nicht aus dem Gesetz, sondern würde von der Verwaltung nach deren Ermessen bestimmt. Dies würde gegen Art. 14 Abs. 1 S. 2 GG verstoßen. Dementsprechend deutete das Bundesverwaltungsgericht im Wege verfassungskonformer Auslegung § 35 Abs. 2 BBauG in eine zwingende Vorschrift um.

Diese Umdeutung untermauerte das Gericht mit der zusätzlichen Erwägung, die Auslegung des unbestimmten Rechtsbegriffs der „öffentlichen Belange“ und eine fehlerfreie Ermessensausübung dürften nicht zu unterschiedlichen Ergebnissen führen. Da schon bei der Subsumtion unter den Begriff der „öffentlichen Belange“ alle rechtlich relevanten Gesichtspunkte geprüft werden müßten, bleibe kein Raum mehr für Ermessenserwägungen, die gleichen Inhalts wären.[70]

Über dieses berühmte Urteil des Bundesverwaltungsgerichts hinaus finden sich weitere Vorschriften, die zunächst wie Ermessensnormen anmuten, von der Rechtsprechung jedoch als zwingende Vorschriften ausgelegt worden sind. Hierbei ähnelt die Argumentation häufig der des Bundesverwaltungsgerichts zu § 35 Abs. 2 BBauG im Hinblick auf das Zusammenspiel von unbestimmtem Rechtsbegriff auf Tatbestandsseite und Ermessen auf Rechtsfolgenseite.[71] Zu nennen sind diesbezüglich beispielsweise § 3 NamÄndG[72] sowie § 105e Abs. 1 GewO[73].

---

69 BVerwGE 18, 247, 250; allgemein zum Begründungserfordernis bei grundrechtsrelevanten Regelungen vgl. auch BVerfGE 8, 71, 76; 9, 137, 147 f; 11, 168, 191 f; 13, 153, 160 f; BVerwGE 2, 114, 116; 10, 202, 205.

70 BVerwGE 18, 247, 251.

71 Vgl. hierzu näher auch unten zu den sog. Koppelungsvorschriften, 2. Teil, Gliederungspunkt D. II. 2. a), S. 141.

72 Vgl. dazu BVerwGE 15, 207, 211 f.

73 Vgl. dazu BVerwGE 24, 15, 22.

Ferner finden sich Ermessensvorschriften, die aufgrund einfachrechtlicher Erwägungen in bindende Vorschriften umgedeutet worden sind.[74]

Diese Auslegung von Vorschriften als bindend, obwohl es sich auf den ersten Blick um gewöhnliche Ermessensnormen handelt, unterscheidet sich ebenfalls klar vom intendierten Ermessen. Während bei der geschilderten Umdeutung die betreffenden Normen *stets* als zwingend anzusehen sind, findet beim intendierten Ermessen die Rechtsfolge, der nachgesagt wird, sie entspreche der gesetzgeberischen Intention, lediglich *in der Regel* Anwendung; in atypischen Fällen kann von ihr abgesehen werden. Damit erfährt die betroffene Ermessensnorm beim intendierten Ermessen zwar auch eine Umdeutung, diese geht jedoch wie dargestellt in Richtung einer Sollvorschrift und bleibt damit in ihrer Konsequenz eindeutig hinter der Umdeutung einer Ermessensnorm in eine zwingende Vorschrift zurück.

III. Zwischenergebnis

Somit liegen Vorschriften mit intendiertem Ermessen zwischen gewöhnlichen Ermessensvorschriften, die gelegentlich auf Null reduziert sein können, und solchen Ermessensvorschriften, die in zwingende Normen umgedeutet werden: Die Einschränkung des Ermessens tritt beim intendierten Ermessen *in der Regel* ein. Diese Regelhaftigkeit geht über die Ermessensreduzierung auf Null hinaus, welche ausschließlich den Einzelfall betrifft; sie bleibt jedoch hinter der für alle denkbaren Fälle geltenden Umdeutung in eine zwingende Norm zurück.

---

74 Vgl. beispielsweise VGH München, BayVBl. 1995, S. 84, zur Regelung des Art. 2 Abs. 9 BayAFWoG; auf die Zulässigkeit eines solchen Vorgehens soll an dieser Stelle nicht näher eingegangen werden; zur Besonderheit der Umdeutung des Ermessens im Rahmen von Koppelungsvorschriften siehe 2. Teil, Gliederungspunkt D. II. 2. a), S. 141.

C. Entwicklung der Rechtsprechung zum intendierten Ermessen und mögliche Ursachen

Seinen Ursprung hat das intendierte Ermessen, wie bereits festgestellt, der Sache nach im Gewerberecht, genauer im Handwerksrecht.[75] Gemäß § 16 Abs. 3 S. 1 HwO *kann* die zuständige Behörde die Fortsetzung des Handwerksbetriebes untersagen, wenn der Betrieb entgegen den Vorschriften der Handwerksordnung ausgeübt wird. Demzufolge steht die Entscheidung der zuständigen Behörde über eine Betriebsuntersagung in ihrem Ermessen.

Die Anwendung dieser Ermessensnorm führte in den 70er Jahren zu einer heftigen Kontroverse, welche den Ausgangspunkt für das heute so genannte intendierte Ermessen markiert.

I. Der VGH Mannheim

Der VGH Mannheim merkte bereits 1964 an, daß der Behörde nach § 16 Abs. 3 S. 1 HwO in der Mehrzahl der Fälle keine andere Wahl bleibe, als einzuschreiten.[76]

Seiner Formulierung aus dem Jahre 1964 erinnerte sich der VGH in zwei Urteilen aus den Jahren 1970 und 1971, in denen erneut festgestellt wurde, daß es regelmäßig rechtmäßig sei, eine gesetzwidrige Handwerksausübung zu untersagen.[77]

Ferner stellte das Gericht fest, die Untersagung bedürfe unter dem Gesichtspunkt des Ermessens keiner besonderen Darlegung. Lediglich für den Fall, daß besondere Umstände bekannt oder vom Betroffenen vorgetragen seien, die es rechtfertigen könnten, die Untersagung zu unterlassen, müsse die Behörde in eine besondere Abwägung der Interessen eintreten, also besondere Ermessenserwägungen anstellen und diese in ihrer Verfügung darlegen.[78]

1. Ermessensnichtgebrauch[79]?

Anknüpfungspunkt für diese Entscheidungen war der Umstand, daß in den zu entscheidenden Fällen möglicherweise ein Ermessensfehler in Form des Ermes-

---

75 Vgl. hierzu bereits die Einleitung, S. 25.

76 VGH Mannheim, GewArch 1966, S. 63.

77 VGH Mannheim, GewArch 1970, S. 252; VGH Mannheim, GewArch 1971, S. 232.

78 VGH Mannheim, GewArch 1970, aaO.

79 Auch Ermessensmangel, Ermessensunterlassung, Ermessensunterschreitung oder Ermessensausfall genannt.

sensnichtgebrauches vorlag. An diesem Punkt stellt sich die Frage, welche Konsequenz ein solcher Ermessensnichtgebrauch ohne die „Erfindung“ des intendierten Ermessens gehabt hätte.

Bei der Vielzahl der verschiedenen Ansätze zu einer Systematisierung möglicher Ermessensfehler[80] ist der Ermessensnichtgebrauch als Ermessensfehler einhellig anerkannt.[81] Ein Ermessensnichtgebrauch liegt vor, wenn die Behörde das ihr eingeräumte Ermessen nicht ausübt[82] oder sich irrig für gebunden hält.[83] Der Ermessensnichtgebrauch führt zur Rechtswidrigkeit der behördlichen Entscheidung.[84]

2. Exkurs: Zum Begriff des Ermessensfehlers für Fälle des Ermessensnichtgebrauches

Bedauerlicherweise finden sich kaum dogmatische Ansätze, dem Ermessensnichtgebrauch mit der Konsequenz der Rechtswidrigkeit seine Berechtigung zu bescheinigen. Dies nachzuholen soll jedoch ein leichtes sein:

Daß es sich beim Ermessensnichtgebrauch um einen Ermessensfehler handelt, ist weder § 40 VwVfG noch dem korrespondierenden § 114 VwGO zu entnehmen,[85] da diese nur die Ermessensüberschreitung und den Ermessensfehlgebrauch ausdrücklich nennen. Der Ermessensnichtgebrauch unterscheidet sich vielmehr in einem wesentlichen Merkmal von den Ermessensfehlern, die mittelbar den §§ 40 VwVfG und 114 VwGO zu entnehmen sind: Bei diesen handelt es sich um Fehler, die bei der *Ausübung* des Ermessens auftreten, die das „wie“ der Ermessensausübung betreffen. Somit ist der den §§ 40 VwVfG und 114 VwGO gedanklich zugrundeliegende Fehlerbegriff offensichtlich solchen Fehlern vorbehalten, die bei der Ermessensausübung auftreten.

Der Ermessensnichtgebrauch hingegen berührt bereits die Frage, „ob“ überhaupt Ermessen ausgeübt wurde. Demnach kann beim Ermessensnichtgebrauch schon

---

80 Siehe hierzu die ausführliche Übersicht mit sich anschließender eigener Systematisierung bei Alexy, JZ 1986, S. 701 ff, sowie die aktuellere Darstellung bei Brinktrine, S. 105 ff.

81 Vgl. nur Maurer, § 7 Rdnr. 21; Wolff/Bachof/Stober I, § 31 Rdnr. 48; Ossenbühl, in: *Erichsen*, § 10 Rdnr. 16; Bull, Rdnr. 409; Ipsen, Rdnr. 538; Alexy, JZ 1986, S. 708; Rennert, in: *Eyermann*, VwGO, § 114 Rdnr. 17.

82 Etwa weil sie das Vorliegen des ermessenseröffnenden Tatbestandes verneint: BVerwGE 78, 314, 320.

83 Vgl. BVerwGE 15, 196, 199; 19, 149, 152; 35, 291, 292; 68, 267, 276 f.

84 Vgl. Wolff/Bachof/Stober I, § 31 Rdnr. 44 u. 48.

85 Dies erkennen auch Bull, aaO, und Rennert, aaO, ohne jedoch Ansätze für die Rechtswidrigkeit des Ermessensnichtgebrauches zu entwickeln.

begrifflich gar nicht von einem Ermessensfehler gesprochen werden, da es hier gerade an einer Ermessensausübung fehlt, die für fehlerhaft erklärt werden könnte.[86] In eine ähnliche Richtung weisen auch die Ausführungen von *Stober* und *Brinktrine*, es sei zu unterscheiden hinsichtlich solcher Rechtsverletzungen, die lediglich „bei Gelegenheit der Anwendung von Ermessenssätzen" aufträten und die insofern besser als „Vorermessensfehler" bezeichnet werden sollten.[87]

Dennoch ist die Konsequenz, die einhellig aus einem Ermessensnichtgebrauch gezogen wird, nämlich die Rechtswidrigkeit des Ermessensaktes, korrekt. Wie bereits festgestellt, sind die Verwaltungsbehörden wegen des Grundsatzes der Gesetzmäßigkeit der Verwaltung aus Art. 20 Abs. 3 GG zum Vollzug des Verwaltungsrechts verpflichtet. Kommt die Verwaltung diesem Vollzugsauftrag in Anwendung einer Ermessensnorm nach, so ist sie – wiederum wegen des Grundsatzes der Gesetzmäßigkeit der Verwaltung – verpflichtet, von diesem Ermessen auch tatsächlich Gebrauch zu machen. Hiergegen verstößt sie, wenn sie sich irrig für gebunden hält und auf dieser Grundlage eine Entscheidung trifft, was zur Rechtswidrigkeit des Ermessensaktes führt.[88]

3. Ermessensnichtgebrauch als Schlußfolgerung aus einer fehlenden Darlegung von Ermessenserwägungen?

Demjenigen, der sich durch einen Ermessensnichtgebrauch in seinen Rechten verletzt fühlt, wird es regelmäßig Schwierigkeiten bereiten, nachzuweisen, daß die Behörde von dem ihr eingeräumten Ermessen keinen Gebrauch gemacht hat. Um dieses Unterfangen zu erleichtern, soll nach § 39 Abs. 1 S. 2 VwVfG die Begründung von Ermessensentscheidungen auch die Gesichtspunkte erkennen lassen, von denen die Behörde bei der Ausübung ihres Ermessens ausgegangen

---

86 Der Begriff des Ermessensfehlers für den Ermessensnichtgebrauch ließe sich lediglich dann rechtfertigen, wenn man ihn im wahrsten Sinne des Wortes verstünde, nämlich als Ermessens*fehler* im Sinne von *fehlendem* Ermessen.

87 Wolff/Bachof/Stober I, § 31 Rdnr. 47; Brinktrine, S. 518. Offensichtlich gehen die Beiträge zur sogenannten Ermessensfehlerlehre von einem weiteren Ermessensfehlerbegriff aus, als er den Regelungen der §§ 40 VwVfG und 114 VwGO zu entnehmen ist, indem sie in die Ermessensfehlerlehre all solche Fehler einbeziehen, die im *Zusammenhang* mit der Anwendung einer Ermessensnorm auftreten können.

Die Einbeziehung auch des Ermessensnichtgebrauches in die Ermessensfehlerlehre erscheint zwecks einer Systematisierung aller denkbaren Fehler im Zusammenhang mit der Anwendung von Ermessensnormen nicht abwegig. Gleichwohl bleibt es dabei, daß es sich beim Ermessensnichtgebrauch begrifflich nicht um einen Ermessensfehler handelt.

88 Dies meint wohl auch Bull, aaO, indem er den Ermessensnichtgebrauch, respektive die Ermessensunterschreitung, als einen Rechtsfehler qualifiziert.

ist. Denn es sind die in der Begründung objektivierten Gründe, die der Erkenntnis zugänglich sind, und nicht die subjektiven Vorstellungen der Behörde. Insofern rechtfertigt es sich, die Begründung als vorrangigen Gegenstand der Kontrolle des Ermessens anzusehen.[89]

In den genannten Urteilen des VGH Mannheim scheint auf den ersten Blick ein Ermessensnichtgebrauch seitens der Behörde gegeben zu sein. Diese Vermutung erhärtet der ausschließliche Verweis der Behörde darauf, der Tatbestand sei erfüllt. Besondere Ermessenserwägungen wurden nicht dargelegt.[90] Es entsteht der Eindruck, die Behörde habe sich irrig für verpflichtet gehalten, die Fortsetzung des Handwerksbetriebes wegen der Erfüllung der tatbestandlichen Voraussetzungen zu untersagen.[91]

Der VGH Mannheim verneinte jedoch mit trickreicher Argumentation das Vorliegen eines Ermessensnichtgebrauches:[92]

Er bestritt für die zu beurteilenden Sachverhalte schlicht die Indizwirkung, die der Begründung normalerweise im Hinblick auf das Ermessen zukommt.[93] Gerade weil die Handwerksuntersagung bei Erfüllung des gesetzlichen Tatbestandes nach Ansicht des Gerichts regelmäßig rechtmäßig sei, bräuchten entsprechende Ermessenserwägungen nicht näher dargelegt zu werden.

---

89 Alexy, JZ 1986, S. 708; vgl. auch BVerwGE 64, 33, 38; Schwab, S. 3; ausführlich zur Funktion der Begründung für die gerichtliche Kontrolle siehe unten, 3. Teil, Gliederungspunkt B. I., S. 161.

Nur in sehr seltenen Fällen soll es genügen, wenn sich aus dem Gesamtzusammenhang ergibt, daß die Behörde eine Ermessensentscheidung getroffen und welche Ermessenserwägungen sie angestellt hat, vgl. BVerwG, NVwZ 1988, S. 526.

Vgl. in diesem Zusammenhang insbesondere die finanzgerichtliche Rechtsprechung zur Inanspruchnahme eines Haftungsschuldners nach §§ 109, 118 RAO: Bereits der Ermittlung des Verschuldensgrades im Rahmen der Tatbestandsermittlung seien einer Ermessensausübung inhaltlich identische Erwägungen zu entnehmen, die das Ermessen wiederum prägten: BFHE 125, 126, 127 und 129 = BStBl. II 1978, S. 508 = NJW 1978, S. 1879; ähnlich auch BFH, BB 1987, S. 1593; BFH, BB 1988, S. 905; später hierzu zurückhaltender der BFH selber, BFHE 133, 1, 3; kritisch auch HessFG, EFG 1979, S. 213; FG Hannover, EFG 1983, S. 155 f; befürwortend Stelkens, NWVBl. 1989, S. 339.

90 Vgl. insoweit VGH Mannheim, GewArch 1970, S. 252.

91 Diese Konsequenz fehlender Ermessenserwägungen in der Begründung bezweifelt allerdings Schwabe, DVBl. 1998, S. 147: Die Behauptung der Betroffenen, aus der fehlenden Diskussion von Ermessenserwägungen in der Begründung sei ein Ermessensnichtgebrauch herzuleiten, bedeute den fragwürdigen Vorwurf totaler Ignoranz.

92 Stelkens, NWVBl. 1989, S. 338, spricht von einem überraschenden Kunstgriff.

93 Dies erkennt zutreffend auch Michaelis, JA 1998, S. 454.

Hiermit traf das Gericht inzident eine grundlegende Aussage zum Umfang der Begründungspflicht. Es relativierte nämlich die Begründungspflicht im Hinblick auf Ermessenserwägungen für solche Fälle, in denen die regelmäßig rechtmäßige Rechtsfolge ohne weiteres ersichtlich sei. Gleichzeitig entzog das Gericht damit den Klägern den Anknüpfungspunkt für ihr Vorbringen, nämlich daß aus den fehlenden Ermessenserwägungen in der Begründung der behördlichen Entscheidung auf einen Ermessensnichtgebrauch geschlossen werden könne.[94]

4. Konstruktion des intendierten Ermessens zur Umgehung einer Neubescheidung durch die Behörde mit inhaltlich gleichem Ergebnis?

Dieses Vorgehen ist vermutlich nicht frei von pragmatischen Erwägungen. Es liegt der Verdacht nahe, daß es dem VGH Mannheim aus folgendem Grund widerstrebte, der zuständigen Behörde zu bescheinigen, daß sie schlicht das ihr eingeräumte Ermessen übersehen und sich statt dessen für gebunden gehalten habe: Hätte das Gericht einen Ermessensnichtgebrauch festgestellt, wäre die Konsequenz die Aufhebung der Untersagungsverfügung nach § 113 Abs. 1 S. 1 VwGO verbunden mit der Aufforderung zur erneuten Bescheidung, nunmehr allerdings unter Ausübung von Ermessen, gewesen. Damit wäre die Handwerksuntersagung voraussichtlich mit entsprechender Begründung alsbald erneut, diesmal allerdings aufgrund ausdrücklicher Ermessenserwägungen, ausgesprochen worden.

Möglicherweise hat dies den VGH dazu bewogen, die Entscheidung der Behörde aufrechtzuerhalten.[95]

Ausdrücklich hätte das Gericht derartige Erwägungen nämlich nicht anstellen dürfen, da die gerichtliche Überprüfung von Ermessensentscheidungen nicht darauf zielt zu ermitteln, ob das *Ergebnis* der Ermessensentscheidung rechtmäßig ist.[96] Vielmehr ist das Gericht gehalten, Ermessensakte daraufhin zu überprüfen, ob Fehler beim *Gebrauch* oder – wie beim Ermessensnichtgebrauch der Fall – beim *Nichtgebrauch* des Ermessens aufgetreten sind.[97] Entscheidet sich die Behörde auf der Grundlage einer Ermessensnorm für eines von mehreren zulässigen Ergebnissen, so entscheidet sie zwar, was das Ergebnis ihrer Ent-

---

94 Allgemein zur Bedeutung der Begründung für die gerichtliche Überprüfung von Ermessensentscheidungen siehe unten, 3. Teil, Gliederungspunkt B. I., S. 161.

95 Einen ähnlichen Verdacht äußert auch Stelkens, NWVBl. 1989, S. 339.

96 Alexy, JZ 1986, S. 711, spricht insofern von einer Überprüfung auf „inhaltliche Ermessensfehler" bzw. auf „Ergebnisfehler".

97 Alexy, aaO, bezeichnet entsprechende Fehler als „strukturelle Fehler" bzw. „Vorgangsfehler".

scheidung betrifft, fehlerfrei. Dennoch liegt ein zur Rechtswidrigkeit führender Ermessensnichtgebrauch vor, wenn sie sich irrtümlich für gebunden hält. Hierüber konnte sich der VGH Mannheim nicht hinwegsetzen, zumal er sich ansonsten den Vorwurf zugezogen hätte, unzulässige eigene Ermessenserwägungen anstelle der Behörde getroffen zu haben, was den Gerichten bei der Überprüfung von Ermessensakten wegen des Gewaltenteilungsgrundsatzes jedoch unzweifelhaft verwehrt ist.[98]
Somit fand das Gericht in der Konstruktion des heute so genannten intendierten Ermessens eine andere Lösung, das vermutlich angestrebte Ziel zu erreichen.

II. Der VGH Kassel

Zunächst blieb die geschilderte Spruchpraxis eine Besonderheit in der Rechtsprechung des VGH Mannheim.
Im Jahre 1972 hatte jedoch auch der VGH Kassel über die Untersagung einer Handwerksausübung zu entscheiden, die offensichtlich ohne Ermessenserwägungen ergangen war und der es auch an der erforderlichen Begründung fehlte. Beim VGH Kassel erinnerte man sich der Urteile des VGH Mannheim, die ja festgestellt hatten, die Untersagung einer gesetzwidrigen Handwerksausübung sei regelmäßig rechtmäßig.[99] An diesem Ansatz schien der VGH Kassel grundsätzlich Gefallen zu finden, und er versuchte sich seinerseits an einer dogmatischen Begründung: Er entschied, daß, obwohl § 16 Abs. 3 S. 1 HwO eine Kannbestimmung sei, die Untersagung der Handwerksausübung nicht im Ermessen der zuständigen Behörde stehe.[100] Dieses Ergebnis versuchte der VGH Kassel mit der Gesamtkonzeption der Handwerksordnung und den Gesetzesmaterialien zu begründen.[101]
Die Auslegung des § 16 Abs. 3 S. 1 HwO durch den VGH Kassel als bindende Vorschrift wurde unter Verweis auf den eindeutigen Wortlaut allerdings einhellig abgelehnt.[102]

---

98 Vgl. insoweit nur Wolff/Bachof/Stober I, § 31 Rdnr. 44 und BVerwGE 3, 279, 281, von da an st. Rspr.

99 Der „nicht näher begründeten ... Ansicht“ des VGH Mannheim vermochte sich der VGH Kassel allerdings nicht anzuschließen, vgl. VGH Kassel, DVBl. 1972, S. 835.

100 VGH Kassel, DVBl. 1972, S. 834 f.

101 VGH Kassel, DVBl. 1972, S. 835.

102 Vgl. OVG Lüneburg, GewArch 1976, S. 125; OVG Münster, GewArch 1978, S. 29; VG Oldenburg, GewArch 1978, S. 227; selbst der 1990 nunmehr für das Handwerksrecht zuständige Senat des VGH Kassel kritisierte das Urteil des VGH Kassel aus dem Jahre 1972 wegen des Widerspruchs zum Wortlaut, vgl. VGH Kassel, NVwZ 1991, S. 281; zur

III. Die Folgerechtsprechung

Letztlich scheint es erst dieses Urteil des VGH Kassel zu sein, das die weitere Entwicklung dessen, was heute unter dem Begriff des intendierten Ermessens diskutiert wird, anspornte. Denn das Urteil des VGH Kassel löste heftige Kritik aus, und es folgte geradezu eine Schwemme von Entscheidungen, die sich hinsichtlich der Auslegung des § 16 Abs. 3 S. 1 HwO – meist unter Ablehnung der Erwägungen des VGH Kassel – den Ausführungen des VGH Mannheim anschlossen.[103]

Bemerkenswerterweise erfuhr die vom VGH Mannheim gewählte Auslegung des § 16 Abs. 3 S. 1 HwO keine Kritik. Etwaige Auslegungsalternativen zu der des VGH Mannheim wurden in den Folgeurteilen gar nicht mehr erwogen. Eine solche – naheliegende – Auslegungsalternative wäre beispielsweise das Festhalten an § 16 Abs. 3 HwO als gewöhnlicher Ermessensvorschrift gewesen. Scheinbar hielt man sich aber statt dessen zur Entscheidung eines „Zweikampfes“ zwischen dem VGH Mannheim und dem VGH Kassel berufen.

Lediglich vereinzelt findet sich ein dritter Ansatz hinsichtlich der Auslegung des nach § 16 Abs. 3 S. 1 HwO eingeräumten Ermessens:

Daß der Gesetzgeber die Untersagung eines rechtswidrig betriebenen Handwerks in das Ermessen der Verwaltungsbehörde gestellt und nicht zwingend angeordnet habe, erkläre sich daraus, daß der zuständigen Behörde die Möglichkeit eingeräumt werden solle, in Fällen bloßer formaler Rechtswidrigkeit der Handwerksausübung (Fehlen der nach §§ 6 ff HwO erforderlichen Eintragung in die Handwerksrolle) von einer Untersagung abzusehen.[104] Hierin aber erschöpfe sich bereits die Funktion der Kann-Bestimmung. Für Fälle materieller Rechts-

---

Qualifizierung von § 16 Abs. 3 S. 1 HwO als Ermessensvorschrift vgl. auch Siegert/Musielak, HwO, § 16 Rdnr. 11; Fröhler/Dannbeck, S. 99 f; Frotscher, JuS 1983, S. 526.

103 Bezeichnenderweise hielt an erster Stelle unter Ignorierung der Ausführungen des VGH Kassel der VGH Mannheim an seiner Rechtsprechung fest, GewArch 1974, S. 120; vgl. aber auch VGH München, GewArch 1976, S. 335 und GewArch 1981, S. 15; VG Hannover, GewArch 1978, S. 338; BVerwG, GewArch 1982, S. 302; VG Berlin, GewArch 1992, S. 190 sowie die Nachweise Fn. 102.

104 Vgl. Siegert/Musielak, HwO, § 16 Anm. 11.

widrigkeit sei die Vorschrift als bindend zu verstehen, es treffe die Behörde die Amtspflicht, den Betrieb zu untersagen.[105]

In der Konsequenz unterscheidet sich dieser Ansatz nicht wesentlich von dem des intendierten Ermessens. Denn die nur formelle Rechtswidrigkeit einer Handwerksausübung wird regelmäßig einen besonderen Umstand darstellen, der auch im Rahmen intendierten Ermessens Berücksichtigung finden würde: In derartigen Fällen wäre von einem Sonderfall auszugehen, der die Untersagung der Fortsetzung des Betriebes ausnahmsweise einmal nicht geboten erscheinen ließe. Allerdings bleibt die Beschränkung des Ermessens auf Fälle formeller Rechtswidrigkeit der Handwerksausübung hinter dem intendierten Ermessen zurück, welches ermöglicht, auch aus anderen Gründen als der nur formellen Rechtswidrigkeit der Handwerksausübung diese in Ausnahmefällen zu dulden.

Spätestens mit der Ablehnung, die das Urteil des VGH Kassel auslöste, und der damit einhergehenden Befürwortung der Rechtsprechung des VGH Mannheim wurde also das in § 16 Abs. 3 S. 1 HwO normierte Ermessen zum Vorreiter des heute so genannten intendierten Ermessens.

Bald fanden sich ähnliche Formulierungen zu denen des VGH Mannheim in einer Vielzahl von Entscheidungen anderer Gerichte zu anderen Normen.[106]

IV. Zwischenergebnis

Die Rechtsprechung zum intendierten Ermessen wirft somit zwei Aspekte auf, die näherer Betrachtung bedürfen. Zunächst stellen die einschlägigen Urteile die These auf, es gebe Ermessensnormen, denen zu entnehmen sei, daß eine bestimmte Entscheidung regelmäßig rechtmäßig sei. Entsprechend sei in konkrete Ermessenserwägungen nur in Sonderfällen einzutreten.

Hieraus wird wiederum die Schlußfolgerung gezogen, daß sich für Fälle intendierten Ermessens, in denen der Regelfall gegeben sei, eine Begründung der behördlichen Entscheidung erübrige.

In dieser verfahrensrechtlichen Auswirkung liegt ein Hauptanknüpfungspunkt für die Kritik am intendierte Ermessen. Das Verwaltungsverfahren werde ent-

---

105 Vgl. Siegert/Musielak, aaO, und im Anschluß hieran VG Sigmaringen, GewArch 1992, S. 340.

106 Zu den einzelnen Entscheidungen siehe unten, 2. Teil, Gliederungspunkte B. und C., S. 63 ff und S. 93 ff.

wertet, dies gelte vornehmlich für die Begründungspflicht bei Ermessensentscheidungen.[107]

Damit zäumen die Kritiker jedoch das Pferd von hinten auf, denn die Antwort auf die Frage, welche Konsequenz das intendierte Ermessen für die Begründung der entsprechenden Ermessensentscheidung hat, hängt davon ab, ob die Rechtsfigur des intendierten Ermessens überhaupt zulässig ist. Zunächst bedarf also dieser Aspekt der Klärung. Erst im Anschluß hieran stellt sich das Problem der möglichen Auswirkungen auf die Begründungspflicht.

---

107 Stelkens, NWVBl. 1989, S. 339; Volkmann, DÖV 1996, S. 286; Brinktrine, S. 48; Sachs, in: *Stelkens/Bonk/Sachs*, VwVfG, § 40 Rdnr. 30.

2. Teil:

Rechtliche Würdigung des intendierten Ermessens

A. Ausschluß intendierten Ermessens wegen Verstoßes gegen den Gewaltenteilungsgrundsatz?

Eine bedeutende Anzahl kritischer Stimmen sieht in der Rechtsprechung der Verwaltungsgerichte zum intendierten Ermessen einen Verstoß gegen den Gewaltenteilungsgrundsatz aus Art. 20 Abs. 2 S. 2 GG.

I. Das Verhältnis Judikative/Exekutive

Vielfach wird in der Literatur geltend gemacht, das intendierte Ermessen stelle eine unzulässige Okkupation behördlicher Entscheidungsspielräume durch die Gerichte dar.[108] Offensichtlich gehen die Kritiker davon aus, die einschlägige Rechtsprechung verenge zu Unrecht die der Behörde durch Ermesseneinräumung zugewiesenen Freiräume bei der Entscheidungsfindung, und insofern liege ein Verstoß gegen den Grundsatz der Gewaltenteilung bezogen auf das Verhältnis der Judikative zur Exekutive vor.

Diese Schlußfolgerung wird auf die teilweise vorkommende Formulierung der Gerichte zurückzuführen sein, die Behörde könne *und dürfe* bei Erfüllung des Tatbestandes im Regelfall das Für und Wider nicht abwägen, also kein Ermessen ausüben.[109] Hierdurch entsteht der Eindruck, die Gerichte versagten den Behörden in Fällen intendierten Ermessens für den Regelfall, das ihnen dem Wortlaut zufolge unzweifelhaft eingeräumte Ermessen auszuüben und verpflichteten sie vielmehr, im Regelfall stets intentionsgemäß zu entscheiden. Wäre dies tatsächlich der Fall, so läge womöglich fürwahr ein unzulässiger Eingriff in die Kompetenzen der Verwaltung vor.

---

108 Sachs, in: *Stelkens/Bonk/Sachs*, § 40 Rdnr. 30; Brinktrine, S. 48; ähnlich auch Gerhardt, in: *Schoch/Schmidt-Aßmann/Pietzner*, VwGO, § 114 Rdnr. 20; Henneke, in: *Knack*, VwVfG, § 40 Rdnr. 35, u. Volkmann, DÖV 1996, S. 282 u. 286, der pathetisch von erheblichen Folgeproblemen des intendierten Ermessens für das empfindliche Thema der verwaltungsgerichtlichen Kontrolldichte spricht.

109 Vgl. insoweit BVerwGE 72, 1, 6; BVerwG, Buchholz 448.0 § 9 WPflG Nr. 11, S. 35; ähnlich auch BRS 36 Nr. 93, S. 217; OVG Weimar, LKV 1997, S. 370; VGH Mannheim, ZLR 1997, S. 670.

Allerdings hat der Vorwurf der Okkupation behördlicher Entscheidungsspielräume durch die Gerichte vor folgendem Hintergrund nur bedingte Berechtigung:

1. Intendiertes Ermessen in Anfechtungssituationen

Im Rahmen der Darstellung der Rechtsprechungsentwicklung[110] zum intendierten Ermessen wurde die wahre Ursache für diese Rechtsprechung aufgezeigt: Die Gerichte standen regelmäßig vor der Entscheidung, einen im Wege der Anfechtungsklage (§ 42 Abs. 1, 1. HS VwGO) angegriffenen belastenden Verwaltungsakt in Ermangelung der Begründung etwaiger Ermessenserwägungen wegen eines Ermessensnichtgebrauches aufzuheben, wobei alsbald ein nunmehr mit einer Ermessensbegründung versehener Verwaltungsakt gleichlautenden Inhalts rechtmäßig hätte ergehen können. Damit verfolgt die Rechtsprechung zum intendierten Ermessen in diesem Bereich keinen anderen Zweck als die Aufrechterhaltung behördlicher Entscheidungen, denen der Verdacht eines Ermessensnichtgebrauches anhaftet. Die einschlägige Rechtsprechung entspricht hier also voll und ganz den Interessen der betroffenen Behörden. Es werden nicht etwa gegen den Willen der Behörden bestehende Kompetenzen beschränkt, sondern der Verzicht auf die Wahrnehmung von Kompetenzen, nämlich der Verzicht auf eine Ermessensausübung, wird für zulässig erklärt.[111]

Der ganz überwiegende Anteil von Entscheidungen zum intendierten Ermessen rankt sich um eben diese Aufrechterhaltung von Behördenentscheidungen, die im Hinblick auf eine unter Umständen unterbliebene Ermessensausübung bzw. eine hieran anknüpfende fehlende Begründung fragwürdig erschienen und dementsprechend gerichtlich angegriffen wurden.[112]

Insofern ist die teilweise auftretende Formulierung der Gerichte, in Fällen intendierten Ermessens könne *und dürfe* die Behörde bei Vorliegen eines Regelfalles kein Ermessen ausüben, irreführend.

Vermutlich trafen die Gerichte diese Wortwahl, um die Aufrechterhaltung der behördlichen Entscheidung dem klagenden Bürger gegenüber nachdrücklich zu rechtfertigen: Es sei der Behörde nicht nur erlaubt, im Regelfall der gesetzlichen Intention entsprechend zu entscheiden, sie müsse dies sogar tun.

---

110 Siehe hierzu 1. Teil, Gliederungspunkt C., S. 43 ff.

111 Überspitzt könnte gar von einem Schulterschluß zwischen Rechtsprechung und Verwaltung gesprochen werden.

112 Bedeutend seltener findet sich das intendierte Ermessen in Entscheidungen, in denen über den gerichtlichen Ausspruch einer behördlichen Verpflichtung zu entscheiden war. Hierzu siehe unten, S. 56.

Konsequenzen in Form einer gerichtlichen Einschränkung der Ausübung von Ermessen, obwohl doch ein Regelfall vorliege, sind aus *diesen* Urteilen nie gezogen worden und auch für die Zukunft nicht zu befürchten:

Denn wie beschrieben dient die geschilderte Kategorie von Urteilen gerade der Aufrechterhaltung von Entscheidungen, die von Klägerseite angegriffen wurden. Das Vorbringen des Klägers wurde im jeweiligen Fall vom Gericht gerade deswegen nicht unterstützt, weil die Behörde ja der gesetzlichen Intention entsprechend entschieden habe. Würde nun aber eine Behörde bei Anwendung einer Ermessensnorm, die dieser Kategorie von Entscheidungen zuzuordnen ist, gegenteilig, also entgegen der gesetzgeberischen Intention entscheiden, so würde dies wiederum den Interessen des potentiellen Klägers entsprechen, der nun von einer Klage absehen würde.

Anhand der bereits dargestellten Rechtsprechung zu § 16 Abs. 3 HwO[113] lassen sich diese abstrakten Ausführungen beispielhaft verdeutlichen: Von den Gerichten wurde die Untersagung eines rechtswidrigen Handwerksbetriebes für intentionsgemäß erklärt. Was aber wären die Konsequenzen, würde eine Behörde dieser Intention einmal nicht Rechnung tragen und dementsprechend die rechtswidrige Fortführung eines Handwerksbetriebes nicht untersagen? Die Freude seitens des potentiell von einer Handwerksuntersagung Betroffenen wäre groß, und er würde keinesfalls Klage beim Verwaltungsgericht gegen dieses Unterlassen behördlichen Einschreitens erheben. Damit ist für besagte Fälle von vornherein ausgeschlossen, daß es je zu einer Entscheidung eines Gerichtes kommen könnte, in der es die Behörde verpflichten könnte, intentionsgemäß zu entscheiden.[114]

---

113 S.o., 1. Teil, Gliederungspunkt C., S. 43 ff.

114 Dies gilt gleichermaßen im Hinblick auf vermeintliche Auswirkungen des intendierten Ermessens auf den verwaltungsgerichtlichen Drittschutz, wie Volkmann, DÖV 1996, S. 288, Fn. 50, und auch Schwabe, DVBl. 1998, S. 148, sie beschwören. Auch ein Dritter könnte nicht beliebig auf ein Einschreiten der Behörde gegen die womöglich rechtswidrige Unterlassung beispielsweise einer Handwerksuntersagung klagen. Hierzu müßte ein solcher klagender Dritter nämlich die Verletzung subjektiver Rechte geltend machen können, was nur bei einer möglichen Verletzung einer drittschützenden Norm möglich wäre. Die betreffenden Vorschriften zum intendierten Ermessen lassen einen solchen drittschützenden Charakter jedoch allesamt vermissen.

Dazu, daß ein Dritter keine objektiven Rechtsverstöße gerichtlich rügen kann, vgl. auch Wolff/Bachof/Stober I, § 43 Rdnr. 19.

Allgemein zum Drittschutz/zur Schutznormtheorie siehe BVerwGE 92, 313, 317; 94, 151, 159; 98, 118, 120 f; Wolff/Bachof/Stober I, § 43 Rdnr. 18; Schmidt-Preuß, S. 186 ff; Finkelnburg/Ortloff, S. 219 m.w.N.

An dieser Stelle entfaltet der altbekannte Satz seine volle Wirkung: Wo kein Kläger, da kein Richter.

Damit geht der Vorwurf der Okkupation behördlicher Entscheidungsfreiräume durch die Gerichte für die beschriebenen Urteile zum intendierten Ermessen fehl.[115] Im Hinblick auf die ansonsten häufig auftretende Problematik der verwaltungsgerichtlichen Kontrolldichte ist der Vorwurf eines Verstoßes gegen den Gewaltenteilungsgrundsatz an dieser Stelle ausnahmsweise unbegründet.

2. Intendiertes Ermessen in Verpflichtungssituationen

Allerdings finden sich auch einige wenige Urteile unter dem Stichwort „intendiertes Ermessen", in denen die von der Behörde getroffene Entscheidung wegen Verkennung des für intendiert erklärten Ermessens nicht wie in den oben beschriebenen Fällen bestätigt wurde.[116] Es handelt sich hierbei um Urteile, in denen die Versagung eines begünstigenden, ins Ermessen der Behörde gestellten Verwaltungsaktes im Rahmen einer Versagungsgegenklage[117] (§ 42 Abs. 1, 2. HS, 1. Alt. VwGO) für rechtswidrig erklärt wurde, da die Behörde nicht erkannt habe, daß sie wegen Vorliegens eines Regelfalles zum Erlaß des begünstigenden Verwaltungsaktes verpflichtet gewesen sei.

a) Der Unterschied zwischen Vornahme-[118] und Bescheidungsurteil

Normalerweise kann das entscheidende Gericht eine Verpflichtung der Behörde zum Erlaß eines bestimmten Verwaltungsaktes nur dann aussprechen, wenn die Behörde bei Erfüllung der tatbestandlichen Voraussetzungen zum Erlaß des Verwaltungsaktes verpflichtet ist, das Begehren des Klägers sich also auf eine gebundene Norm stützt. Ist dies der Fall, so spricht das Gericht nach § 113 Abs. 5 S. 1 VwGO die Verpflichtung der Verwaltungsbehörde aus, den bean-

115 Im Ergebnis zutreffend erkennen das auch Schwabe, DVBl. 1998, S. 148, und Borowski, DVBl. 2000, S. 159.

116 Vgl. im einzelnen hierzu 3. Teil, Gliederungspunkt II. 2. c) aa), S. 146.

117 Teilweise auch Vornahmeklage genannt, so Bull, Rdnr. 965; zur Kritik am Begriff der Versagungsgegenklage siehe das Plädoyer bei Ipsen, Rdnr. 1096, der es wegen der anhaltenden begrifflichen Konfusion in diesem Bereich für angeraten hält, sich auf den – dem Gesetz zu entnehmenden – Begriff der Verpflichtungsklage zu beschränken und lediglich eine inhaltliche Differenzierung mit Blick auf das Erfordernis eines Widerspruchsverfahrens zu treffen; zu den Begrifflichkeiten siehe im einzelnen Schmitt Glaeser/Horn, Rdnr. 289.

118 In diesem Zusammenhang versteht sich der Begriff des Vornahmeurteils – im Unterschied zu Bulls Verständnis, siehe Fn. 117 – in Abgrenzung zum Bescheidungsurteil. Näher dazu im Folgenden.

tragten Verwaltungsakt zu erlassen, wenn die Sache spruchreif ist (Vornahmeurteil).

Hingegen hat die Feststellung der Rechtswidrigkeit der Versagung eines begünstigenden Verwaltungsaktes, der eine Ermessensentscheidung erfordert, zur Folge, daß das Gericht die Behörde lediglich zur Neubescheidung verpflichtet: Gemäß § 113 Abs. 5 S. 2 VwGO spricht das Gericht die Verpflichtung aus, den Kläger unter Beachtung der Rechtsauffassung des Gerichts (neu) zu bescheiden (Bescheidungsurteil).

Dies stellt eine einfachgesetzliche Ausprägung des Grundsatzes der Gewaltenteilung dar, demzufolge es den Gerichten verboten ist, selbst Funktionen der Verwaltung zu übernehmen, indem sie eigene Ermessenserwägungen an die Stelle des Ermessens der Verwaltungsbehörden setzen.[119]

Verpflichtet das entscheidende Gericht nun aber unter Berufung auf das intendierte Ermessen trotz Ermessenseinräumung die Behörde, den begünstigenden Verwaltungsakt zu erlassen, so könnte unter Umständen diesbezüglich berechtigterweise von einer Okkupation behördlicher Entscheidungsspielräume gesprochen werden. Denn hier wird der Behörde durch das Gericht die Möglichkeit zur Ausübung ihres Ermessens abgesprochen, ohne daß dies – wie in der oben geschilderten Mehrzahl der Fälle – auf eine sozusagen freiwillige Selbstbeschränkung des behördlichen Ermessens zurückzuführen wäre. Vielmehr wird die zuständige Behörde verpflichtet, gegen ihren Willen den Erlaß eines begünstigenden Verwaltungsaktes vorzunehmen, obwohl die Entscheidung über Erlaß oder Nichterlaß dem Wortlaut der Norm zufolge in ihr Ermessen gestellt ist.

b) Zulässigkeit eines Vornahmeurteiles trotz Ermessenseinräumung?

aa) Die Ermessensreduzierung auf Null

Allerdings gibt es einen aus der bisherigen Verwaltungsrechtsprechung bekannten und anerkannten Ausnahmefall, in dem das Gericht die Verpflichtung der Behörde zum Erlaß eines Verwaltungsaktes aussprechen kann, obwohl der Erlaß in das Ermessen der Behörde gestellt ist: Dies ist der Fall bei einer Ermessensreduzierung auf Null. Hier verengt sich das der Behörde eingeräumte Ermessen im Einzelfall dergestalt, daß nur eine einzige Entscheidung ermessensfehlerfrei und damit rechtmäßig ist.[120] Dementsprechend wandelt sich der grundsätzlich nur bestehende Anspruch auf ermessensfehlerfreie Bescheidung aufgrund der

---

119 Bull, Rdnr. 967; siehe hierzu auch bereits 1. Teil, Gliederungspunkt C. I. 4., S. 47.

120 Vgl. als Grundsatzurteil hierzu BVerwGE 11, 95; des weiteren Maurer, § 7 Rdnr. 24; Götz, Allgemeines Verwaltungsrecht, S. 99; Ipsen, Rdnr. 544; Wolff/Bachof/Stober I, § 31 Rdnr. 56; Ossenbühl, in: *Erichsen*, § 10 Rdnr. 22; Schmitt Glaeser/Horn, Rdnr. 303; Peine, Rdnr. 71.

besonderen Gegebenheiten des Einzelfalles um in einen Anspruch auf Erlaß des begehrten Verwaltungsaktes.

bb) Vornahmeurteile auch in Fällen intendierten Ermessens?

Wie bereits festgestellt, wurde auch in Urteilen, die entweder von der Rechtsprechung selbst oder aber von der Sekundärliteratur dem intendierten Ermessen zugezählt worden sind, trotz der gesetzlichen Ermessensformulierung der Erlaß des begehrten Verwaltungsaktes angeordnet.

Argumentiert wurde dahingehend, es sei der dem Gesetz gedanklich zugrundeliegende Regelfall gegeben. Mangels besonderer Umstände, die eine anderslautende Behördenentscheidung rechtfertigen könnten, sei der gesetzgeberischen Intention gemäß der begehrte Verwaltungsakt zu erlassen. Damit ähnelt das Vorgehen stark dem bei der Ermessensreduzierung auf Null. Es stellt die konsequente verwaltungsprozessuale Umsetzung des Gedankens des intendierten Ermessens dar.

Diese Konsequenz hat allerdings nur dann ihre Berechtigung, wenn die Frage danach, ob es ein intendiertes Ermessen materiell-rechtlich überhaupt gibt, positiv zu beantworten ist. Die Beantwortung eben dieser Frage stellt das Hauptanliegen der vorliegenden Arbeit dar.[121]

Zunächst soll jedoch der Gedanke eines Verstoßes des intendierten Ermessens gegen den Grundsatz der Gewaltenteilung zu Ende gedacht werden. Denn die Kritik am intendierten Ermessen beschränkt sich im Hinblick auf den Gewaltenteilungsgrundsatz nicht allein auf den Vorwurf der Okkupation behördlicher Entscheidungsspielräume durch die Gerichte.

II. Das Verhältnis Legislative/Judikative

Das auf den ersten Blick wohl stichhaltigste Argument gegen die Annahme eines intendierten Ermessens ist das Wortlautargument:

Wie bereits erörtert, entspricht die Handhabung von Vorschriften, die durch die Gerichte dem intendierten Ermessen zugerechnet worden sind, im Grundsatz der Handhabung von Sollvorschriften.[122] Damit werden nach Ansicht einer Vielzahl

---

121 Näher hierzu im einzelnen Gliederungspunkte B. und. C., S. 63 ff und 93 ff.

Zur Frage der Zulässigkeit des intendierten Ermessen insbesondere im Bereich der geschilderten Fallkonstellationen, in denen es um die gerichtlich ausgesprochene Verpflichtung der Behörde zum Erlaß eines begünstigenden Verwaltungsaktes geht, s.u. Gliederungspunkt D. II. 2. c) aa), S. 146.

122 Zu dieser strukturellen Ähnlichkeit vgl. 1. Teil, Gliederungspunkt B. I. 2. b) aa), S. 34.

von Autoren Ermessensvorschriften unzulässigerweise mit Sollvorschriften gleichgesetzt: Das intendierte Ermessen verwische die Grenzen zwischen allgemeiner Ermessensermächtigung und Sollvorschrift.[123] Es liege ein Verstoß der Gerichte gegen die gesetzgeberische Entscheidung für eine Ermessens- anstelle einer Sollvorschrift vor.[124]

Dieser Vorwurf gilt gleichermaßen für den Bereich belastender wie auch begünstigender Verwaltungsakte, da bei beiden Erscheinungsformen eine Übergehung des gesetzgeberischen Willens durch die Rechtsprechung gegeben sein könnte, so daß es an dieser Stelle – im Gegensatz zum geschilderten Vorwurf der Okkupation zu Lasten der behördlichen Entscheidungsfreiheit – keiner Differenzierung beider Erscheinungsformen bedarf.

Möglicherweise kommt also auch ein Verstoß der Rechtsprechung zum intendierten Ermessen gegen den Grundsatz der Gewaltenteilung aus Art. 20 Abs. 2 S. 2 GG im Hinblick auf das Verhältnis der Judikative zur Legislative in Betracht. Denn wegen des Gewaltenteilungsgrundsatzes sind die Gerichte in ihrer Funktion auf die Rechts*erkenntnis* beschränkt. Sie sind grundsätzlich von einer autonomen Rechts*setzung* ausgeschlossen, da diese alleinige Aufgabe der gesetzgebenden Gewalt ist. Hiergegen verstößt ein Gericht, wenn es unzulässige[125] Rechtsfortbildung betreibt.[126] Darüber hinaus bedeutet eine Überschreitung der Grenzen richterlicher Rechtsfortbildung einen Verstoß gegen die in Art. 20 Abs. 3, 2. HS GG verfassungsrechtlich verankerte Bindung der Rechtsprechung an Recht und Gesetz[127], die auch in Art. 97 Abs. 1 GG ihren Niederschlag findet.[128]

Offensichtlich erblicken die Kritiker in der – ihrer Ansicht nach wegen des eindeutigen Wortlautes unzulässigen – Gleichsetzung gewöhnlicher Ermessensvorschriften mit ausdrücklichen Sollvorschriften eine unzulässige Rechtsfortbildung contra legem durch die Gerichte.

---

123 Michaelis, JA 1998, S. 48; Stelkens, NWVBl. 1989, S. 339; ders., in: *Stelkens/Bonk/Sachs*, § 39 Rdnr. 35; Volkmann, DÖV 1996, S. 283; Maurer, § 7 Rdnr. 12; Peine, Rdnr. 69; Brinktrine, S. 48.

124 Vgl. Stelkens, in: Stelkens/Bonk/Sachs, VwVfG, aaO; Brinktrine, aaO.

125 Richterliche Rechtsfortbildung ist nicht generell unzulässig. Für sie ist praeter legem dort Raum, wo es an entgegenstehenden Gesetzen fehlt, vgl. BVerfGE 88, 145, 166 f; Sachs, in: *Stern*, Staatsrecht III/2, S. 436.

126 Vgl. BVerfGE 82, 6, 12 f; Krey, JZ 1978, S. 466 f.

127 BVerfGE 87, 273, 280.

128 Vgl. Sachs, GG, Art. 20 Rdnr. 119 f; Kirchhof, FS Universität Heidelberg, S. 11 ff; F. Müller, ebd., S. 65 ff; Stern, Staatsrecht III/2, S. 1669 ff.

III. Das Verhältnis Legislative/Exekutive

Hinsichtlich des Verhältnisses der Legislative zur Exekutive könnte das intendierte Ermessen ähnliche Bedenken aufwerfen wie im Hinblick auf die Judikative. Es unterliegt der Entscheidungsfreiheit des Gesetzgebers, ob und in welcher Ausprägung er der Verwaltung Ermessensspielräume einräumt. Dementsprechend ist es dem Gesetzgeber unbenommen, von vornherein durch eine Soll-Formulierung zum Ausdruck zu bringen, in welcher Richtung er das Ermessen im Regelfall ausgeübt sehen will.[129]

Eine solche Präferenz einer bestimmten Rechtsfolge ist den Normen, die für intendiert erklärt worden sind, hingegen nicht ausdrücklich zu entnehmen. Unter diesem Aspekt könnte es dem Willen des Gesetzgebers widersprechen, wenn die Verwaltung nicht, wie auf den ersten Blick dem Wortlaut nach vorgesehen, in jedem Einzelfall in besondere Ermessenserwägungen eintritt, sondern vielmehr in der Regel der Fälle eine ganz bestimmte Entscheidung trifft.

IV. Zwischenergebnis

Die geschilderte Kritik geht von der Annahme aus, daß es sich bei Sollvorschriften und Ermessensvorschriften um klar voneinander abgrenzbare Kategorien handelt, derer sich der Gesetzgeber bewußt bedient, um bestimmte Rechtsbereiche unterschiedlich zu regeln.

Es erscheint jedoch fraglich, ob diese Annahme zutreffend ist: Insbesondere die Offenheit und Vielfältigkeit des Ermessensbegriffes, deretwegen sich ein einheitlicher Ermessenstyp letztlich kaum ermitteln läßt, verlangen eine differenzierte Behandlung der unterschiedlichen Ermessenstypen.[130] Läßt sich vor diesem Hintergrund tatsächlich von vornherein ausschließen, daß es Ermessensnormen geben kann, denen eine gesetzgeberische Präferenz bezüglich einer ganz bestimmten behördlichen Entscheidung für die Regel der Fälle zu entnehmen ist? Und dies allein aus dem Grund, daß der Gesetzgeber zur Erreichung dieses Zweckes ja eine Sollvorschrift hätte erlassen können?

Daß es sich beispielsweise selbst bei Sollvorschriften dogmatisch um Ermessensvorschriften besonderer Art handelt, wurde bereits festgestellt.[131] Zwar sind Ermessenserwägungen hier nur bei Vorliegen eines atypischen Falles anzustellen, während die behördliche Entscheidung bei Vorliegen eines Regelfalles kraft generalisierender gesetzgeberischer Vorwegnahme von Ermessenserwägungen

---

129 Im Ergebnis so auch Volkmann, DÖV 1996, S. 284.

130 Wolff/Bachof/Stober I, § 31 Rdnr. 34.

131 1. Teil, Gliederungspunkt B. I. 1. b) bb), S. 30.

vorgegeben ist. Dies ändert jedoch nichts am grundsätzlichen Charakter der Sollvorschrift als Ermessensnorm. Bereits dieser Aspekt nährt die Vermutung, daß eine derart strikte Trennung zwischen Kann- und Sollvorschriften, wie sie von einer Vielzahl von Autoren[132] gefordert wird, unter Umständen gar nicht möglich ist.

Man kann der Betrachtung des Verhältnisses von intendiertem Ermessen und Sollvorschriften auch eine ganz andere Überlegung zugrunde legen:

Die Sollvorschriften, die bisher Darstellung gefunden haben,[133] können möglicherweise als formelle Sollvorschriften und damit als eine untergeordnete Kategorie materieller Sollvorschriften begriffen werden. Nach diesem Verständnis könnte es sich demnach bei formellen Sollvorschriften und beim intendierten Ermessen gleichermaßen um Kategorien materieller Sollvorschriften handeln.[134]

Grundsätzlich scheint es anders gesprochen zumindest denkbar, daß es sich bei Sollvorschriften um nichts anderes als um besonders eindeutige Fälle intendierten Ermessens handelt. Denn daß auch Sollvorschriften als Ermessensvorschriften qualifiziert werden, wurde bereits ausgeführt. Ihnen ist die vom Gesetzgeber für den Regelfall gewollte Rechtsfolge wegen des Wortlautes eindeutig zu entnehmen ist.

Unter Umständen kann aber ebenso die Auslegung einer dem ersten Anschein nach „gewöhnlichen" Ermessensvorschrift eine solche Favorisierung einer bestimmten Rechtsfolge durch den Gesetzgeber ergeben. Dann würde die Soll-Formulierung bei Sollvorschriften letztlich nichts anderes als eine Auslegungsvereinfachung darstellen.

Daß der Gesetzgeber gut daran täte, die von ihm regelmäßig vorgezogene Rechtsfolge durch Formulierung einer Sollvorschrift kenntlich zu machen,[135] um unnötige Verwirrung zu vermeiden, stünde dann auf einem anderen Blatt Papier.

Damit ist festzuhalten, daß sich das intendierte Ermessen mit Verweis auf den Gewaltenteilungsgrundsatz nicht ohne weiteres ablehnen läßt. Die Kritiker behaupten mit ihren Vorwürfen lediglich, was erst noch zu beweisen wäre, nämlich daß einer auf den ersten Blick gewöhnlichen Ermessensnorm kein Vorrang einer bestimmten Rechtsfolge für den Regelfall entnommen werden könne. Die

---

132 Siehe hierzu die Nachweise Fn. 123.

133 Also solche Vorschriften, die Soll-Formulierungen oder „in der Regel"-Anordnungen enthalten.

134 In dieser Richtung auch Borowski, DVBl. 2000, S. 157, dort Fn. 72.

135 So auch Schwabe, DVBl. 1998, S. 147, der das intendierte Ermessen ansonsten befürwortet, und Volkmann, DÖV 1996, S. 287.

folgenden Ausführungen sollen klären, ob dies in bestimmten Konstellationen nicht doch der Fall sein kann.

B. Intendiertes Ermessen kraft ausdrücklicher gesetzlicher Anordnung

Zum Teil wird die Rechtsfigur des intendierten Ermessens für solche Konstellationen herangezogen, in denen bereits dem Gesetzestext selber bzw. der Gesetzessystematik eine Regel-Ausnahme-Anordnung zu entnehmen ist, die sich letztlich auf das Ergebnis der von der Behörde zu treffenden Ermessensentscheidung auswirkt. Jede der betreffenden Normen könnte ebensogut als Sollvorschrift formuliert sein.

I. Anwendungsbereich

1. Lenkung des Ermessens durch den Gesetzeswortlaut: Akteneinsicht nach § 29 Abs. 3 VwVfG und Art. 100 Abs. 3 BayBG

§ 29 VwVfG regelt die Akteneinsicht durch Beteiligte des Verwaltungsverfahrens. Gemäß § 29 Abs. 1 S. 1 VwVfG ist die Behörde verpflichtet, den Beteiligten Einsicht in die das Verfahren betreffenden Akten zu gewähren, soweit deren Kenntnis zur Geltendmachung oder Verteidigung ihrer rechtlichen Interessen erforderlich ist. Hinsichtlich dessen, *ob* die Behörde Akteneinsicht gewährt, findet sich demnach eine bindende Regelung. *Wie* sich die Akteneinsicht vollzieht, regelt § 29 Abs. 3 VwVfG: Satz 1 dieser Bestimmung besagt, daß die Akteneinsicht bei der Behörde erfolgt, die die Akten führt. Gemäß Satz 2 *kann* die Einsicht im Einzelfall auch bei einer anderen Behörde oder bei einer diplomatischen oder berufskonsularischen Vertretung der Bundesrepublik Deutschland im Ausland erfolgen; weitere Ausnahmen *kann* die Behörde, die die Akten führt, gestatten. Somit ist die Entscheidung der Behörde darüber, wo sie Akteneinsicht gewährt, in ihr Ermessen gestellt.

Hinsichtlich eines Gesuches auf Zusendung einer Personalakte im Disziplinarverfahren wurde entschieden, daß die Behörde über derartige Gesuche nach pflichtgemäßem Ermessen zu entscheiden habe, ohne auch nur gesetzlich verpflichtet zu sein, ihr Ermessen im Regelfalle im Sinne einer positiven Entscheidung – d.h. zugunsten einer Einsichtnahme an einem anderen Ort – ausüben zu müssen.[136] Eine solche regelmäßige Verpflichtung war offensichtlich seitens des Antragstellers angenommen worden. Im Ergebnis wurde vielmehr entgegengesetzt zum Vorbringen des Antragstellers argumentiert: § 29 Abs. 3 VwVfG zeige nach Wortlaut und Systematik klar, daß die Akteneinsicht grundsätzlich bei

136 OVG Münster, NJW 1980, S. 722.

der Behörde, die die Akten führe, zu erfolgen habe und andere Formen der Einsichtnahme auf Ausnahmefälle beschränkt blieben.[137]

Auch dem Wortlaut des Art. 100 Abs. 3 BayBG zufolge ist Einsicht in die Personalakten grundsätzlich während der regelmäßigen Dienstzeit bei der aktenführenden Dienststelle zu gestatten. In besonders gelagerten Fällen *kann* die Einsichtnahme durch Versendung der Akten an den Beschäftigungsort des Beamten erfolgen. Entsprechend der gesetzlichen Vorgabe an den Dienstherren, Akteneinsicht grundsätzlich bei der aktenführenden Behörde zu gewähren, sei die Ermessensausübung in Richtung Ablehnung einer Akteneinsicht am (davon verschiedenen) Beschäftigungsort vorgezeichnet (sog. intendiertes Ermessen), sei die Ablehnung im Grundsatz vom Gesetzgeber gewollt.[138]

Nach den geschilderten Normen ist die Gewährung von Akteneinsicht an einem anderen Ort als bei der aktenführenden Stelle zwar ins Ermessen der Behörde gestellt. Dem Wortlaut ist jedoch durch die Formulierung, dies könne nur „im Einzelfall" bzw. „in besonders gelagerten Fällen" geschehen, eindeutig zu entnehmen, daß die Gewährung einer solchen ortsfremden Akteneinsicht auf Ausnahmefälle beschränkt bleiben soll.

Damit ist bereits an dieser Stelle der Gegenbeweis zu der oben dargestellten Behauptung erbracht, einer Ermessensnorm könne die Favorisierung einer bestimmten Rechtsfolge generell nicht entnommen werden, da eine solche den ausdrücklichen Sollvorschriften vorbehalten sei.[139]

Eine Besonderheit stellt in den geschilderten Fällen der Umstand dar, daß die gesetzliche Intention hier dazu führt, daß die genannte Rechtsfolge – die Gewährung von Akteneinsicht an einem anderen Ort als dem der Aktenführung – in der Regel gerade nicht eintritt. Dies macht den oben geschilderten strukturellen Unterschied zur Sollvorschrift aus.[140]

Der Gesetzgeber hätte das von ihm gewünschte Regel-Ausnahme-Verhältnis gleichermaßen durch den Erlaß einer Sollvorschrift erreichen können, indem er folgende Formulierung getroffen hätte:

- Die Akteneinsicht *soll* bei der aktenführenden Behörde erfolgen. Ausnahmsweise kann sie andernorts geschehen.

---

137 OVG Münster, aaO.

138 VGH München, NVwZ-RR 1989, S. 424.

139 Diese Behauptung erschließt sich aus dem Vorwurf, das intendierte Ermessen verwische die Grenzen zwischen Sollvorschrift und Ermessensvorschrift. Vgl. dazu Gliederungspunkt A. II., S. 59.

140 Siehe dazu 1. Teil, Gliederungspunkt B. I. 2. b) bb), S. 35.

In diesem Fall wäre ebenso eindeutig zu erkennen, daß die Akteneinsicht an einem anderen Ort als dem der Aktenführung auf Ausnahmefälle beschränkt bleiben soll. Dieses Ergebnis erreichen die beschriebenen Normen trotz der Kann-Formulierung jedoch durch die geschilderte Beschränkung auf Ausnahmefälle ebenso eindeutig.

2. Lenkung des Ermessens durch die Gesetzessystematik

Neben der beschriebenen Lenkung des Ermessens durch den Gesetzeswortlaut wird ein intendiertes Ermessen vielfach auf systematische Erwägungen gestützt. Die Argumentation der Gerichte geht in diesen Fällen dahin, der Gesetzessystematik sei ein bestimmtes Verhältnis von Regel und Ausnahme zu entnehmen.

a) § 5 Abs. 1 S. 2 lit. c WoBindG

Eine solche der Gesetzessystematik zu entnehmende Regel-Ausnahme-Konstellation findet sich nach der Rechtsprechung des Bundesverwaltungsgerichts in § 5 Abs. 1 S. 2 WoBindG. Das diesbezüglich am 5. Juli 1985 ergangene Urteil des Gerichts[141] entwickelte sich zum Hauptanknüpfungspunkt für spätere Entscheidungen zum intendierten Ermessen. Dies beruht auf dem Umstand, daß in der genannten Entscheidung erstmals der Begriff des „intendierten" Ermessens gebraucht wurde.[142] Um so mehr erstaunt die mangelnde inhaltliche Auseinandersetzung mit gerade diesem Urteil, das eine geraume Zahl von Problemen aufwirft und dogmatisch durchaus fragwürdig ist.

Das Wohnungsbindungsgesetz dient der Sicherung der Zweckbestimmung von Sozialwohnungen. Gemäß § 4 Abs. 2 S. 1 WoBindG darf der über eine Sozialwohnung Verfügungsberechtigte diese Wohnung einem Wohnungssuchenden nur dann zum Gebrauch überlassen, wenn der Wohnungssuchende ihm vor Überlassung der Wohnung eine Bescheinigung über die Wohnberechtigung im öffentlich geförderten sozialen Wohnungsbau übergibt.

Die Voraussetzungen, unter denen eine derartige Bescheinigung über die Wohnberechtigung zu erteilen ist, normiert § 5 WoBindG. Nach § 5 Abs. 1 S. 2 WoBindG hat der Wohnungssuchende einen Anspruch auf Ausstellung einer Wohnberechtigungsbescheinigung, wenn das Gesamteinkommen die sich aus § 25 Abs. 2 des Zweiten Wohnungsbaugesetzes (II. WoBauG) ergebende Einkommensgrenze nicht übersteigt. Für die Ermittlung dieser Einkommensgrenze und die angemessene Wohnungsgröße ist die Zahl der Familienangehörigen entscheidend. Berücksichtigung finden insoweit aber nur die in § 8

---

141 BVerwGE 72, 1.

142 BVerwGE 72, 1, 6.

Abs. 1 und 2 II. WoBauG genannten Angehörigen, zu denen Verlobte und nichteheliche Lebenspartner nicht zählen.[143] Damit ist eine Berücksichtigung familienfremder Personen bei der Entscheidung über die Erteilung einer Wohnberechtigungsbescheinigung grundsätzlich ausgeschlossen.

§ 5 Abs. 1 S. 2 WoBindG ermöglicht es der Behörde jedoch, nach Ermessen trotz Nichterfüllung der im ersten Absatz der Regelung genannten Voraussetzungen eine Bescheinigung auszustellen. § 5 Abs. 1 S. 2 lit. c 2. HS WoBindG räumt hierbei letztlich doch eine Berücksichtigung auch familienfremder Personen ein:

> „Die Bescheinigung kann erteilt werden, ...
>
> c) wenn die Versagung der Bescheinigung für den Wohnungssuchenden aus sonstigen Gründen eine besondere Härte bedeuten würde; **hierbei** *kann* auch eine nicht nur vorübergehende Haushaltszugehörigkeit von Personen, die nicht Familienangehörige sind, berücksichtigt werden."
>
> *(Hervorhebungen nicht im Original)*

Strikt voneinander zu unterscheiden sind bei der Auseinandersetzung mit dem einschlägigen Urteil des Bundesverwaltungsgerichts zu dieser Regelung die zwei Kann-Formulierungen des ersten und zweiten Halbsatzes.

aa) Die nicht nur vorübergehende Haushaltszugehörigkeit familienfremder Personen nach § 5 Abs. 1 S. 2 lit. c 2. HS WoBindG als gleichwertige Alternative zum ersten Halbsatz oder als dessen ausnahmsweise möglicher Unterfall?

Zunächst hatte das Bundesverwaltungsgericht zu klären, wie der zweite Halbsatz der Norm zu verstehen sei, daß auch eine nicht nur vorübergehende Haushaltszugehörigkeit von Personen, die nicht Familienangehörige sind, berücksichtigt werden könne.

Das Berufungsgericht war in der Vorinstanz zu der Ansicht gelangt, die nicht nur vorübergehende Haushaltszugehörigkeit familienfremder Personen stehe der im ersten Halbsatz der Regelung zur Voraussetzung für eine Ausnahme-Wohnberechtigungsbescheinigung gemachten „besonderen Härte" gleich. Demnach könne entweder das Vorliegen einer besonderen Härte oder die nicht nur vorübergehende Haushaltszugehörigkeit familienfremder Personen zur Erteilung einer Ausnahme-Wohnberechtigungsbescheinigung führen. Dieser Ansicht zu-

---

143 BVerwGE 72, 1, 2.

folge würde das „Kann" des zweiten Halbsatzes demnach eine Alternative zum ersten Halbsatz begründen.[144]

Einer solchen Auslegung der Kann-Formulierung des zweiten Halbsatzes der Regelung trat das Bundesverwaltungsgericht jedoch mit folgender, überzeugender Argumentation entgegen: Bei der Vorschrift des § 5 Abs. 1 S. 2 lit. c 2. HS WoBindG handelt es sich um eine Ausnahmevorschrift. Aus Wortlaut, Sinnzusammenhang und Zweck der gesetzlichen Regelung folgt, daß die nicht nur vorübergehende Haushaltszugehörigkeit familienfremder Personen und das Vorliegen einer „besonderen Härte" nicht gleichgesetzt werden kann. Die Haushaltszugehörigkeit Familienfremder kann lediglich „hierbei", d.h. bei der Ermittlung, ob eine „besondere Härte" vorliegt, berücksichtigt werden. Der Zusammenhang zum ersten Halbsatz verbietet es, im zweiten Halbsatz einen selbständigen Tatbestand als Voraussetzung für die Ausstellung einer Ausnahme-Wohnberechtigungsbescheinigung zu sehen.[145] Die Regelung besagt vielmehr, daß unter Umständen die nicht nur vorübergehende Haushaltszugehörigkeit familienfremder Personen eine besondere Härte im Sinne des ersten Halbsatzes zu begründen vermag.

Wie bereits festgestellt, finden für die Ermittlung, ob eine Wohnberechtigungsbescheinung zu erteilen ist, grundsätzlich nur Familienangehörige Berücksichtigung. Von diesem Grundsatz normiert § 5 Abs. 1 S. 2 lit. c WoBindG folglich eine Ausnahme, indem hiernach ausnahmsweise die nicht nur vorübergehende Haushaltszugehörigkeit familienfremder Personen Berücksichtigung finden kann, wenn darin eine besondere Härte zu sehen ist. Somit ist es durch die Kann-Formulierung des zweiten Halbsatzes der Regelung ins *Ermessen* der Behörde gestellt, an der nicht nur vorübergehenden Haushaltszugehörigkeit familienfremder Personen eine besondere Härte festzumachen.[146]

bb) § 5 Abs. 1 S. 2 lit. c ***1. HS*** *oder § 5 Abs. 1 S. 2 lit. c* ***2. HS*** *WoBindG als Vorschrift, die ein intendiertes Ermessen normiert?*

Das der Behörde eingeräumte Ermessen ist nach Auffassung des Bundesverwaltungsgerichts von Gesetzes wegen zur Nichterteilung der Ausnahme-

144 Dies ist mittelbar den Ausführungen des Bundesverwaltungsgerichts zu entnehmen, BVerwGE 72, 1, 3.

145 BVerwG, aaO.

146 So auch BVerwGE 72, 1, 5; allerdings wird hieraus die falsche Schlußfolgerung gezogen, somit könne es sich bei der Vorschrift des § 5 Abs. 1 S. 2 lit. c WoBindG nicht um eine Koppelungsvorschrift handeln; zu Koppelungsvorschriften näher unten, Gliederungspunkt D. II., S. 140 ff.

Wohnberechtigungsbescheinigung intendiert[147] bzw. in Richtung auf die Ablehnung einer Ausnahme-Wohnberechtigungsbescheinigung vorgezeichnet.[148] Die Ermessensermächtigung solle es der zuständigen Stelle lediglich ermöglichen, von einer nach der grundsätzlichen Zielsetzung des Gesetzes (Nichtberücksichtigung von Personen, die nicht Familienangehörige sind) an sich gebotenen Versagung der Wohnberechtigungsbescheinigung ausnahmsweise dann abzusehen, wenn sie dies aufgrund bestimmter besonderer Umstände des Einzelfalles unter Berücksichtigung der Wohnungsmarktlage zur Vermeidung einer ungewöhnlichen Härte für angemessen halte.[149]

Offensichtlich ordnet das Bundesverwaltungsgericht hier das von ihm entwickelte intendierte Ermessen dem ersten Halbsatz der Norm zu, bei dem es um die Entscheidung über Erteilung oder Nichterteilung einer Ausnahme-Bescheinigung geht.

Diese Zuordnung steht jedoch im Widerspruch zu den vorangehenden Ausführungen des Gerichts und dem hohen Begründungsaufwand, der betrieben wurde, um festzustellen, daß die nicht nur vorübergehende Haushaltszugehörigkeit familienfremder Personen regelmäßig keine besondere Härte begründe, eine entsprechende Ermessensentscheidung demnach regelmäßig negativ auszufallen habe. Anknüpfungspunkt für ein intendiertes Ermessen muß demnach vielmehr § 5 Abs. 1 S. 2 lit. c 2. HS WoBindG sein. Hiervon ausgehend ist die nach § 5 Abs. 1 S. 2 lit. c 2. HS WoBindG zu treffende Ermessensentscheidung dahin intendiert, daß regelmäßig keine besondere Härte anzunehmen ist, wenn die nicht nur vorübergehende Haushaltszugehörigkeit familienfremder Personen für die Begründung einer solchen herangezogen werden soll. Liegt aber bereits keine besondere Härte vor, so sind eigentlich weitere Erwägungen zur Rechtsfolge überflüssig, da es bereits an der Tatbestandserfüllung fehlt. Zu einer Entscheidung über Erteilung oder Nichterteilung kommt es dann nicht mehr.

cc) Einheitliche Ermessensentscheidung oder Koppelungsvorschrift?

Daß das Bundesverwaltungsgericht in der betreffenden Entscheidung dennoch die Ermessensentscheidung aufgrund des ersten Halbsatzes für intendiert befunden hat, erklärt sich vor folgendem Hintergrund:

---

147 BVerwGE 72, 1, 6.

148 So in einem späteren Urteil: BVerwG, BayVBl. 1987, S. 219.

149 BVerwGE 72, 1, 6.

aaa) § 5 Abs. 1 S. 2 lit. c WoBindG als eine Norm, die eine einheitliche Ermessensentscheidung normiert

Wollte man sich den Ausführungen des Bundesverwaltungsgerichts anschließen, würde sich hinsichtlich der Qualifizierung des § 5 Abs. 1 S. 2 lit. c WoBindG folgendes ergeben:

Aus der Formulierung des zweiten Halbsatzes der Vorschrift, bei der Ermittlung dessen, ob ein besonderer Härtefall vorliegt, *könne* auch eine nicht nur vorübergehende Haushaltszugehörigkeit von Personen, die nicht Familienangehörige sind, berücksichtigt werden, schließt das Bundesverwaltungsgericht, daß § 5 Abs. 1 S. 2 lit. c WoBindG keine Koppelungsvorschrift sei: Die Ermittlung dessen, ob ein Härtefall vorliege, sei hier ausdrücklich in das Ermessen der Behörde gestellt.[150] Damit handele es sich beim Begriff der „unbilligen Härte" nicht um einen unbestimmten Rechtsbegriff, da ein solcher stets vollständiger gerichtlicher Überprüfung unterläge. Eine solche vollständige gerichtliche Überprüfung sei jedoch durch die Ermesseneinräumung hinsichtlich der Ermittlung dessen, ob die Versagung im konkreten Fall eine besondere Härte bedeuten würde, ausgeschlossen. Eine Trennung in einen gerichtlich voll nachprüfbaren unbestimmten Rechtsbegriff und in ein Folgeermessen der Behörde sei somit nicht möglich, weswegen § 5 Abs. 1 S. 2 lit. c WoBindG nicht als Koppelungsvorschrift verstanden werden könne.[151] Härteprüfung und Ermessensbetätigung seien vielmehr unlösbar miteinander verknüpft, und es habe eine einheitliche Ermessensentscheidung zu ergehen.[152]

Legt man dieses Verständnis des Bundesverwaltungsgerichts von einer einheitlichen Ermessensentscheidung zugrunde, so verwundert es wenig, daß letztlich nicht mehr scharf getrennt wird zwischen dem ersten und zweiten Halbsatz des § 5 Abs. 1 S. 2 WoBindG und die Ermessensentscheidung darüber, ob eine Ausnahme-Bescheinigung erteilt wird oder nicht, für intendiert erklärt wird.

bbb) § 5 Abs. 1 S. 2 lit. c WoBindG als Koppelungsvorschrift

Allerdings unterläuft dem Bundesverwaltungsgericht an dieser Stelle ein gravierender Gedankenfehler:

Zutreffend wurde vom Gericht festgestellt, daß Koppelungsvorschriften als Besonderheit einen unbestimmten Rechtsbegriff auf Tatbestandsseite und Ermessen auf Rechtsfolgenseite aufweisen.[153] Ebenfalls zutreffend kommt das Gericht

---

150 BVerwG, aaO.

151 BVerwG 72, 1, 4.

152 BVerwGE 72, 1, 5.

153 Näher hierzu unten, Gliederungspunkt D. II., S. 140 ff.

zu der Ansicht, daß eine vollständige gerichtliche Überprüfung der behördlichen Härteprüfung wegen der geschilderten ausdrücklichen Ermessenseinräumung ausgeschlossen ist. Hieraus wird jedoch zu Unrecht auf den Charakter des Begriffes der „besonderen Härte“ geschlossen: Es handele sich hierbei nicht um einen unbestimmten Rechtsbegriff.

Diese Schlußfolgerung beruht auf der – nicht unumstrittenen – Judikatur[154] der Verwaltungsgerichte zu den unbestimmten Rechtsbegriffen. Nachdem das Bundesverwaltungsgericht anfänglich verschiedentlich unbestimmte Rechtsbegriffe nur beschränkt überprüfte, gelangte es in der Folgezeit bald zu der Auffassung, daß unbestimmte Rechtsbegriffe grundsätzlich[155] gerichtlich voll überprüfbar seien. Dieser Linie bleibt das Gericht seither treu.[156]

Zutreffend stellt das Gericht in seiner Entscheidung zu § 5 Abs. 1 S. 2 lit. c WoBindG fest, daß die Härtefallprüfung ins Ermessen der Behörde gestellt ist und dies zur Folge hat, daß die Härtefallermittlung keiner vollständigen gerichtlichen Überprüfung unterliegt.

Der hieraus gezogene Schluß, mangels dieser gerichtlichen Überprüfungsmöglichkeit hinsichtlich der Härtefallermittlung könne es sich nicht um einen unbestimmten Rechtsbegriff und damit um eine Koppelungsvorschrift handeln, ist jedoch fehlerhaft.

Die Frage, ob es sich bei einem Tatbestandsmerkmal um einen bestimmten oder unbestimmten Rechtsbegriff handelt, ist ungeachtet etwaiger Folgewirkungen für die gerichtliche Überprüfung seiner Anwendung zu stellen und ausschließlich anhand des Begriffes selber zu beurteilen. Die einzelnen Tatbestandselemente einer Norm kann der Gesetzgeber unterschiedlich präzise formulieren.[157] Unbestimmte Rechtsbegriffe sind Begriffe, deren abstrakte Auslegung und Anwendung im konkreten Fall erhebliche Schwierigkeiten bereiten können. Re-

---

154 Näher hierzu unten, Gliederungspunkt D. I. 2. c), S. 136.

155 Nur in Ausnahmefällen, nämlich bei Anerkennung eines Beurteilungsspielraumes, wird eine nur beschränkte Möglichkeit zur gerichtlichen Überprüfung angenommen. Zu den anerkannten Fallkonstellationen siehe unten Gliederungspunkt D. I. 2. c), S. 139.

156 Vgl. nur BVerwGE 15, 207, 208 („wichtiger Grund“ i. S. des Namensänderungsgesetzes); BVerwGE 24, 60, 63 f („Denkmalschutzwürdigkeit eines Gebäudes“); BVerwGE 45, 162, 164 ff („besonderer Einzelfall“ und „Gründe des öffentlichen Gesundheitsinteresses“ i. S. des § 3 Abs. 3 Bundesärzteordnung); BVerwGE 88, 35, 37 ff („erforderlich“ im Hinblick auf die besondere öffentliche Zweckbestimmung i. S. des § 37 Abs. 1 BauGB); BVerwGE 94, 307, 308 f (Weinprädikat); BVerwGE 100, 221, 225 (Heilpraktikerprüfung); BVerwG, DVBl. 1991, S. 49 (besondere Sachkunde nach § 36 Abs. 1 GewO).

157 Maurer, § 7 Rdnr. 27; Peine, Rdnr. 72.

gelmäßig werden Wertungen, gelegentlich auch Zukunftsprognosen, zu treffen sein.[158] Zu solchen unbestimmten Rechtsbegriffen zählen etwa: öffentliches Interesse, Gemeinwohl, wichtiger Grund, Zuverlässigkeit, Eignung usw.[159] Auch die Auslegung der „besonderen Härte" in § 5 Abs. 1 S. 2 lit. c WoBindG bedarf einer wertenden Betrachtung und stellt somit einen solchen unbestimmten Rechtsbegriff dar.[160]

Da es sich aber beim Begriff der „besonderen Härte" um einen unbestimmten Rechtsbegriff handelt, der in der Regelung des § 5 Abs. 1 S. 2 lit. c WoBindG auf Tatbestandsseite steht und auf der Rechtsfolgenseite auf Ermessen trifft, liegt entgegen der Auffassung des Bundesverwaltungsgerichts eine Koppelungsvorschrift vor.[161]

dd) Zwischenergebnis

Die Erkenntnis, daß es sich bei § 5 Abs. 1 S. 2 lit. c WoBindG um eine Koppelungsvorschrift handelt, zwingt zu einer klaren Trennung des ersten und zweiten Halbsatzes der Regelung. Diese Trennung zugrundegelegt, hat das Bundesverwaltungsgericht der Sache nach also die durch den zweiten Halbsatz der Regelung vorgesehene Ermessensentscheidung für intendiert erklärt, nämlich die Entscheidung darüber, ob eine nicht nur vorübergehende Haushaltszugehörigkeit familienfremder Personen eine besondere Härte zu begründen vermag. Die zu treffende Ermessensentscheidung ist dahin intendiert, daß eine nicht nur vorübergehende Haushaltszugehörigkeit familienfremder Personen in der Regel keine besondere Härte begründen kann. Dies beruht wiederum darauf, daß grundsätzlich bei der Entscheidung über die Erteilung einer Wohnberechtigungsbescheinigung nur Familienangehörige Berücksichtigung finden. Hieraus erklärt sich im Ergebnis auch die Einordnung dieses Urteils zum intendierten Ermessen

---

158 Maurer, § 7 Rdnr. 29.

159 Vgl. Maurer, § 7 Rdnr. 28 mit weiteren Beispielen.

160 Losgelöst von der Regelung des § 5 Abs. 1 S. 2 lit. c WoBindG findet sich diese Qualifizierung auch bei Maurer, aaO.

161 Auch Maurer qualifiziert § 5 Abs. 1 S. 2 lit. c WoBindG als Koppelungsvorschrift, vgl. § 7 Rdnr. 50, ohne daß dort jedoch auf die fragliche Argumentation bezüglich der Einordnung des Begriffes der „besonderen Härte" als unbestimmter Rechtsbegriff eingegangen wird. In den vorangehenden Ausführungen werden allerdings Erwägungen, die sich in der Judikatur zu § 131 Abs. 1 AO 1919 finden und der des Bundesverwaltungsgerichts zu § 5 Abs. 1 S. 2 lit. c WoBindG ähneln, aufgegriffen und für dogmatisch schwerlich haltbar erklärt. Zu den entsprechenden abgabenrechtlichen Entscheidungen s.u., Gliederungspunkt D. II. 2. b), S. 143.

in den Zusammenhang anderer Regel-Ausnahme-Konstellationen, die sich aus dem Gesetzeswortlaut bzw. der Gesetzessystematik ergeben.

Als Sollvorschrift könnte die Vorschrift entsprechend formuliert sein:

- Die nur vorübergehende Haushaltszugehörigkeit von Personen, die nicht Familienangehörige sind, *soll* bei der Ermittlung dessen, ob die Versagung der Bescheinigung für den Wohnungssuchenden eine besondere Härte darstellt, nicht berücksichtigt werden.

ee) Exkurs: Folgen für die nach § 5 Abs. 1 S. 1 lit. c ***1. HS*** *WoBindG zu treffende Ermessensentscheidung*

Die vom Bundesverwaltungsgericht hergeleitete Intendierung des nach dem zweiten Halbsatz des § 5 Abs. 1 S. 2 lit. c WoBindG eingeräumten Ermessens führt demnach dazu, daß in der Regel der Tatbestand der Vorschrift, nämlich das Vorliegen einer besonderen Härte nicht erfüllt sein wird, wenn die nicht nur vorübergehende Haushaltszugehörigkeit familienfremder Personen geltend gemacht wird. Fehlt es aber bereits an der Tatbestandserfüllung, so erübrigen sich Erörterungen zur Rechtsfolge, also dem nach dem ersten Halbsatz der Regelung eingeräumten Ermessen.

Hierzu nimmt das Bundesverwaltungsgericht wegen seiner Konstruktion der einheitlichen Ermessensentscheidung dennoch Stellung: Die zuständige Stelle genüge den Anforderungen an ihre Willensbildung schon dann, wenn sie die begehrte Ausnahme-Wohnberechtigungsbescheinigung mangels einer ihre Erteilung rechtfertigenden besonderen Härte versage.[162] Wurde eine besondere Härte aber verneint, ist diese Feststellung selbstredend.

Im Umkehrschluß an die Ausführungen des Bundesverwaltungsgerichts stellt sich jedoch vielmehr folgende Frage: Wie ist das nach dem ersten Halbsatz des § 5 Abs. 1 S. 2 lit. c WoBindG eingeräumte Ermessen auszuüben, wenn eine besondere Härte anerkannt, also die Tatbestandserfüllung festgestellt wurde? Führt die Erfüllung des Tatbestandes, d.h. das Vorliegen einer besonderen Härte, regelmäßig dazu, daß eine Ausnahme-Wohnberechtigungsbescheinigung zu erteilen und nur ausnahmsweise hiervon abzusehen ist? Eine derartige Prägung des Rechtsfolgeermessens durch einen unbestimmten Rechtsbegriff auf Tatbestandsseite hat die Verwaltungsrechtsprechung vielfach angenommen und dementsprechend eine geraume Anzahl von Koppelungsvorschriften dem intendierten Ermessen zugeordnet.[163]

---

162 BVerwGE 72, 1, 6 f.

163 Zu diesen Vorschriften im einzelnen s.u., Gliederungspunkt D. II. 2. c), S. 146.

Dazu finden sich in dem Urteil jedoch keinerlei Ausführungen.

b) § 2 Abs. 1 GjS

Die Argumentation des OVG Münster zu § 2 Abs. 1 GjS verläuft parallel zu der des Bundesverwaltungsgerichts zu § 5 Abs. 1 S. 1 lit. c 2. HS WoBindG.

Das Gesetz über die Verbreitung jugendgefährdender Schriften (GjS)[164] regelt in § 1 Abs. 1 S. 1, daß Schriften, die geeignet sind, Kinder oder Jugendliche sittlich zu gefährden, in eine Liste aufzunehmen sind. Gemäß § 2 Abs. 1 GjS *kann* allerdings *in Fällen von geringer Bedeutung* davon abgesehen werden, die Schrift in die Liste aufzunehmen.

Das OVG Münster qualifizierte die nach § 2 Abs. 1 GjS zu treffende Ermessensentscheidung als einheitliche Ermessensentscheidung. Allerdings sei die Richtung der Ermessensbetätigung in der Weise intendiert, daß die Listenaufnahme dem Gesetz näher stehe als das Absehen von ihr.[165] Damit erklärte das Gericht der Sache nach die Entscheidung darüber, ob ein Fall von geringer Bedeutung vorliege, für dahingehend intendiert, daß nur ausnahmsweise ein Fall von geringer Bedeutung anzunehmen sei. Diese Feststellung beruhte offensichtlich auf systematischen Erwägungen, da § 1 Abs. 1 GjS die Listenaufnahme von Schriften, die geeignet sind, Kinder oder Jugendlichen sittlich zu gefährden, zwingend vorschreibt. Dies ergibt sich aus der Formulierung, die Listenaufnahme stehe dem Gesetz näher als ein Absehen von ihr.[166]

Den Ausführungen des OVG Münster zufolge müßte § 2 Abs. 1 GjS als Sollvorschrift lauten:

- Auch in Fällen von geringer Bedeutung *soll* eine Aufnahme in die Liste erfolgen.

c) Die Rücknahme von Verwaltungsakten

aa) § 48 Abs. 2 S. 4 VwVfG

Ein bekannter Anwendungsfall intendierten Ermessens findet sich ferner in der Regelung des § 48 VwVfG für die Rücknahme rechtswidrig begünstigender

---

164 Mittlerweile mit neugefaßtem Gesetzestitel vom 22.7.1997, BGBl. I, S. 1876: Gesetz über die Verbreitung jugendgefährdender Schriften *und Medieninhalte* (GjSM).

165 OVG Münster, 23. Mai 1996, Az 20 A 298/94, Juris.

166 Auch das OVG Münster machte keine Ausführungen zu der Frage, wie zu verfahren gewesen wäre, wenn ausnahmsweise doch einmal ein geringfügiger Fall anzunehmen gewesen wäre, wie sich also in diesem Fall die Tatbestandserfüllung des § 2 Abs. 1 GjS auf die hier ebenfalls normierte Ermessensentscheidung ausgewirkt hätte. Vgl. zu dieser Problematik ausführlich Gliederungspunkt D. II. 2., S. 141.

Verwaltungsakte, die eine Leistung begründen, wenn sich der Begünstigte nach Absatz 2 Satz 3 der Regelung nicht auf Vertrauen berufen kann.
Gemäß § 48 Abs. 1 S. 1 VwVfG steht die Rücknahme eines rechtswidrigen Verwaltungsaktes – gleich ob belastender oder begünstigender Natur – im *Ermessen* der zuständigen Behörde. Ein Verwaltungsakt, der eine einmalige oder laufende Geldleistung oder teilbare Sachleistung gewährt oder hierfür Voraussetzung ist, darf jedoch § 48 Abs. 1 S. 2 VwVfG zufolge nur unter den Einschränkungen der Absätze 2 bis 4 zurückgenommen werden. Nach Absatz 2 Satz 1 ist die Rücknahme eines solchen Verwaltungsaktes unzulässig, wenn der Begünstigte auf den Bestand des Verwaltungsaktes vertraut hat und sein Vertrauen unter Abwägung mit dem öffentlichen Interesse an einer Rücknahme schutzwürdig ist. Hat der Begünstigte hingegen nicht auf den Bestand des Verwaltungsaktes vertraut oder ergibt sich, daß sein Vertrauen unter Abwägung mit dem öffentlichen Interesse an der Rücknahme nicht schutzwürdig ist, so steht die Rücknahme grundsätzlich wegen Absatz 1 der Regelung im Ermessen der zuständigen Behörde. In derartigen Fällen kann die Behörde entscheiden, ob sie den Verwaltungsakt zurücknimmt und für den Fall, daß sie dies tut, ob sie die Rücknahme mit Wirkung für die Vergangenheit oder die Zukunft anordnet.
Liegt allerdings einer der in Satz 2 des Absatzes 3 geregelten Fälle vor, liegen nämlich die Gründe für die Rechtswidrigkeit des Verwaltungsaktes im Verantwortungsbereich des Begünstigten, *wird* der Verwaltungsakt nach Satz 4 des Absatzes 2 *in der Regel* mit Wirkung für die Vergangenheit zurückgenommen.

Die Formulierung „in der Regel" in § 48 Abs. 2 S. 4 VwVfG ist unterschiedlichen Auslegungen zugänglich:
Eine mögliche Auslegungsalternative wäre die folgende: Entscheidet sich die Behörde im Wege einer Ermessensentscheidung für die Rücknahme eines Leistungsverwaltungsaktes und kann sich der Begünstigte wegen § 48 Abs. 2 S. 3 auf Vertrauen nicht berufen, so hat sie den entsprechenden Verwaltungsakt in der Regel mit Wirkung für die Vergangenheit zurückzunehmen. Dieser Auslegung zufolge ließe § 48 Abs. 2 S. 4 VwVfG das Entschließungsermessen der Behörde unberührt und bezöge sich ausschließlich auf das Auswahlermessen, welches in Richtung einer grundsätzlichen Rücknahme mit Wirkung für die Vergangenheit vorgeprägt wäre. In Fällen, in denen sich der Begünstigte nicht auf Vertrauen berufen kann, könnte die Behörde, wenn sie sich zu einer Rücknahme entschließt, den entsprechenden Verwaltungsakt also nur in Ausnahmefällen mit Wirkung nur für die Zukunft zurücknehmen.
Andererseits ist die Regel-Formulierung des § 48 Abs. 2 S. 4 VwVfG aber möglicherweise dahingehend zu verstehen, daß sie bereits das Entschließungsermessen der Behörde betrifft. Das würde bedeuten, daß ein rechtswidriger Leistungsverwaltungsakt in der Regel mit Wirkung für die Vergangenheit zurückzunehmen wäre, wenn sich der Begünstigte nicht auf Vertrauen berufen kann.

Hiernach könnte die zuständige Behörde in den betreffenden Konstellationen nur in Ausnahmefällen eine Rücknahme nur mit Wirkung für die Zukunft vornehmen bzw. überhaupt von einer Rücknahme absehen.

In diesem Sinne legt das Bundesverwaltungsgericht[167] – im Einklang mit der allgemeinen Meinung in der Literatur[168] – die Regelung des § 48 Abs. 2 S. 4 VwVfG aus:

Die Anordnung des § 48 Abs. 2 S. 4 VwVfG, der Verwaltungsakt werde in Fällen des Satzes 3 in der Regel mit Wirkung für die Vergangenheit zurückgenommen, lenke das der Behörde nach § 48 Abs. 1 S. 1 VwVfG zustehende Ermessen. Es müßten demnach in Fällen, in denen sich der Begünstigte wegen § 48 Abs. 2 S. 3 nicht auf Vertrauen berufen könne, besondere Gründe vorliegen, wenn eine Rücknahme nur für die Zukunft angeordnet *oder überhaupt von der Rücknahme abgesehen werden solle*. Liege aber ein vom Regelfall abweichender Sachverhalt nicht vor, verstehe sich das Ergebnis der Abwägung von selbst. Verstehe sich wiederum das Ergebnis von selbst, so bedürfe es insoweit nach § 39 Abs. 1 S. 3 VwVfG auch keiner das Selbstverständliche darstellenden Begründung.[169]

Diese Auslegung des § 48 Abs. 2 S. 4 VwVfG beruht auf dem historischen Hintergrund der Rücknahmevorschrift: Bis zu einer positiv-rechtlichen Regelung der Rücknahme von Verwaltungsakten richtete sich diese nach den von der Rechtsprechung und der Literatur entwickelten Grundsätzen. Bis 1956 galt – gestützt auf den Grundsatz der Gesetzmäßigkeit der Verwaltung – der Grundsatz der freien Rücknehmbarkeit fehlerhafter Verwaltungsakte gleichermaßen für begünstigende wie für belastende Verwaltungsakte.[170] Ausgehend vom OVG Berlin[171] wurde dieser Grundsatz jedoch alsbald auch durch die Rechtsprechung des Bundesverwaltungsgerichts[172] unter dem Gesichtspunkt des Vertrauensschutzes eingeschränkt. In seiner Gesamtkonzeption orientiert sich § 48 VwVfG im wesentlichen an der Rechtsprechung des Bundesverwaltungsgerichts.[173]

---

167 Vgl. BVerwG, Buchholz 451.513 Sonst. Marktordnungsrecht Nr. 1.

168 Vgl. nur Ule/Laubinger, § 62 Rdnr. 16; Sachs, in: *Stelkens/Bonk/Sachs*, VwVfG, § 48 Rdnr. 170; Kopp/Ramsauer, VwVfG, § 48 Rdnr. 117; Schäfer, in: *Obermayer*, VwVfG, § 48 Rdnr. 72.

169 BVerwG, Buchholz 451.513 Sonst. Marktordnungsrecht Nr. 1, S. 13.

170 Meyer, in: *Knack*, VwVfG, § 48 Rdnr. 2.

171 DVBl. 1957, S. 503

172 Vgl. erstmalig – im Anschluß an das OVG Berlin – BVerwGE 9, 251, 252 f; ferner BVerwG, NJW 1961, S. 1131.

173 Meyer, in: *Knack*, VwVfG, aaO.

Der Grundsatz der freien Rücknehmbarkeit wurde hiernach – jedenfalls für Leistungsverwaltungsakte – zugunsten des Vertrauensschutzes eingeschränkt. Besteht jedoch, weil die Rechtswidrigkeit eines Leistungsverwaltungsaktes der Sphäre des Begünstigten zuzurechnen ist, ein solcher Vertrauensschutz nicht, so ist es im Hinblick auf den Grundsatz der Gesetzmäßigkeit der Verwaltung regelmäßig rechtmäßig, die Rücknahme des Verwaltungsaktes – und zwar mit Wirkung für die Vergangenheit – anzuordnen.

Vor diesem Hintergrund läßt die Regelung des § 48 Abs. 2 S. 4 VwVfG nur die vom Bundesverwaltungsgericht und der Literatur gewählte Auslegung zu.

Als Sollvorschrift ließe sich § 48 Abs. 2 S. 4 VwVfG folgendermaßen fassen:

- Ein rechtswidriger Verwaltungsakt, der eine einmalige oder laufende Geldleistung oder teilbare Sachleistung gewährt oder hierfür Voraussetzung ist, *soll* mit Wirkung für die Vergangenheit zurückgenommen werden, wenn sich der Begünstigte nicht auf Vertrauen berufen kann, weil er die Voraussetzungen des § 48 Abs. 2 S. 3 VwVfG erfüllt.

bb) § 45 Abs. 4 S. 1 SGB X

Ähnlich verläuft die Rechtsprechung zu § 45 Abs. 4 S. 1 SGB X:

In § 45 SGB X findet sich eine Sonderregelung für die Rücknahme rechtswidrig begünstigender[174] Verwaltungsakte durch Behörden, die nach dem Sozialgesetzbuch tätig werden (vgl. insoweit § 1 SGB X). Diese Sonderregelung geht in ihrem Anwendungsbereich über die Regelung des § 48 Abs. 2 S. 4 VwVfG hinaus, da sie nicht nur Geldleistungen oder teilbare Sachleistungen gewährende Verwaltungsakte, sondern allgemein begünstigende Verwaltungsakte betrifft.

Auch § 45 Abs. 1 SGB X stellt die Rücknahme rechtswidrig begünstigender Verwaltungsakte grundsätzlich in das *Ermessen* der zuständigen Behörde, macht die Rücknahme jedoch nach Absatz 2 Satz 1 ebenfalls davon abhängig, daß der Begünstigte sich auf Vertrauen nicht berufen kann.

Absatz 4 Satz 1 der Norm regelt wiederum, daß in den Fällen von Absatz 2 Satz 3 (und Absatz 3 Satz 2) der Verwaltungsakt mit Wirkung für die Vergangenheit zurückgenommen *wird*. Der verwiesene Absatz 2 Satz 3 beschreibt die Voraussetzungen, unter denen sich der Begünstigte nicht auf Vertrauen berufen kann.

---

174 Für die Rücknahme rechtswidriger *nicht begünstigender* Verwaltungsakte (d.h. solcher Verwaltungsakte, aufgrund derer *zu Unrecht* eine Sozialleistung *nicht* erbracht wurde) ist im Sozialrecht eine gesonderte Regelung in § 44 SGB X anzutreffen, der zufolge eine *Verpflichtung* zur Rücknahme besteht.

Hinsichtlich der auf § 45 Abs. 4 i. V. m. Abs. 2 S. 3 Nr. 1 SGB X gestützten Rücknahme der Bewilligung eines Vertriebenenausweises, der durch arglistige Täuschung erlangt worden war, entschied das Bundessozialgericht, § 45 SGB X verlange der Verwaltung bei einer betrügerisch erlangten Leistung keine *Ermessensentscheidung* ab. Vielmehr verbleibe hier für den Regelfall überhaupt kein Spielraum für eine Ermessensausübung.[175]

Ausführlichere Erwägungen gleichen Inhalts werden angestellt in einem späteren Urteil des Bundessozialgerichts:

Gemäß § 50 Abs. 1 S. 1 SGB X sind bereits erbrachte Leistungen zu erstatten, soweit der zugrundeliegende Verwaltungsakt aufgehoben worden ist. Absatz 2 der Regelung zufolge sind auch solche Leistungen zu erstatten, die ohne Verwaltungsakt zu Unrecht erbracht worden sind, wobei die §§ 45 und 48 des Gesetzes hier entsprechende Geltung finden. Demnach sind die Voraussetzungen für die Festsetzung eines Erstattungsbescheides mit denen des § 45 SGB X identisch.

Das *Rücknahmeermessen* ist nach Ansicht des Bundessozialgerichts bei Bösgläubigkeit des Begünstigten auf Null reduziert, da dieser sich nicht auf Vertrauen berufen könne. Daher müsse der Sozialversicherungsträger in der Regel das zu Unrecht Erlangte vom Bösgläubigen durch Erstattungsbescheid zurückfordern (bzw. den rechtswidrig begünstigenden Verwaltungsakt zurücknehmen). Nur in Ausnahmefällen dürfe von einer Rücknahme bzw. Rückforderung abgesehen werden.[176]

In einem anderen Urteil stützte das Bundesverwaltungsgericht die Intendierung des *Rücknahmeermessens* nach § 45 SGB X nicht ausdrücklich auf die Bösgläubigkeit des Empfängers, sondern begründete diese mit anderer Argumentation:

Zwar stehe die Rücknahme eines von Anfang an rechtswidrig begünstigenden Verwaltungsaktes mit Wirkung für die Vergangenheit nach § 45 Abs. 1 SGB X grundsätzlich im Ermessen der Behörde, weshalb die Rechtmäßigkeit der Rücknahme grundsätzlich eine entsprechende Ermessensausübung voraussetze. Hiervon sei jedoch unter Umständen abzuweichen, wenn der zu treffenden Entscheidung durch das einschlägige Fachrecht eine bestimmte Richtung vorgegeben sei. So könne das Fachrecht vorschreiben, daß das Ermessen nur fehlerfrei durch eine bestimmte Entscheidung ausgeübt werden könne (sog. intendiertes Ermessen), sofern ein vom Regelfall abweichender Sachverhalt nicht vorläge. Träfe dies zu, so bedürfe es, wenn in dem durch das Gesetz vorgegebenen Sinne ent-

175 BSGE 67, 232, 234.

176 BSG, DVBl. 1994, S. 1247.

schieden werde, keiner Abwägung des Für und Wider, womit zugleich auch eine entsprechende Begründungspflicht der Behörde entfalle.[177]

Eine Vorgeprägtheit der beschriebenen Art für die Rücknahme eines rechtswidrig begünstigenden Verwaltungsaktes durch das Fachrecht wurde hinsichtlich folgender Konstellation bejaht:

Gemäß § 2 Abs. 1 S. 1 WoGG wird Wohngeld als Miet- oder Lastenzuschuß zu der zu berücksichtigenden Miete oder Belastung (§ 7) nach Maßgabe der Anlagen 1 bis 8 des Gesetzes gewährt. § 18 WoGG normiert allgemeine Ablehnungsgründe für die Gewährung von Wohngeld. Nach Absatz 3 dieser Vorschrift wird Wohngeld nicht gewährt, soweit die Inanspruchnahme mißbräuchlich wäre.

Sei eine Wohngeldleistung unter Verstoß gegen diese Regelung erbracht worden, so habe die Anordnung der Rücknahme des entsprechenden Bewilligungsbescheides und die Rückforderung des gezahlten Betrages zu erfolgen. Hiervon dürfe allenfalls dann abgesehen werden, wenn besonders gewichtige Gründe eine andere Entscheidung rechtfertigten.[178]

Zwar stützt das Bundesverwaltungsgericht die angenommene Intendierung des Rücknahmeermessens damit nicht ausdrücklich auf die Bösgläubigkeit des Empfängers. Der Sache nach hätte dies jedoch ohne weiteres erfolgen können, sogar müssen, so daß dies die Einordnung der geschilderten Entscheidung in diesen Zusammenhang rechtfertigt: Das Gericht versäumt es nämlich, die gewonnene Erkenntnis, daß die Inanspruchnahme des Wohngeldes im konkreten Fall mißbräuchlich war, auf § 45 SGB X zu übertragen: Das Kriterium der Mißbräuchlichkeit nach § 18 Abs. 3 WoGG entspricht inhaltlich voll und ganz dem Kriterium der Bösgläubigkeit nach § 45 Abs. 2 S. 3 SGB X. Daraus, daß das Gericht die Inanspruchnahme des Wohngeldes im vorliegenden Fall für mißbräuchlich erklärt hat, hätte es folgerichtig den Schluß ziehen müssen, daß der Begünstigte bösgläubig gewesen ist. Damit stützt sich letztlich auch dieses Urteil in seiner Konsequenz auf die Bösgläubigkeit des Begünstigten und gehört in diesen Zusammenhang.

Die angenommene Intendierung des Rücknahmeermessens beruht also auch hier auf dem Zusammenspiel der Formulierung des Satzes 1 des Absatzes 4 der Regelung, ein entsprechender Verwaltungsakt werde mit Wirkung für die Vergangenheit zurückgenommen, mit Absatz 1 Satz 1 der Regelung. Diese Formulierung lenkt das ansonsten grundsätzlich nach Absatz 1 Satz 1 der Regelung bestehende Ermessen.

---

177 BVerwGE 91, 82, 90.

178 BVerwGE 91, 82, 91.

Entsprechend würde § 45 Abs. 4 S. 1 SGB X als Sollvorschrift formuliert lauten:

- Ein rechtswidrig begünstigender Verwaltungsakt *soll* mit Wirkung für die Vergangenheit zurückgenommen werden, wenn der Begünstigte sich nach Abs. 2 S. 3 auf Vertrauen nicht berufen kann.

d) Der Widerruf eines Verwaltungsaktes nach § 49 Abs. 2 S. 1 Nrn. 3-5 VwVfG

Auch das nach § 49 Abs. 2 S. 1 Nrn. 3-5 VwVfG eingeräumte Ermessen hat das Bundesverwaltungsgericht mittlerweile für intendiert erklärt.[179] § 49 VwVfG regelt den Widerruf rechtmäßiger Verwaltungsakte.

Gemäß § 49 Abs. 2 S. 1 VwVfG darf ein rechtmäßiger begünstigender Verwaltungsakt unter den in Nrn. 1-5 genannten Voraussetzungen, auch nachdem er unanfechtbar geworden ist, ganz oder teilweise mit Wirkung für die Zukunft widerrufen werden. Die Nrn. 1 und 2 erklären einen solchen Widerruf für zulässig, wenn er durch Rechtsvorschrift zugelassen oder im Verwaltungsakt vorbehalten ist bzw. wenn mit dem Verwaltungsakt eine Auflage verbunden ist und der Begünstigte diese nicht oder nicht innerhalb einer ihm gesetzten Frist erfüllt hat.

Nach Nr. 3 bzw. Nr. 4 erfordert der Widerruf eines rechtmäßigen begünstigenden Verwaltungsaktes die Änderung der Sach- oder Rechtslage dahingehend, daß die Behörde aufgrund dessen berechtigt wäre, den Verwaltungsakt nicht zu erlassen; des weiteren müßte ohne den Widerruf das öffentliche Interesse gefährdet sein. Nr. 5 wiederum erklärt den Widerruf für zulässig, wenn er erfolgt, um schwere Nachteile für das Gemeinwohl zu verhüten oder zu beseitigen.

Bereits in einem älteren Urteil finden sich Erwägungen zu einer Intendierung des Ermessens jedenfalls für Fälle des § 49 Abs. 2 S. 1 Nr. 3 VwVfG, also für Fälle, in denen wegen Änderung der Sachlage die Behörde nunmehr berechtigt wäre, den Verwaltungsakt nicht zu erlassen, wenn ohne den Widerruf das öffentliche Interesse gefährdet würde. Allerdings orientierten sich die Ausführungen des Gerichts zunächst stark am zu entscheidenden Einzelfall, so daß der Sache nach inhaltlich wohl eher eine Ermessensreduzierung auf Null in Rede stand. Der Vollständigkeit halber soll aber auch diese Entscheidung wiedergegeben werden, die letztlich in ihrer Konsequenz deutlich hinter dem aktuellen Stand der Rechtsprechung zurückbleibt.

---

179 BVerwG, NVwZ 1992, S. 566 = JuS 1992, S. 970 m. Anm. Osterloh.

aa) Widerruf/Rücknahme eines Ausmusterungsbescheides

Erstmalige Anwendung fand das intendierte Ermessen in diesem Bereich im Urteil des Bundesverwaltungsgerichts vom 25. September 1987 zur Rücknahme bzw. zum Widerruf eines Ausmusterungsbescheides. Der diesem Urteil zugrundeliegende Sachverhalt wies insofern eine Besonderheit auf, als noch ungeklärt war, ob der ursprünglich ergangene Ausmusterungsbescheid bereits rechtswidrig gewesen war. Dies führte zur Zurückverweisung an das Verwaltungsgericht.

Erweise sich die Ausmusterung infolge der Beweisaufnahme als von vornherein rechtswidrig, so sei der rechtswidrige Ausmusterungsbescheid zurückzunehmen. Offen bleiben könne die Frage, ob auch ein ursprünglich rechtmäßig erlassener Ausmusterungsbescheid nachträglich rechtswidrig werde und deshalb nach den Grundsätzen des § 48 VwVfG zurückgenommen werden könne, da jedenfalls ein Ausmusterungsbescheid nach § 49 Abs. 2 Nr. 3 VwVfG widerrufen werden könne, wenn die erneute ärztliche Untersuchung eines zu Recht ausgemusterten Wehrpflichtigen ergebe, daß dieser nunmehr wehrdienstfähig sei. Sollte sich ergeben, daß der ursprüngliche Ausmusterungsbescheid zu Recht ergangen war, richte sich die Aufhebung nach § 49 Abs. 2 Nr. 3 VwVfG.[180]

Unabhängig von der sich aus der Beweisaufnahme ergebenden Rechtsgrundlage gelte folgendes gleichermaßen: Die Anforderungen der Wehrgerechtigkeit bedürften strikter Beachtung. Neben der verfassungsrechtlich gebotenen Gleichbehandlung aller Wehrpflichtigen bestehe außerdem gerade in diesem Bereich ein gesteigertes Gemeininteresse daran, jeglichen Anschein eines Verdachtes zu vermeiden, bei der Heranziehung von Wehrpflichtigen zum Wehrdienst werde „mit zweierlei Maß gemessen". Das gewichtige öffentliche Interesse an der Aufrechterhaltung des Vertrauens der Staatsbürger in die Integrität der Wehrverwaltung gebiete, daß Ausmusterungsentscheidungen – vom Vorliegen außergewöhnlicher Umstände abgesehen – zurückgenommen bzw. widerrufen würden, wenn sich ihre ursprüngliche Unrichtigkeit herausstelle oder der zunächst zu Recht ausgemusterte Wehrpflichtige nachträglich wehrdienstfähig geworden sei. Mit Rücksicht darauf sei das Ermessen der Behörde sowohl in Richtung auf einen Widerruf als auch in Richtung auf eine Rücknahme intendiert und auch eine (ausdrückliche) Begründung der insoweit getroffenen Entscheidung nicht erforderlich.[181]

---

180 BVerwG, Buchholz 448.0 § 9 WPflG Nr. 11, S. 3.

181 BVerwG, Buchholz 448.0 § 9 WPflG Nr. 11, S. 4.

Zwar sprach das Gericht hier von einer Intendierung, gestützt wurde die Entscheidung jedoch letztlich auf Erwägungen des Einzelfalles, so daß wohl eher von einer Ermessensreduzierung auf Null gesprochen werden müßte.[182]

bb) Allgemeine Erwägungen zum Vertrauensschutz für Fälle des § 49 Abs. 2 S. 1 Nrn. 3-5 VwVfG

In einem späteren Urteil vom 24. Januar 1992[183] finden sich allgemeinere Erwägungen zu einer Intendierung des nach § 49 Abs. 2 S. 1 Nrn. 3-5 VwVfG für diese Fälle bestehenden Ermessens. Der Regelung des § 49 Abs. 2 VwVfG liege der Gedanke zugrunde, daß in den Widerrufsfällen der Nrn. 1-5 das öffentliche Interesse an der Beseitigung oder Änderung des Verwaltungsaktes im allgemeinen schwerer wiege als das Interesse des Betroffenen am Bestand des Verwaltungsaktes und das entsprechende Vertrauensinteresse. Eine nähere Begründung für eine Intendierung des entsprechenden Widerrufsermessens entwickelte das Gericht im Anschluß jedoch nur für die Nrn. 3-5 der Regelung.[184] Soweit es um die in § 49 Abs. 2 Nrn. 3-5 VwVfG getroffenen Regelungen gehe, liege das beschriebene prinzipielle Übergewicht des öffentlichen Interesses darin begründet, daß dem Gesichtspunkt des Vertrauensschutzes vom Gesetzgeber bereits insofern Rechnung getragen worden sei, als dieser in § 49 Abs. 5[185] (heute Abs. 6) VwVfG einen Entschädigungsanspruch des Betroffenen für etwaige im Vertrauen auf den Bestand des Verwaltungsakts erlittene Vermögensnachteile geschaffen bzw. einen Widerruf für den Fall des Gebrauchmachens von der Vergünstigung gänzlich ausgeschlossen habe (Nr. 4). Mit anderen Worten habe der Gesetzgeber den Gesichtspunkt des Vertrauensschutzes damit bereits in die Widerrufsregelungen des § 49 Abs. 2 Nrn. 3-5 i. V. m. Abs. 5 VwVfG „eingearbeitet".

Daher sei das der Behörde eingeräumte Ermessen im Hinblick auf das öffentliche Interesse an einem Widerruf der Vergünstigung in Richtung auf einen Widerruf „intendiert". Vertrauensschutzgesichtspunkte könnten im Rahmen des

---

182 Zur Abgrenzung von intendiertem Ermessen und der Ermessensreduzierung auf Null siehe 1. Teil, Gliederungspunkt B. II. 1., S. 37.

183 BVerwG, NVwZ 1992, S. 566 = JuS 1992, S. 970 m. Anm. Osterloh.

184 Vermutlich stützt sich die vom Gericht auch für § 49 Abs. 2 S. 1 Nrn. 1 und 2 VwVfG angedeutete Intendierung auf ein in diesen Fällen regelmäßig nicht bestehendes Vertrauen des Begünstigten, weil er mit dem Widerruf rechnen mußte bzw. diesen selbst provoziert hat. Zu ähnlichen Erwägungen im Rahmen des Widerrufs von Subventionen bei Zweckverfehlung s.u., Gliederungspunkt C. III. 4., S. 124.

185 Das Urteil bezieht sich auf das Verwaltungsverfahrensgesetz in seiner ursprünglichen Fassung vom 25.5.1976, BGBl. I, S. 1253.

Widerrufsermessens nur dann zugunsten des Betroffenen zu Buche schlagen, wenn der ihm ohnehin bereits unmittelbar kraft Gesetzes zustehende Vertrauensschutz aus besonderen Gründen nicht ausreichend erscheine.[186]

Damit stützt das Gericht seine Erwägungen offensichtlich auf systematische Erwägungen, nämlich auf das Zusammenspiel von § 49 Abs. 2 S. 1 Nrn. 3-5 und Abs. 5 (heute Abs. 6) VwVfG.

cc) Abkehr von dieser Rechtsprechung? - Kein *intendiertes Ermessen beim Widerruf der Anerkennung als Kriegsdienstverweigerer*

Möglicherweise ist in einem späteren Urteil des Bundesverwaltungsgerichts zu § 49 Abs. 2 S. 1 Nr. 3 VwVfG jedoch eine Abkehr von der beschriebenen Auslegung zu erblicken.

Denn bezüglich des Widerrufs eines bestandskräftigen Bescheides, gerichtet auf die Anerkennung als Kriegsdienstverweigerer, entschied das Gericht gegensätzlich: Für den Fall, daß ein Widerrufsgrund vorliege, sei das Behördenermessen *nicht* ohne weiteres in Richtung auf den Widerruf intendiert.[187] Der betreffenden Entscheidung lag folgender Sachverhalt zugrunde: Der Kläger war zunächst als Kriegsdienstverweigerer anerkannt worden. Nach Ableistung seines Zivildienstes half er in einem Bergdorf in Nicaragua beim Bau eines Trinkwasserspeichers. Neben anderen Aufbauhelfern trug auch er zum Schutz vor Überfällen durch Regimegegner ein Gewehr. Letztlich entschied die zuständige Kammer für Kriegsdienstverweigerung, der Kläger sei mit Wirkung für die Zukunft nicht mehr berechtigt, den Kriegsdienst mit der Waffe zu verweigern. Diese Entscheidung stützte die Kammer ohne erkennbare Ausübung eines Widerrufsermessens offensichtlich auf § 49 Abs. 2 S. 1 Nr. 3 VwVfG.[188]

Zunächst war das Verwaltungsgericht davon ausgegangen, die Kammer für Kriegdienstverweigerung habe anscheinend von dem ihr eingeräumten Ermessen fehlerhaft überhaupt keinen Gebrauch gemacht.

Nach Zurückverweisung durch das Bundesverwaltungsgericht bestätigte das Verwaltungsgericht letztlich aber doch die Behördenentscheidung mit der Argumentation, der Kläger habe durch sein Verhalten dem Ansehen und der Glaubwürdigkeit der deutschen Kriegsdienstverweigerung erheblichen Schaden zugefügt. Mit Rücksicht hierauf und wegen des öffentlich bekanntgewordenen

---

186 BVerwG, aaO.

187 BVerwG, NVwZ-RR 1995, S. 43.

188 Zur Ermächtigungsgrundlage macht das Urteil bedauerlicherweise keine genaueren Angaben. Dieser Umstand erklärt wohl auch den etwas verworrenen Aufbau der Entscheidungsgründe, in denen Fragen zur Rechtsfolge vor Fragen zur Tatbestandserfüllung erörtert werden. Hierzu genauer im Folgenden.

und erörterten Verhaltens des Klägers sei das Ermessen der Behörde in Richtung auf einen Widerruf der Anerkennung als Kriegsdienstverweigerer intendiert gewesen, und auch eine (ausdrückliche) Begründung der insoweit getroffenen Entscheidung sei nicht erforderlich gewesen.[189]

Zu diesem Ergebnis gelangte das Verwaltungsgericht nach Ansicht des Bundesverwaltungsgerichts jedoch ohne nachvollziehbare Begründung. Insbesondere der Verweis auf das bundesverwaltungsgerichtliche Urteil vom 5. Juli 1985 zu § 5 WoBindG gehe fehl. Von einer Tendenz zu einer Ermessensausübung zum Nachteil des Klägers könne nicht gesprochen werden, zumal sich dieser in einer durch bestandskräftig gewordenen Bescheid gefestigten Grundrechtsposition i. S. des Art. 4 Abs. 3 S. 1 GG befinde.

Diese Auffassung begründete das Bundesverwaltungsgericht im Folgenden mit Erwägungen, die inhaltlich der Tatbestandsermittlung zuzurechnen sind und nicht dem auf Rechtsfolgenseite eingeräumten Ermessen. Der Sache nach hielt das Bundesverwaltungsgericht nämlich vielmehr einen Widerrufsgrund für nicht gegeben.

Zu diesem Ergebnis gelangte das Gericht inkonsequenterweise allerdings erst, nachdem ein intendiertes Ermessen bereits verneint wurde. Liegen aber bereits die Voraussetzungen für einen Widerruf gar nicht vor, fehlt es also am erforderlichen Widerrufsgrund, so erübrigen sich weitere Ausführungen zur Rechtsfolge, also auch dazu, ob es sich beim eingeräumten Ermessen – wie vom Verwaltungsgericht angenommen – um ein intendiertes Ermessen handelt oder nicht.

Folgerichtig hätte das Bundesverwaltungsgericht zunächst prüfen müssen, ob überhaupt ein Widerrufsgrund vorlag. Dies war seiner Ansicht nach nicht der Fall, da aus dem Verhalten des Klägers nicht der Schluß gezogen werden könne, sein Gewissen zwinge ihn nunmehr nicht mehr zur Verweigerung des Kriegsdienstes mit der Waffe. Denn der Schutz eines Dorfes und seiner Bewohner gegen Überfälle bewaffneter Regimegegner könne nicht mit der Verteidigung eines fremden Regimes gleichgesetzt werden. Der Kläger habe sich nicht an einem kriegerischen Geschehen beteiligen wollen und sich letztlich auch nicht in Widerspruch zu seiner früheren Gewissensentscheidung gesetzt.[190] Mit diesen Erwägungen stellte das Bundesverwaltungsgericht inzident fest, daß es an der Voraussetzung des § 49 Abs. 2 S. 1 Nr. 3 VwVfG im gegebenen Fall fehlte, ohne dies jedoch deutlich herauszuarbeiten. Fehlt es aber bereits an der Tatbestandserfüllung, so hätten Ausführungen dazu, ob es sich bei dem auf Rechtsfol-

189 Dies ist den Ausführungen des Bundesverwaltungsgerichts zu entnehmen, BVerwG, NVwZ-RR 1995, S. 44.

190 BVerwG, aaO.

genseite eingeräumten Ermessen um ein intendiertes Ermessen handelt, nur noch zur Klarstellung mit Blick auf die Erwägungen des Verwaltungsgerichts erfolgen dürfen.

Jedenfalls ist in diesem Urteil keine Abkehr von der allgemein entwickelten Intendierung des Ermessens für Fälle des § 49 Abs. 2 Nrn. 3-5 VwVfG zu sehen.

dd) Stellungnahme

Die vom Gericht für die beschriebenen Fälle angenommene Intendierung erscheint fragwürdig. Zwar stützen sich die Erwägungen des Gerichts auch hier auf den ersten Blick auf systematische Gesichtspunkte, dennoch weckt das Vorgehen Bedenken: Grundsätzlich ist der Widerruf rechtmäßig begünstigender Verwaltungsakte aus Gründen des Vertrauensschutzes unzulässig.[191] Dies ergibt sich im Umkehrschluß aus der abschließenden Aufzählung von Möglichkeiten in § 49 Abs. 2 S. 1 Nrn. 1-5 VwVfG, unter denen der Widerruf eines rechtmäßig begünstigenden Verwaltungsaktes ausnahmsweise möglich ist.

Daß der Widerruf unter den Voraussetzungen des § 49 Abs. 2 Nrn. 1-5 VwVfG ausnahmsweise doch einmal zulässig sein kann, rechtfertigen folgende Aspekte:

Im Fall des Abs. 2 S. 1 Nr. 1 muß der Begünstigte mit einem Widerruf rechnen, und im Fall des Abs. 2 S. 1 Nr. 2 liegt der Widerruf im Verhalten des Begünstigten selber begründet.

Die Rechtfertigung, daß ein Widerruf auch in den Fällen der Nrn. 3-5 zulässig ist, vermag allein die Entschädigungsregelung des Abs. 6 zu vermitteln. Denn § 49 Abs. 6 S. 1 (früher Abs. 5 S. 1) VwVfG gewährt dem Begünstigten einen Entschädigungsanspruch für den Nachteil, den dieser dadurch erleidet, daß er auf den Bestand des Verwaltungsaktes vertraut hat, soweit sein Vertrauen schutzwürdig ist. Der Entschädigungsanspruch dient demnach dazu, den Widerruf für den Betroffenen zumutbar zu machen. Läßt sich die Zumutbarkeit durch den Ausgleichsanspruch nach Absatz 6 nicht herstellen, ist der Widerruf unzulässig.[192] Dies gilt auch dann, wenn im konkreten Einzelfall das öffentliche Interesse am Widerruf das Individualinteresse am Bestand des Verwaltungsaktes überwiegt.

Kann also aus der Entschädigungsregelung überhaupt der Schluß gezogen werden, wie hier durch das Bundesverwaltungsgericht geschehen, es könne regelmäßig widerrufen werden, gerade weil ja eine Entschädigung gezahlt werde?

---

191 Vgl. Ule/Laubinger, § 63 Rdnr. 22; Schäfer, in: *Obermayer*, VwVfG, § 49 Rdnr. 20.

192 Kopp/Ramsauer, VwVfG, § 49 Rdnr. 78.

Eine solche Auslegung würde den Grundsatz, daß rechtmäßig begünstigende Verwaltungsakte nicht widerrufen werden dürfen, ad absurdum führen. Darüber hinaus ist davon auszugehen, daß die Betroffenen in einer Vielzahl der Fälle ein vorrangiges Interesse am Fortbestand des begünstigenden Verwaltungsaktes haben werden, dem ein entsprechender Entschädigungsanspruch nicht ohne weiteres gleichzusetzen ist.

Die Behörde hat daher – wegen des Grundsatzes der Unwiderruflichkeit rechtmäßig begünstigender Verwaltungsakte – stets in Ermessenserwägungen darüber einzutreten, ob im Einzelfall das öffentliche Interesse am Widerruf das Interesse des Begünstigten am Bestand des Verwaltungsaktes tatsächlich überwiegt. Kommt sie zu dem Ergebnis, daß dies der Fall ist, so ist sie dem Begünstigten gegenüber nur deswegen zum Widerruf berechtigt, weil dieser eine Entschädigung erhält.

Die Entschädigungsregelung rechtfertigt es hingegen nicht, Aspekte des Vertrauensschutzes bei der Entscheidung über den Widerruf regelmäßig von vornherein zu vernachlässigen und dem öffentlichen Interesse am Widerruf einen Vorrang einzuräumen.

Damit ist das vom Bundesverwaltungsgericht für diesen Bereich entwickelte intendierte Ermessen abzulehnen.

e) § 120 Abs. 2 S. 3 BSHG a.F.

Nach § 4 Abs. 2 BSHG war und ist über die Form der Sozialhilfe grundsätzlich nach pflichtgemäßem Ermessen zu entscheiden.[193]

Als Sonderregelung hierzu regelte § 120 Abs. 2 S. 3 BSHG a.F.[194], daß Hilfe für die in Absatz 2 der Regelung genannten Personen (asylsuchende Ausländer), soweit dies möglich war, als Sachleistung gewährt werden *sollte* (1. Halbsatz) und auch durch Aushändigung von Wertgutscheinen gewährt werden *konnte* (2. Halbsatz).

Im zu entscheidenden Fall waren den Klägern, türkischen Staatsangehörigen, Wertgutscheine zum Kauf von Bekleidung gewährt worden. Das Verwaltungsgericht hatte den Bewilligungsbescheid und den Widerspruchsbescheid insoweit für rechtswidrig erklärt, als die Bekleidungshilfe in Form von Wertgutscheinen und nicht in Form einer Geldleistung gewährt worden war. Zu diesem Ergebnis gelangte das Verwaltungsgericht infolge der Auffassung, die Entscheidung des

---

193 Das hiernach eingeräumte Ermessen wurde vom Bundesverwaltungsgericht der Sache nach ebenfalls für intendiert erklärt. Vgl. hierzu näher unten, S. 87.

194 Fassung vom 20.1.1987, BGBl. I, S. 401.

Beklagten, anstelle einer Geldleistung Wertgutscheine auszugeben, hätte als Ermessensentscheidung begründet werden müssen, was aber unterblieben war.

Offensichtlich hatte das Verwaltungsgericht die Vorschrift folgendermaßen ausgelegt: Die Formulierung des § 120 Abs. 2 S. 3 1. HS BSHG a.F., die Hilfe für die in Absatz 2 Satz 1 der Regelung genannten Personen solle, soweit dies möglich sei, als Sachleistung gewährt werden, habe die üblichen Folgen einer Sollvorschrift. Dementsprechend stelle die Gewährung von Sachleistungen den Regelfall und die Gewährung von Geldleistungen demgegenüber die Ausnahme dar.

Die Kann-Formulierung des zweiten Halbsatzes der Regelung, die sich auf die Möglichkeit der Aushändigung von Wertgutscheinen beziehe, führe hingegen zu einer generell vorzunehmenden Abwägung zwischen Geldleistung und Aushändigung von Wertgutscheinen, wenn letztere erwogen werde. Dementsprechend sei bei einer Entscheidung für die Aushändigung von Wertgutscheinen diese Entscheidung stets als Ermessensentscheidung zu begründen.[195]

Dieser Auslegung trat das Bundesverwaltungsgericht jedoch entgegen:

Nur für den Fall, daß die Möglichkeit Wertgutscheine auszugeben, eigenständig geregelt wäre, spräche die Kann-Formulierung des zweiten Halbsatzes der betreffenden Regelung für eine gewöhnliche Ermessensentscheidung. Jedoch sei die Einräumung der Gewährung von Wertgutscheinen nicht isoliert zu betrachten, sondern vielmehr ins Verhältnis zur Regelung des ersten Halbsatzes zu setzen. Diesem sei als ausdrücklicher Sollvorschrift unzweifelhaft zu entnehmen, daß die Hilfe im Regelfall als Sachleistung zu gewähren sei, diese also Vorrang vor der Geldleistung genieße. Dieser Vorrang erstrecke sich infolge der Formulierung des zweiten Halbsatzes, die Hilfe *könne* ***auch*** durch Aushändigung von Wertgutscheinen gewährt werden, auch auf diese Art der Hilfe. Hiermit wolle § 120 Abs. 2 S. 3 BSHG (a.F.) zwei gleichwertig nebeneinander stehende Alternativen aufzeigen, die gleichermaßen Vorrang vor der Geldleistung genössen. Folglich setze die Aushändigung von Wertgutscheinen im Regelfall keine Ermessensentscheidung gegen die Wahl einer Geldleistung voraus.[196]

Eine entsprechende Sollvorschrift würde lauten:

- Hilfe für die in Absatz 2 genannten Personen *soll* als Sachleistung oder durch Aushändigung von Wertgutscheinen erfolgen. Ausnahmsweise können Geldleistungen erbracht werden.

---

195 Dies ist mittelbar den Ausführungen des Bundesverwaltungsgerichts zu entnehmen, vgl. BVerwGE 92, 169, 170.

196 BVerwGE 92, 169, 170 f.

Auf den ersten Blick scheint diesem Ergebnis eine frühere Entscheidung des Bundesverwaltungsgerichts entgegenzustehen:

Wie bereits festgestellt, wird gemäß § 4 Abs. 2 BSHG über die Form und das Maß der Sozialhilfe nach pflichtmäßigem Ermessen entschieden, soweit das Bundessozialhilfegesetz das Ermessen nicht ausschließt. Da diese Norm einen Ausschluß der Ermessensbetätigung durch das Bundessozialhilfegesetz für möglich erklärt, muß erst recht auch die Möglichkeit bestehen, daß Sonderregelungen die Ermesseneinräumung nach § 4 Abs. 2 BSHG nur einschränken.[197] Erwogen wurde eine solche Einschränkung des grundsätzlich eingeräumten Ermessens hinsichtlich der Form und des Maßes der Sozialhilfe durch die Regelung des § 22 Abs. 1 S. 1 BSHG. Hiernach werden laufende Leistungen zum Lebensunterhalt außerhalb von Anstalten, Heimen und gleichartigen Einrichtungen nach Regelsätzen gewährt.

Das Berufungsgericht war der Ansicht gewesen, dieser Regelung lasse sich eine Vorentscheidung des Gesetzgebers dergestalt entnehmen, Hilfe zum Lebensunterhalt sei regelmäßig als Geldleistung zu gewähren, da nur jene in Regelsätzen erbracht werden könne.[198]

Dem widersprach das Bundesverwaltungsgericht jedoch mit folgender Argumentation:

Die betreffende Vorschrift sowie die zur Durchführung dieser Vorschrift ergangene Verordnung (Regelsatzverordnung) regelten nur das *Maß* der laufenden Leistungen zum Lebensunterhalt, nämlich die grundsätzliche Gewährung nach Regelsätzen. Auch § 22 Abs. 1 S. 2 BSHG beziehe die Regelsatzgewährung ausschließlich auf die Bemessung. Unentschieden bleibe hiernach, in welcher *Form* die laufenden Leistungen im Einzelfall zu gewähren seien. Vielmehr bestimmten sich besagte Regelsätze gerade nach den vom Hilfeempfänger benötigten Waren und Dienstleistungen, was § 12 Abs. 1 BSHG sowie § 1 Abs. 1 der Regelsatzverordnung umschrieben. Demnach gebe es keine § 22 Abs. 1 S. 1 BSHG zu entnehmende Vorentscheidung des Gesetzgebers zugunsten der Geldleistung gegenüber der Sachleistung, da erstere letztere regelmäßig nur ersetze.[199]

Der Sache nach gelangte im Ergebnis dann aber auch das Bundesverwaltungsgericht, wenn auch mit anderer Argumentation als noch die Vorinstanz, zu einem regelmäßigen Vorrang der Geldleistung vor der Sachleistung: Das dem Träger

---

197 Vgl. insoweit BVerwGE 72, 354, 355.

198 Dies ist mittelbar den Ausführungen des bundesverwaltungsgerichtlichen Urteils zu entnehmen, BVerwGE 72, 354, 355 f.

199 Vgl. BVerwGE 72, 354, 356.

der Sozialhilfe nach § 4 Abs. 2 BSHG eingeräumte Ermessen sei nicht frei, sondern pflichtgemäß auszuüben. Entsprechend seien bei der Entscheidung darüber, in welcher Form Hilfe zum Lebensunterhalt gewährt werde, alle geschriebenen und ungeschriebenen Grundsätze zu beachten, die sich aus dem Bundessozialhilfegesetz, dem Sozialgesetzbuch – Allgemeiner Teil – und gegebenenfalls dem Verfassungsrecht, insbesondere dem Gleichheitsgrundsatz (Art. 3 Abs. 1 GG) ergäben. Nach § 1 Abs. 2 S. 1 BSHG soll dem Empfänger der Hilfe ermöglicht werden, ein Leben zu führen, das der Würde des Menschen entspricht. Dazu gehöre es auch, daß dem erwachsenen Menschen die Möglichkeit gelassen werde, im Rahmen der ihm nach dem Gesetz zustehenden Mittel seine Bedarfsdeckung frei zu gestalten.[200] Dem werde der Sozialhilfeträger gerecht, wenn er in der ganz überwiegenden Zahl der Fälle die laufende Hilfe zum Lebensunterhalt in Geld gewähre. Eine Abweichung hiervon müsse durch besondere Umstände gerechtfertigt sein.[201]

Aus dieser Entscheidung des Bundesverwaltungsgerichts ergibt sich insofern kein Widerspruch zu seiner bereits referierten Entscheidung zu § 120 BSHG a.F., als § 4 BSHG ausdrücklich die Möglichkeit vorsieht, daß das Ermessen hinsichtlich der Wahl der Form der Gewährung von Sozialhilfe gesetzlich ausgeschlossen sein kann. Das Bundesverwaltungsgericht hat in seiner Entscheidung zu § 120 BSHG a.F. nichts anderes getan, als diese Norm systematisch dahingehend auszulegen, daß hierdurch eine (freie) Ermessensbetätigung ausgeschlossen sei, da der Sachleistung bzw. der Aushändigung von Wertgutscheinen gegenüber Geldleistungen der Vorzug zukomme. Eine solche Einschränkung der Ermessensbetätigung sieht § 4 BSHG für gesetzlich geregelte Sonderfälle ausdrücklich vor.[202]

Findet sich keine Sonderregelung und ist der Sozialhilfeträger gehalten, nach Ermessen über die Form der Sozialhilfegewährung zu entscheiden, so ist es sachgerecht, wenn es dem Sozialhilfeempfänger im Hinblick auf die hinter der Sozialhilfegewährung stehende Ermöglichung eines menschenwürdigen Lebens

---

200 BVerwGE 72, 354, 357; vgl. ihn ähnlicher Richtung Schellhorn/Jirasek/Seipp, § 1 Rdnr. 11.

201 BVerwG, aaO.

202 Daß der Sozialhilfeträger nicht stets berufen ist, nach Ermessen über die Form der Gewährung von Sozialhilfe zu entscheiden, sondern zum Teil bindend eine bestimmte Form der Hilfegewährung vorgesehen ist, verstößt nicht gegen die Menschenwürde. Vielmehr soll die Gewährung von Sozialhilfe ein menschenwürdiges Leben gewährleisten. In welcher Form dies zu geschehen hat, gibt Art. 1 Abs. 1 GG nicht ausdrücklich vor.

überlassen wird, seine Bedarfsdeckung frei zu gestalten, also der Geldleistung der Vorrang vor der Sachleistung eingeräumt wird.

§ 120 BSHG a.F. stellt allerdings eine von diesem Grundsatz abweichende Sonderregelung dar.

f) § 4 Abs. 1 S. 1 Nr. 1 ZDG

Gemäß § 4 Abs. 1 S. 1 Nr. 1 ZDG *kann* eine Beschäftigungsstelle für Zivildienstleistende auf Antrag von der zuständigen Stelle anerkannt werden, wenn sie insbesondere Aufgaben im sozialen Bereich, im Bereich des Umweltschutzes, des Naturschutzes und der Landschaftspflege durchführt; überwiegend *sollen* Beschäftigungsstellen des sozialen Bereichs anerkannt werden.

Dem Bundesverwaltungsgericht zufolge gewährt § 4 Abs. 1 S. 1 ZDG der Behörde allerdings kein in dem Sinne „freies" Ermessen, daß es ihr freistünde, bei Erfüllung der tatbestandlichen Voraussetzungen zwischen Anerkennung und Anerkennungsversagung zu wählen.[203] Das der Vorschrift gemäß zu bildende Ermessen sei vielmehr ein intendiertes, d.h. ein (auf ein bestimmtes Ergebnis) ausgerichtetes Ermessen.[204] In der Regel seien Beschäftigungen, die sozusagen „am Rande" des Wesens des Zivildienstes lägen, nicht anzuerkennen, es sei denn, die Anerkennung ließe sich auf Gründe stützen, die sich aus Besonderheiten der Bedarfslage oder ähnlichem ergäben.[205]

Gleichermaßen denkbar wäre folgende Soll-Formulierung:

- Die zuständige Stelle *soll* überwiegend Beschäftigungsstellen des sozialen Bereichs für Zivildienstleistende anerkennen. In Ausnahmefällen kommt die Anerkennung von Aufgaben im Bereich des Umweltschutzes, des Naturschutzes und der Landschaftspflege in Betracht.

g) § 7 HbgDenkmSchG a.F.[206]

§ 2 Abs. 1 HbgDenkmSchG a.F. umschrieb mögliche Denkmalschutzobjekte.

§ 7 Abs. 1 HbgDenkmSchG a.F. regelte, daß die Unterschutzstellung entsprechender Objekte von der zuständigen Behörde durch Verwaltungsakt verfügt wurde, sofern der Denkmalschutz nicht durch Rechtsverordnung festgesetzt wurde.

---

203 BVerwGE 79, 274, 281 f.

204 BVerwGE 79, 274, 282.

205 BVerwGE 79, 274, 282 f.

206 Gesetz vom 3.12.1973, HbgGVBl. 1973, S. 466.

Erfolgte eine Unterschutzstellung nach § 7 Abs. 1 HbgDenkmSchG a.F., so waren gemäß § 6 Abs. 1 S. 2 HbgDenkmSchG a.F. die genannten Denkmäler in die bei der zuständigen Behörde geführte Denkmalliste einzutragen. In §§ 9 bis 15 HbgDenkmSchG a.F. wurden wiederum die in der Denkmalliste eingetragenen Gegenstände besonderen Schutzvorschriften unterstellt.

Erfolgte hingegen keine Unterschutzstellung nach § 7 Abs. 1 HbgDenkmSchG a.F., so unterblieb auch die genannte Eintragung in die Denkmalliste. In diesem Falle griff § 3 S. 1 HbgDenkmSchG, der Kulturdenkmäler, die nicht in die Denkmalliste eingetragen waren, der Denkmalpflege unterstellte.

Dem OVG Hamburg zufolge war die nach § 7 Abs. 1 HbgDenkmSchG a.F. zu treffende Entscheidung darüber, ob ein denkmalschutzwürdiger Gegenstand unter Denkmalschutz gestellt wurde, ins pflichtgemäße *Ermessen* der Behörde gestellt.[207] Nach Ansicht des Gerichts war das geschilderte Ermessen allerdings eingeschränkt durch die Entscheidung des Gesetzgebers für einen grundsätzlichen Vorrang des Denkmalschutzes gegenüber der anderenfalls greifenden Zuordnung zum Bereich der Denkmalpflege.[208]

Den in § 2 Abs. 1 HbgDenkmSchG a.F. genannten möglichen Denkmalschutzobjekten (Nrn. 1-4 der Vorschrift) habe der Gesetzgeber den Klammerzusatz „Denkmalschutzwürdigkeit" angefügt.

Demnach seien diese Gegenstände kraft Gesetzes für schutzwürdig erklärt, was sie folgegerecht den Schutzmöglichkeiten der §§ 9 bis 15 HbgDenkmSchG unterstelle. Der durch diese Vorschriften normierte Schutz sei weitaus höher zu bewerten als die Denkmalpflege: Im Bereich des Denkmalschutzes seien einseitig-hoheitliche Einwirkungsbefugnisse eingeräumt, und es bestünden besondere Schutzpflichten des Eigentümers sowie Zahlungsansprüche zum Ausgleich für unzumutbare wirtschaftliche Belastungen. Entsprechend sei aus der Entscheidung des Gesetzgebers, für denkmalschutzwürdige Gegenstände das Instrumentarium des Denkmalschutzes zur Verfügung zu stellen, die Schlußfolgerung zu ziehen, daß solche Gegenstände, die die Kriterien der Denkmalschutzwürdigkeit erfüllen, auch grundsätzlich unter Schutz zu stellen seien. Maßnahmen der Denkmalpflege seien demnach nur in Ausnahmefällen genügend, nämlich wenn besondere Umstände des Einzelfalles sie als ausreichend erscheinen ließen.[209]

Eine entsprechende Sollvorschrift könnte lauten:

---

207 Vgl. insoweit OVG Hamburg, NVwZ-RR 1989, S. 118.

208 OVG Hamburg, NVwZ-RR 1989, S. 117 und 118.

209 OVG Hamburg, NVwZ-RR 1989, S. 118.

- Ein Gegenstand, der denkmalschutzwürdig ist, *soll* unter Denkmalschutz gestellt werden. Nur in Ausnahmefällen genügt die Zuordnung zur Denkmalpflege.

h) Kein *intendiertes Ermessen in Fällen des § 14 Abs. 2 S. 3 SächsFrTrSchulG*

Erwogen wurde ein intendiertes Ermessen auf der Grundlage systematischer Überlegungen auch für folgenden Fall:

Gemäß § 14 Abs. 1 des Sächsischen Gesetzes über Schulen in freier Trägerschaft (SächsFrTrSchulG)[210] erhalten die als Ersatzschulen genehmigten Schulen in freier Trägerschaft auf Antrag Zuschüsse des Landes. Absatz 2 Satz 1 der Regelung setzt voraus, daß die Schule in ihrem Ausbau gezeigt hat, daß sie auf Dauer bestehen kann und von Eltern und Schülern angenommen wird. Nach Absatz 2 Satz 2 ist hiervon nach zwei Jahren seit Aufnahme des Unterrichtsbetriebes auszugehen. Eine Ausnahme von dieser Regelung findet sich in § 14 Abs. 2 S. 3 SächsFrTrSchulG:

Danach *kann* das Kultusministerium auf Antrag von der Einhaltung der genannten Voraussetzungen absehen, also auch die Aussetzung der Wartezeit für die Gewährung staatlicher Finanzhilfen gewähren, wenn eines der in der Vorschrift genannten Regelbeispiele erfüllt ist.

Nach Ansicht des VG Leipzig handelt es sich bei § 14 Abs. 2 S. 3 SächsFrTrSchulG um einen Fall intendierten Ermessens, bei dessen Ausübung die Grundsätze über „Sollvorschriften" anzuwenden seien, was sich aus dem Sinn und Zweck der Vorschrift und aus dem Zusammenhang der in ihr genannten Regelbeispiele ergebe. Liege eines der genannten Regelbeispiele vor, so sei das Ermessen intendiert.[211]

Dem widersprach jedoch das OVG Bautzen mit folgender Argumentation: Ob es sich bei einer Vorschrift um einen Fall intendierten Ermessens handele, sei eine Frage der Auslegung. Diese Frage sei vorliegend negativ zu beantworten. Gerade weil die Möglichkeit einer Freistellung von den grundsätzlich erforderlichen Voraussetzungen an Regelbeispiele anknüpfe, liege kein intendiertes Ermessen vor. Regele der Gesetzgeber, wie im vorliegenden Fall, die gesetzlichen Voraussetzungen nur beispielhaft und gebe damit der Behörde die Möglichkeit, die Entscheidung von weiteren, in der Norm nicht geregelten Voraussetzungen abhängig zu machen, so verbiete es sich, in der von der betreffenden Norm geregelten Entscheidung eine solche zu sehen, deren Richtung bereits vom Gesetz vorgezeichnet sei. Es stehe gerade nicht ein bestimmtes Ergebnis dem Gesetz

---

210 Gesetz vom 4.2.1992, SächsGVBl. 1992, S. 37.

211 Vgl. dazu OVG Bautzen, SächsVBl. 2000, S. 118.

näher, sei sozusagen im Grundsatz gewollt, und davon dürfe nur ausnahmsweise abgesehen werden. Diese Ansicht werde zusätzlich durch die Entstehungsgeschichte der Norm bestätigt.[212]

Der Ansicht des OVG Bautzen ist im Ergebnis beizupflichten, da anderenfalls sämtliche Ermessensnormen, die auf Tatbestandsseite auf Regelbeispiele treffen, für intendiert zu erklären wären. Dies stünde jedoch im Gegensatz zum Charakter der Regelbeispiele, die es dem Rechtsanwendungsorgan gerade ermöglichen sollen, seine Entscheidung unter Umständen auf andere, nicht in der Norm genannte Voraussetzungen zu stützen.

II. Stellungnahme

In den vorstehend beschriebenen Fällen ergibt sich die von den Gerichten angenommene Intendierung der betreffenden Ermessensnormen aus dem Gesamtzusammenhang. Der Kontext, in den sich diese Normen einreihen, bewirkt letztlich eine Lenkung des eingeräumten Ermessens, eine Vorabausrichtung auf ein bestimmtes Ergebnis. Teilweise stützt sich diese Lenkung auf den ausdrücklichen Gesetzeswortlaut, teilweise ist sie der Gesetzessystematik zu entnehmen. Das Gesetz macht in den beschriebenen Fällen gleichermaßen deutlich, daß der Behörde für die betreffenden Fälle kein Ermessen in Form eines Abwägens des Für und Wider in jedem Einzelfall eingeräumt ist.

Wie den beispielhaften Formulierungen zu entnehmen ist, käme den betreffenden Normen die identische Bedeutung zu, wären sie als Sollvorschriften formuliert.

Für die genannten Fälle[213] rechtfertigen also der Gesetzeswortlaut bzw. die Gesetzessystematik die Annahme, daß das eingeräumte Ermessen in den betroffenen Regelungsbereichen den dargestellten Einschränkungen unterliegt. Damit ist es in diesen Bereichen zulässig, das der Behörde eingeräumte Ermessen für intendiert zu erklären.

---

212 OVG Bautzen, SächsVBl. 2000, S. 119.

213 Mit Ausnahme des § 49 Abs. 2 S. 1 Nrn. 3-5 VwVfG und des § 14 Abs. 2 S. 3 SächsFrTrSchulG.

C. § 40 VwVfG als Anknüpfungspunkt für ein intendiertes Ermessen

Beim intendierten Ermessen wird, wie festgestellt, von vornherein die Wahl der Rechtsfolge für regelmäßig rechtmäßig erklärt, die der gesetzlichen Intention entspricht. Zu einer Abwägung kommt es nur noch beim Vorliegen eines atypischen Falles.
In den oben geschilderten Fällen[214] war die Präferenz einer bestimmten Rechtsfolge dem Gesetzeswortlaut bzw. der Gesetzessystematik ohne weiteres zu entnehmen. Dies ist bei den im Folgenden darzustellenden Anwendungsfällen des intendierten Ermessens nicht gegeben.
Einziger in Betracht kommender Anknüpfungspunkt für die Annahme eines intendierten Ermessens könnte in diesem Bereich die Regelung des § 40 VwVfG sein, wonach die Behörde bei Ermessensentscheidungen stets dem Zweck der Ermächtigung entsprechend zu entscheiden hat.[215] Möglicherweise vermag eben dieser Zweck der betreffenden Ermächtigungen, die von den Gerichten für intendiert erklärt worden sind, Aufschluß darüber zu geben, ob das Vorgehen der Gerichte hierin seine Berechtigung findet.
Denn die von § 40 VwVfG ausgesprochene Zweckbindung stellt klar, daß die Behörden von einer Ermessensermächtigung nur im Sinne des Gesetzeszweckes Gebrauch machen dürfen.[216] Die getroffene Entscheidung muß demnach ihre Rechtfertigung im Zweck des Gesetzes und der vom Gesetzgeber gewollten Ordnung der Materie finden.[217] Dabei sind als Zweck der Ermächtigung nicht nur der engere Zweck der isoliert betrachteten Vorschrift zu verstehen, sondern alle der Gesamtheit geschriebener und ungeschriebener Rechtssätze zu entnehmenden Zwecke, die die geregelte Materie betreffen.[218]

---

214 Gliederungspunkt B., S. 63 ff.

215 Auf den Zweck der Ermächtigung wird etwa ausdrücklich abgestellt in OVG Münster, GewArch 1978, S. 29; VGH Kassel, NVwZ 1991, S. 281; VGH Mannheim, NJW 1991, S. 1699.

216 Vgl. BVerwGE 19, 332, 335; 30, 313, 318 f; 51, 115, 120; Menger, VerwArch 64 (1973), S. 207; Kopp/Ramsauer, VwVfG, § 40 Rdnr. 23.

217 BVerwG, DVBl. 1982, S. 307; Czermak, DÖV 1966, S. 750 ff; Roellecke, DÖV 1968, S. 337 f.

218 Vgl. VGH Kassel, NJW 1983, S. 2280; Menger, aaO.
Die Zweckbindung beschränkt sich demzufolge nicht – wie von Volkmann, DÖV 1996, S. 287, angedeutet – auf ein Verbot sachfremder Erwägungen. Auch reduziert das oben dargestellte weite Verständnis der Zweckbindung, welches die Annahme eines intendierten Ermessens jedenfalls nicht von vornherein ausgeschlossen erscheinen läßt, die Ermessensausübung nicht auf die Ermittlung des Normzwecks (so aber ebenfalls Volkmann, DÖV 1996, S. 285 sowie Michaelis, JA 1998, S. 455). Zwar kommt dem Zweck

Demgemäß drängt sich eine Systematisierung der einschlägigen Rechtsprechung auf, der sich dann die Frage anschließen kann, ob die betreffenden Regelungsbereiche eine einheitliche Zwecksetzung zum Ausdruck bringen, die es rechtfertigt, das betreffende Ermessen für intendiert zu erklären.

I. Intendiertes Ermessen bei der Beseitigung und Verhütung rechtswidriger Zustände

Seinen Hauptanwendungsbereich findet das intendierte Ermessen in Konstellationen, bei denen es – im weitesten Sinne – um die Beseitigung und Verhütung rechtswidriger Zustände geht.

1. Ordnungsrechtliche Eingriffsermächtigungen

Für eine Vielzahl ordnungsrechtlicher Eingriffsermächtigungen ist das eingeräumte Ermessen für intendiert erklärt worden.

a) Gewerberecht

aa) § 16 Abs. 3 S. 1 HwO

Wie festgestellt, hat das intendierte Ermessen seinen Ursprung der Sache nach im Gewerberecht, genauer im Handwerksrecht.[219]
Gemäß § 16 Abs. 3 S. 1 HwO *kann* die zuständige Behörde die Fortsetzung des selbständigen Betriebes eines Handwerks untersagen, wenn dieser entgegen den Vorschriften der Handwerksordnung ausgeübt wird.
Der Großteil der einschlägigen Verwaltungsrechtsprechung ordnet das durch die Vorschrift eingeräumte Ermessen der Sache nach dem intendierten Ermessen zu.[220] Dies verdeutlichen die Formulierungen, es sei regelmäßig rechtmäßig, die

---

der betreffenden Ermächtigung beim intendierten Ermessen besondere Bedeutung zu. Dennoch bleibt es jedenfalls für atypische Fallkonstellationen beim herkömmlichen Charakter einer Ermessensentscheidung, nämlich bei einer detaillierten Abwägung des Für und Wider.

219 Vgl. hierzu bereits 1. Teil, Gliederungspunkt C., S. 43.

220 Vgl. VGH Mannheim, GewArch 1966, S. 62; VGH Mannheim, GewArch 1970, S. 249; VGH Mannheim, GewArch 1971, S. 232; VGH Mannheim, GewArch 1974, S. 120; OVG Lüneburg, GewArch 1976, S. 124; OVG Münster, GewArch 1978, S. 28; VG Hannover, GewArch 1978, S. 338; VG Oldenburg, GewArch 1978, S. 226; VGH Kassel, NVwZ 1991, S. 280; VG Berlin, GewArch 1992, S. 188.

gesetzwidrige Handwerksausübung zu untersagen,[221] das Ermessen sei im Regelfall auf Null reduziert.[222]

Lediglich dann, wenn besondere Umstände bekannt seien oder vom Betroffenen vorgetragen würden, die es rechtfertigen könnten, die Untersagung zu unterlassen, habe die Behörde in eine besondere Abwägung der Interessen einzutreten, also besondere Ermessenserwägungen anzustellen und diese in ihrer Verfügung darzulegen.[223]

bb) § 16 Abs. 4 HwO

In seinem Beschluß vom 6. Dezember 1993 übertrug das OVG Koblenz den zu § 16 Abs. 3 S. 1 HwO entwickelten Gedanken des intendierten Ermessens auch auf § 16 Abs. 4 HwO, dem zufolge die Ausübung eines gemäß § 16 Abs. 3 S. 1 HwO untersagten Handwerksbetriebes durch Schließung der Betriebs- und Geschäftsräume oder durch andere geeignete Maßnahmen verhindert werden *kann.* Diesem Beschluß zufolge entspricht es regelmäßig dem gesetzlichen Auftrag der zuständigen Behörde, die Fortführung eines Gewerbebetriebes, für dessen Beginn eine Erlaubnis erforderlich ist, zu untersagen, wenn diese Erlaubnis nicht vorliegt.[224]

cc) § 35 Abs. 5 GewO

Gemäß § 35 Abs. 5 GewO *kann* die Ausübung eines untersagten Gewerbes durch den Gewerbetreibenden von der zuständigen Behörde durch Schließung der Betriebs- oder Geschäftsräume oder durch andere geeignete Maßnahmen

---

Zum Urteil des VGH Kassel, DVBl. 1972, S. 834, der § 16 Abs. 3 S. 1 HwO zunächst als trotz der Kann-Formulierung bindende Vorschrift ansah, und der vehementen Kritik an dieser Rechtsprechung siehe die Darstellung der Rechtsprechungsentwicklung zum intendierten Ermessen, 1. Teil, Gliederungspunkt C. II., S. 48.

Zu der Ansicht, die in der Ermessenseinräumung nach § 16 Abs. 3 HwO lediglich die Ermächtigung der Behörde erblickt, in Fällen nur formeller Illegalität ausnahmsweise von einem Einschreiten abzusehen, vgl. 1. Teil, Gliederungspunkt C. III., S. 49.

221 VGH Mannheim, GewArch 1970, S. 252; VGH Mannheim, GewArch 1974, S. 122 f; OVG Lüneburg, GewArch 1976, S. 125; VGH München, GewArch 1981, S. 15; VG Hannover, GewArch 1978, S. 338; VG Berlin, GewArch 1992, S. 190.

222 OVG Münster, GewArch 1978, S. 28 f; VG Oldenburg, GewArch 1978, S. 226; VGH Kassel, NVwZ 1991, S. 280 u. 282.

223 VGH Mannheim, GewArch 1974, S. 122 f; so auch Fröhler/Dannbeck, S. 99; Pauly, GewArch 1985, S. 11.

224 OVG Koblenz, GewArch 1994, S. 204.

verhindert werden. Dabei bedarf es nach Ansicht des OVG Schleswig besonderer Ausführungen über die Ermessensbetätigung regelmäßig schon deshalb nicht, weil die genannte Vorschrift die Gewerbebehörden im Regelfall zur angewandten Vollstreckungsmaßnahme ermächtige.[225]

dd) §§ 31 GastG, 15 Abs. 2 S. 1 GewO

§ 31 GastG zufolge werden auf die den Vorschriften des Gaststättengesetzes unterliegenden Gewerbebetriebe die Vorschriften der Gewerbeordnung insoweit angewendet, als nicht im Gaststättengesetz selber besondere Bestimmungen getroffen sind. Mangels besonderer Bestimmungen im Gaststättengesetz hinsichtlich solcher Gewerbe, die ohne erforderliche Erlaubnis betrieben werden, findet dementsprechend für derartige Fälle § 15 Abs. 2 S. 1 GewO Anwendung. Hiernach *kann* die Fortsetzung eines Gewerbes von der zuständigen Behörde verhindert werden, wenn zu dessen Ausübung eine Erlaubnis, Genehmigung, Konzession oder Bewilligung erforderlich ist, es an selbiger aber fehlt. Bereits 1985 entschied der VGH Mannheim bezüglich des von § 15 Abs. 2 S. 1 GewO eingeräumten Ermessens folgendermaßen: Eines besonderen Nachweises der Ermessensausübung sowie einer entsprechenden schriftlichen Begründung der Anordnung einer Betriebseinstellung nach §§ 31 GastG, 15 Abs. 2 GewO bedürfe es allenfalls dann, wenn Anhaltspunkte bestünden, die die Duldung der Weiterführung des Gaststättenbetriebes ausnahmsweise rechtfertigten.[226]

Der VGH Mannheim erhielt diese Auslegung des Ermessens in § 15 Abs. 2 S. 1 GewO allerdings nicht aufrecht. Vielmehr argumentierte er später, daß das Fehlen von Ermessenserwägungen bei der Anordnung der Schließung einer Gaststätte einen Begründungsmangel darstelle, welcher zur offensichtlichen Rechtswidrigkeit der Anordnung führe. Denn dem Gericht sei es verwehrt, sein Ermessen an die Stelle des von der Behörde auszuübenden pflichtmäßigen Ermessens zu setzen.[227] Dieser Ansicht war zunächst auch der VGH Kassel.[228]

Im Jahre 1996 nahm der VGH Kassel allerdings von der beschriebenen Auslegung Abstand und distanzierte sich ausdrücklich von der jüngeren Ansicht des VGH Mannheim. Deutlicher als der VGH Mannheim es ursprünglich bereits im Jahre 1985 getan hatte, stellte er fest, die Anordnung der sofortigen Betriebseinstellung sei im Regelfall die einzig sachgerechte Entscheidung nach § 31 GastG i. V. m. § 15 Abs. 2 S. 1 GewO, es handle sich um einen Fall intendierten Er-

225 OVG Schleswig, GewArch 1996, S. 25.

226 VGH Mannheim, GewArch 1987, S. 36.

227 VGH Mannheim, GewArch 1993, S. 82 und GewArch 1994, S. 31.

228 VGH Kassel, GewArch 1994, S. 116.

messens. Anstelle einer näheren Begründung reiche für eine solche Anordnung regelmäßig der behördliche Hinweis auf die maßgeblichen Rechtsvorschriften.[229]

In der Folgezeit hielt das VG Meiningen zunächst an der Ansicht des VGH Mannheim fest, daß § 15 Abs. 2 S. 1 GewO nicht nur zu einer Ermessensentscheidung ermächtige, sondern hierzu auch verpflichte.[230] In seinem jüngsten Beschluß hingegen ließ das Gericht ausdrücklich offen, welcher Rechtsauffassung es sich in Zukunft anschließen werde.[231]

ee) Kein *intendiertes Ermessen in Fällen des § 35 Abs. 7a S. 1 GewO*

Für die Vorschrift des § 35 Abs. 7a S. 1 GewO wurde ein intendiertes Ermessen im Ergebnis verneint:

Nach § 35 Abs. 1 S. 1 GewO ist die Ausübung eines Gewerbes von der zuständigen Behörde ganz oder teilweise zu untersagen, wenn Tatsachen vorliegen, welche die Unzuverlässigkeit des Gewerbetreibenden oder einer mit der Leitung des Gewerbebetriebes beauftragten Person in bezug auf dieses Gewerbe dartun, sofern die Untersagung zum Schutze der Allgemeinheit oder der im Betrieb Beschäftigten erforderlich ist. Nach Satz 2 der Vorschrift kann die Untersagung auch auf einzelne andere oder auf alle Gewerbe erstreckt werden, soweit die festgestellten Tatsachen die Annahme rechtfertigen, daß der Gewerbetreibende auch für diese Tätigkeiten oder Gewerbe unzuverlässig ist.

Gemäß § 35 Abs. 7a S. 1 GewO kann eine Gewerbeuntersagung auch gegen Vertretungsberechtigte oder mit der Leitung des Gewerbebetriebes beauftragte Personen ausgesprochen werden. Die Vorschrift stellt es also in das Ermessen der zuständigen Behörde, einer Person, die nicht Gewerbetreibender ist, die künftige Ausübung eines bisher in abhängiger Beschäftigung ausgeübten Gewerbes, eines anderen oder aller anderen Gewerbe zu untersagen.[232] Damit dient die Vorschrift dem Zweck, einem Ausweichen des bisher abhängig Beschäftigten, für unzuverlässig Befundenen in die Selbständigkeit vorzubeugen. Anders aber als bei ordnungsbehördlichen Maßnahmen zur Beseitigung rechtswidriger Zustände, bei denen das Einschreiten regelmäßig geboten sei, wenn keine besonderen Gegebenheiten vorlägen, muß nach Ansicht des Bundesverwaltungsgerichts hier nach dem Grad der Wahrscheinlichkeit des Ausweichens auf die selbständige Gewerbeausübung entschieden werden. Bei der Untersagung nach § 35

229 VGH Kassel, GewArch 1996, S. 292.

230 VG Meiningen, GewArch 1997, S. 35.

231 VG Meiningen, GewArch 1998, S. 168.

232 Vgl. BVerwGE 100, 187, 190 f.

Abs. 7a S. 1 GewO handele es sich demnach um eine gewöhnliche Ermessensvorschrift. Das Für und Wider müsse abgewogen werden.[233]

b) Bauordnungsrecht

aa) Intendiertes Ermessen

Gemäß den jeweiligen bauordnungsrechtlichen Regelungen der Länder *kann* die zuständige Behörde, wenn bauliche Anlagen dem öffentlichen Baurecht widersprechen, nach pflichtgemäßem Ermessen die Maßnahmen anordnen, die zur Herstellung oder Sicherung rechtmäßiger Zustände erforderlich sind.[234]

Der einschlägigen Rechtsprechung zufolge entspricht es regelmäßig pflichtgemäßem Ermessen, die Beseitigung rechtswidriger Bauanlagen und die Duldung ihrer Beseitigung anzuordnen.[235] Das Entschließungsermessen sei derart reduziert, daß es rechtsfehlerhaft sei, nicht einzuschreiten.[236] Bei einem Einschreiten gegen rechts- oder auch nur ordnungswidrige Zustände stünden sich nicht in dem Sinne ein „Für und Wider" gegenüber, daß der zuständigen Behörde ohne gesetzliche Intention freigegeben wäre, zwischen dem Einschreiten und dem Nichteinschreiten zu wählen.[237] Dem Ermessen sei hier die Tendenz eigen, die Pflicht zum Einschreiten zu verwirklichen.[238] Es bleibe nach den Grundsätzen über das sogenannte intendierte Ermessen bei dem Normalfall des Einschreitens.[239]

---

233 Vgl. BVerwGE 100, 187, 189 unter Berufung auf die Begründung des Gesetzentwurfs: BT-Drs. 10/318, S. 51.

234 Vgl. § 89 Abs. 1 S. 1 NBauO: „Widersprechen bauliche Anlagen, Grundstücke, Bauprodukte oder Baumaßnahmen dem öffentlichen Baurecht oder ist dies zu besorgen, so kann die Bauaufsichtsbehörde nach pflichtgemäßem Ermessen die Maßnahmen anordnen, die zur Herstellung oder Sicherung rechtmäßiger Zustände erforderlich sind."

235 Vgl. im Ansatz bereits BVerwG, DÖV 1966, S. 249; BVerwG, DVBl. 1973, S. 933; später dann deutlicher: VGH München, BayVBl. 1981, S. 89; BVerwG, BRS 36 Nr. 93, S. 217; OVG Lüneburg, BRS 38 Nr. 205, S. 440 f; OVG Saarlouis, BRS 44 Nr. 194, S. 452; BVerwG, NJW 1986, S. 394; OVG Lüneburg, BRS 46 Nr. 191, S. 444; OVG Münster, BauR 1991, S. 448; VGH Mannheim, BauR 1991, S. 451; OVG Münster, NVwZ 1994, S. 704; OVG Greifswald, NVwZ 1995, S. 608; OVG Münster, NVwZ-RR 1995, S. 248; OVG Weimar, LKV 1997, S. 371; VG Meiningen, 17. Oktober 1997, Az 5 E 921/97, Juris; VG Weimar, ThürVBl. 2001, S. 190; ähnlich auch Mang/Simon, BayBO, Art. 100 Rdnr. 7 und Rapp, BauR 1983, S. 130.

236 OVG Münster, BauR 1991, S. 448; vgl. auch OVG Greifswald, NVwZ 1995, S. 608.

237 BVerwG, BRS 36 Nr. 93, S. 217.

238 OVG Weimar, LKV 1997, S. 370.

239 OVG Münster, NVwZ 1994, S. 704.

bb) Abgrenzung zur Verletzung nachbarschützender Vorschriften

Vermutlich wegen ähnlicher Formulierungen wird die im folgenden zu schildernde Rechtsprechung der Verwaltungsgerichte zu Fällen, in denen es um die Verletzung nachbarschützender Normen geht, von der Literatur vielfach fälschlicherweise dem intendierten Ermessen zugezählt.

Wie dargestellt, stellen die jeweiligen bauordnungsrechtlichen Eingriffsermächtigungen des Landesrechts es in das Ermessen der zuständigen Behörde, zur Beseitigung baurechtswidriger Zustände die erforderlichen Maßnahmen anzuordnen. Hinsichtlich der Verletzung nachbarschützender Normen hat sich eine gesonderte Rechtsprechung entwickelt. Bei einer nicht nur geringfügigen Verletzung nachbarschützender Vorschriften sei das der Behörde eingeräumte Ermessen grundsätzlich auf Null reduziert, sei die Behörde grundsätzlich zum Einschreiten verpflichtet.[240] Diese Formulierungen ähneln stark dem Vorgehen beim intendierten Ermessen, und dennoch unterscheidet sich die Rechtsprechung zur Verletzung nachbarschützender Vorschriften in einem bedeutsamen Punkt von der Rechtsprechung zum intendierten Ermessen.

Insbesondere unter folgendem Aspekt erstaunt die Rechtsprechung zur Verletzung nachbarschützender Vorschriften:

Sie wurde in zeitlicher Hinsicht erst nach „Erfindung" des intendierten Ermessens entwickelt.[241] Die Rechtsprechung zum intendierten Ermessen hatte demnach bereits über einen gewissen Zeitraum die Behauptung aufgestellt, es sei regelmäßig rechtmäßig, gegen baurechtswidrige Zustände vorzugehen. Wenn demnach die Rechtsprechung zum intendierten Ermessen es vorab bereits für regelmäßig rechtmäßig erklärt hatte, gegen *jegliche Art* von Baurechtsverstößen vorzugehen, so verwundert es, wenn zeitlich nachrangig gesondert die Behaup-

---

240 So erstmalig BVerwG, BRS 39 Nr. 207, S. 413; vgl. ferner OVG Saarlouis, NVwZ 1983, S. 685; OVG Lüneburg, BRS 44 Nr. 195, S. 453; OVG Lüneburg, UPR 1988, S. 74; OVG Berlin, LKV 1991, S. 109; VGH Mannheim, ESVGH 42, 239; VGH Mannheim, VBlBW 1992, S. 149; VGH Mannheim, NVwZ-RR 1995, S. 491; Wilke, Scupin-FS, S. 834.

241 Das erste Urteil in diesem Bereich, BVerwG, BRS 39 Nr. 207, datiert vom 14. Mai 1982, während das erste deutliche bauordnungsrechtliche Urteil zum intendierten Ermessen, vgl. VGH München, BayVBl. 1981, S. 89, bereits am 6. Februar 1980 erging und diese Rechtsprechung alsbald auch vom Bundesverwaltungsgericht aufgegriffen wurde, vgl. BVerwG vom 28. August 1980, BRS 36 Nr. 93. Das letztgenannte Urteil des Bundesverwaltungsgerichts wird für den Bereich des intendierten Ermessens im Bauordnungsrecht immer wieder als sogenanntes Grundsatzurteil zitiert. Tatsächlich geht die Rechtsprechung zum intendierten Ermessen in diesem Bereich jedoch, wie den genannten Entscheidungsdaten zu entnehmen ist, auf den VGH München zurück.

tung aufgestellt wurde, es sei regelmäßig rechtmäßig, gegen die Verletzung *nachbarschützender* Vorschriften einzuschreiten.

Dieses Vorgehen erklärt sich womöglich vor folgendem Hintergrund:

Bei den genannten Verletzungen nachbarschützender Vorschriften ist die gerichtliche Befassung mit der Thematik jeweils auf Baunachbarklagen zurückzuführen. Damit geht es in sämtlichen betreffenden Verfahren um Fragen des verwaltungsrechtlichen Drittschutzes.

Bereits für die Klagebefugnis des betroffenen Nachbarn bedarf es der Möglichkeit einer Verletzung solcher Normen, die zumindest auch den Rechten des Nachbarn zu dienen bestimmt sind.[242] Wird im Rahmen der gerichtlichen Prüfung der Begründetheit einer solchen Nachbarklage festgestellt, daß tatsächlich ein Verstoß gegen eine derartige nachbarschützende Norm vorliegt, so hätte dies für die Anwendung der beschriebenen bauordnungsrechtlichen Eingriffsermächtigungen normalerweise folgende Konsequenz:

Da das Einschreiten in das Ermessen der Behörde gestellt ist, hätte der Nachbar üblicherweise nur einen Anspruch auf ermessensfehlerfreie Bescheidung, nicht jedoch einen Anspruch auf tatsächliches Einschreiten gegenüber dem Nachbarn. Ein solcher Anspruch auf Vornahme des begehrten Verwaltungsaktes trotz Ermesseneinräumung an die Verwaltung besteht generell nur bei einer Ermessensreduzierung auf Null, d.h. wenn im Einzelfall nur eine Entscheidung rechtmäßig ist.[243] Eben dies hat die Verwaltungsrechtsprechung mit ihrer Judikatur zur Verletzung nachbarschützender Normen verallgemeinernd festgestellt:

In der Regel sei bei einer Verletzung nachbarschützender Normen das der Verwaltung eingeräumte Ermessen auf Null reduziert.[244]

Damit knüpft die Rechtsprechung zur Erreichung des angestrebten Zieles, nämlich zur Umwandlung des Anspruchs auf ermessenfehlerfreie Entscheidung in einen Anspruch auf Vornahme des begehrten Verwaltungsaktes, an die Ermessensreduzierung auf Null an. Alternativ wäre dieses Ergebnis jedoch auch anhand von Erwägungen zum intendierten Ermessen zu erreichen gewesen. Hierfür hätte geprüft werden müssen, ob ein Regelfall vorlag. Wäre dies der Fall gewesen, so wäre mangels besonderer Gegebenheiten, die ein Absehen hätten rechtfertigen können, die Anordnung der Beseitigung des baurechtswidrigen Zustandes nach der Rechtsprechung zum intendierten Ermessen die einzig richtige Entscheidung gewesen.

---

242 Sogenannte Schutznormtheorie, vgl. hierzu im einzelnen die Nachweise Fn. 114.

243 Zum Erlaß eines Vornahmeurteils trotz Ermesseneinräumung in Fällen der Ermessensreduzierung auf Null siehe bereits Gliederungspunkt A. I. 2. b) aa), S. 57.

244 Vgl. die entsprechenden Nachweise Fn. 240.

Die Verwunderung darüber, warum nach „Erfindung" des intendierten Ermessen die Rechtsprechung dennoch die Annahme einer Ermessensreduzierung auf Null bei Verletzung nachbarschützender Normen für den Regelfall konstruiert, bleibt also bestehen. Dieses inkonsequent anmutende Vorgehen der Gerichte bestärkt den anfangs bereits geäußerten Verdacht, daß das intendierte Ermessen ursprünglich nur auf die Aufrechterhaltung solcher Verwaltungsentscheidungen zielte, denen der Geruch eines Ermessensnichtgebrauches anhaftete.

Jedenfalls bleibt als Ergebnis folgender Unterschied der Rechtsprechung zur Verletzung nachbarschützender Normen zum intendierten Ermessen festzuhalten: Im erstgenannten Bereich knüpft die Rechtsprechung an eine *besondere Form der Tatbestandserfüllung* an, nämlich daran, daß diese in einer nicht nur geringfügigen Verletzung nachbarschützender Normen besteht. Das intendierte Ermessen geht demgegenüber weiter, indem die Beseitigung baurechtswidriger Zustände *allgemein bei Tatbestandserfüllung* für regelmäßig rechtmäßig erklärt wird.

c) Tierschutz

Wer ein Tier hielt, betreute oder zu betreuen hatte, mußte nach der Regelung des § 2 Abs. 1 Nrn. 1 und 2 TierschutzG a.F.[245] (heute § 2 Nrn. 1 und 2 TierschutzG) dem Tier angemessene artgemäße Nahrung und Pflege sowie eine verhaltensgerechte Unterbringung gewähren und durfte das artgemäße Bewegungsbedürfnis des Tieres nicht dadurch und nicht so einschränken, daß ihm vermeidbare Schmerzen, Leiden oder Schäden zugefügt wurden. Zur Erfüllung dieser Anforderungen *konnte* die zuständige Behörde gemäß § 2 Abs. 2 TierschutzG die erforderlichen Maßnahmen treffen. Demnach wurde der Behörde Ermessen insoweit eingeräumt, als es um ihre Entschließung zum Einschreiten aufgrund eines tierschutzrelevanten Gesetzesverstoßes ging. Das Einschreiten stellte allerdings nach Ansicht des VGH Mannheim die nicht näher zu begründende Regel dar.[246]

d) Waffenrecht

Gemäß § 7 Abs. 1 Nr. 2 WaffenG bedarf es für den Waffenhandel einer Erlaubnis. Wurde diese Erlaubnis zurückgenommen, widerrufen oder ist sie erloschen und übt der ehemalige Erlaubnisinhaber noch die tatsächliche Gewalt über Waffen aus, so *kann* die zuständige Behörde § 48 Abs. 2 S. 1 WaffenG zufolge anordnen, daß die Waffen binnen angemessener, von der Behörde festzusetzender

245 Gesetz vom 24.7.1972, BGBl. I, S. 1277.

246 VGH Mannheim, NJW 1986, S. 395.

Frist unbrauchbar gemacht oder einem Berechtigten überlassen werden und dies der zuständigen Behörde gegenüber nachgewiesen wird.

Der Widerruf einer Waffenhandelserlaubnis wegen Unzuverlässigkeit des Erlaubnisinhabers intendiert dem OVG Bautzen zufolge das der Behörde nach § 48 Abs. 2 S. 1 WaffenG eingeräumte Ermessen in Richtung der dort geregelten Anordnung: Die aufgrund der Waffenhandelserlaubnis erworbenen Gegenstände seien unbrauchbar zu machen oder einem Berechtigten zu überlassen. Eine ausführliche Begründung dieser Anordnung sei nicht erforderlich.[247]

e) Veterinärrecht

Nach § 1 Abs. 2 des Baden-Württembergischen Gesetzes zur Ausführung des Fleischhygienegesetzes (BadWürttAGFlHG)[248] trifft die untere Verwaltungsbehörde die zur Beseitigung festgestellter und zur Verhütung künftiger Verstöße gegen die Bestimmungen des Fleischhygienegesetzes erforderlichen Maßnahmen. Die Auslegung dieser Vorschrift ergibt – mit Blick auf ihren polizeirechtlichen Charakter –, daß das Tätigwerden ins *Ermessen* der Behörde gestellt ist.[249] Dieses Ermessen ist nach Ansicht des VGH Mannheim durch den Vollzugszweck des Gesetzes dahingehend gebunden, daß im typischen Regelfalle einzuschreiten sei. Das Ermessen bestehe vor allem zur Berücksichtigung besonderer Umstände des Einzelfalls, die allenfalls in Extremfällen auch ein Absehen von hoheitlichen Maßnahmen geböten.[250] Bei Verstößen gegen das Fleischhygienegesetz (oder auch gegen die Fleischhygieneverordnung) solle im Regelfall eingeschritten werden, sofern nicht besondere Umstände vorlägen, die dagegen sprächen.[251]

f) Rundfunkrecht

Gemäß § 28 Abs. 2 NdsRG a.F.[252] *konnte* der Landesrundfunkausschuß feststellen, daß ein Programm oder eine Sendung gegen das Landesrundfunkgesetz oder die Bestimmungen der Erlaubnis verstieß und den Veranstalter sowie die für den Inhalt des Programms Verantwortlichen anweisen, den Verstoß zu unterlassen. Im betreffenden Urteil des OVG Lüneburg war über die Rechtmäßigkeit der

---

247 OVG Bautzen, NVwZ-RR 1997, S. 411.

248 Gesetz vom 12.12.1994, BadWürttGBl. 1994, S. 660.

249 VGH Mannheim, ZLR 1997, S. 673.

250 VGH Mannheim, ZLR 1997, S. 674.

251 VGH Mannheim, ZLR 1997, S. 673 f.

252 Fassung vom 16.3.1987, NdsGVBl. 1987, S. 50, damals zuletzt geändert am 26.11.1991, NdsGVBl. 1991, S. 311.

Beanstandung eines Verstoßes gegen das in § 6 Abs. 5 RfStV[253] geregelte Verbot von Schleichwerbung und die Anordnung eines Wiederholungsverbotes auf der Grundlage von § 28 NdsRG zu entscheiden.

Bezüglich des dem Landesrundfunkausschuß nach § 28 NdsRG für die zu treffenden Maßnahmen eingeräumten Ermessens entschied das Gericht folgendermaßen: Beim Schleichwerbungsverbot handle es sich um einen Fall gelenkten bzw. intendierten Ermessens. Sei eine ermessenseinräumende Vorschrift dahin auszulegen, daß sie für den Regelfall von einer Ermessensausübung in einem bestimmten Sinn ausgehe, so müßten besondere Gründe vorliegen, um eine gegenteilige Entscheidung zu rechtfertigen. Liege ein vom Regelfall abweichender Sachverhalt nicht vor und verstehe sich das Ergebnis der Abwägung also von selbst, so bedürfe es insoweit nach § 39 Abs. 1 S. 3 VwVfG auch keiner das Selbstverständliche darstellenden Begründung. So liege der Fall hier, da im Schleichwerbungsverbot bereits vom Gesetzgeber die Rundfunkfreiheit und das Gemeinschaftsgut der Trennung von Werbung und Programm gegeneinander abgewogen worden seien. Außergewöhnliche Umstände des Falles, die eine andere Entscheidung hätten möglich erscheinen lassen, seien weder vorgetragen noch ersichtlich.[254]

g) Schutz des Waldes

Nach § 67 Abs. 1 S. 2 Nr. 1 WaldG BW[255] hat die Forstbehörde darüber zu wachen, daß die Waldbesitzer ihre Verpflichtungen nach dem WaldG BW oder anderen auf die Erhaltung und Pflege des Waldes sowie die Abwehr von Waldschäden gerichteten Vorschriften erfüllen. Verstößt ein Waldbesitzer gegen die in § 67 Abs. 1 S. 2 Nr. 1 WaldG BW genannten Vorschriften, so weist die Forstbehörde ihn gemäß § 68 Abs. 1 S. 1 WaldG BW auf die Mängel hin. Bleibt der Hinweis innerhalb der gesetzten Frist unbeachtet, so *kann* die Forstbehörde nach § 68 Abs. 1 S. 2 WaldG BW die erforderlichen Anordnungen treffen, um den ordnungsgemäßen Zustand zu erhalten oder wieder herzustellen. Dieses der Behörde nach § 68 Abs. 1 S. 2 WaldG BW eingeräumte Ermessen hat das VG Karlsruhe für die Anordnung einer Wiederaufforstung im Hinblick auf § 9 Abs. 6 WaldG BW für intendiert erklärt:

Nach § 9 Abs. 6 WaldG BW *ist* eine Fläche innerhalb einer von der Forstbehörde zu bestimmenden Frist wieder aufzuforsten, wenn ohne Genehmigung eine

---

253 Staatsvertrag über den Rundfunk im vereinten Deutschland; Anlage zum Gesetz vom 26.11.1991, NdsGVBl. 1991, S. 315.

254 OVG Lüneburg, ZUM 1999, S. 352.

255 Fassung vom 31.8.1995, BadWürttGBl. 1995, S. 685.

Umwandlung begonnen wird, soweit die Genehmigung nicht nachträglich erteilt wird. Die hier geregelte Pflicht prägt nach Ansicht des VG Karlsruhe das nach § 68 Abs. 1 S. 2 WaldG BW eingeräumte Ermessen dahingehend, daß in der Regel von einer Wiederaufforstung auszugehen sei.[256]

h) Schutz vor nicht erlaubter Kampfhundehaltung

Art. 7 Abs. 2 Nrn. 1 und 2 des Bayerischen Gesetzes über das Landesstrafrecht und das Verordnungsrecht auf dem Gebiet der öffentlichen Sicherheit und Ordnung[257] (LStrVG By) regeln, daß die Sicherheitsbehörden für den Fall, daß keine besondere Ermächtigung zum Einschreiten besteht, zur Erfüllung ihrer Aufgaben für den Einzelfall Anordnungen nur treffen *können*, um rechtswidrige Taten, die den Tatbestand eines Strafgesetzes oder einer Ordnungswidrigkeit verwirklichen, oder verfassungsfeindliche Handlungen zu verhüten oder zu unterbinden bzw. durch solche Handlungen verursachte Zustände zu beseitigen. Nach einer Gesetzesänderung aus dem Jahre 1992[258] kann gemäß Art. 37 Abs. 5 Nr. 1 LStrVG By mit einer Geldbuße bis zu zwanzigtausend Deutsche Mark belegt werden, wer vorsätzlich oder fahrlässig ein gefährliches Tier einer wildlebenden Art oder einen Kampfhund ohne die erforderliche Erlaubnis hält. Die entsprechende Erlaubnispflicht für die Haltung eines Kampfhundes ist durch die genannte Rechtsänderung in Art. 37 Abs. 1 S. 1 LStrVG By geregelt.

Da also für den Fall, daß jemand einen Kampfhund ohne die erforderliche Erlaubnis hält, nach § 37 Abs. 5 Nr. 1 LStrVG By eine Geldbuße vorgesehen ist, es sich somit um eine Ordnungswidrigkeit handelt, *können* die Sicherheitsbehörden nach Art. 7 Abs. 1 Nrn. 1 und 2 LStrVG By Anordnungen treffen, um die rechtswidrige Tat zu unterbinden bzw. den rechtswidrigen Zustand zu beseitigen. Dieses den Sicherheitsbehörden eingeräumte Ermessen hat das VG Ansbach hinsichtlich der Anordnung der Abgabe eines ohne Erlaubnis gehaltenen Kampfhundes für intendiert erklärt.[259]

2. Die Beseitigung rechtswidriger Zustände im weiteren Sinne

Über die beschriebenen ordnungsrechtlichen Eingriffsermächtigungen hinaus findet sich das intendierte Ermessen auch in solchen Bereichen, in denen es um

---

256 VG Karlsruhe, 8.12.1998, Az 1 K 4548/97, Juris.

257 Gesetz vom 7.11.1974, BayGVBl. 1974, S. 753.

258 Gesetz zur Änderung des Landesstraf- und Verordnungsgesetzes vom 10.6.1992, BayGVBl. 1992, S. 152.

259 VG Ansbach, 8.12.2000, Az AN 5 S 00.01664, Juris.

die Beseitigung rechtswidriger Zustände im weiteren Sinne, respektive den Schutz der Allgemeinheit geht.

a) § 43 Abs. 2 BGB

Nach § 43 Abs. 2 BGB *kann* einem Vereine, dessen Zweck nach der Satzung nicht auf einen wirtschaftlichen Geschäftsbetrieb gerichtet ist, die Rechtsfähigkeit entzogen werden, wenn er einen solchen Zweck verfolgt. Die Entziehung der Rechtsfähigkeit der „Scientology-Kirche Stuttgart" durch das Regierungspräsidium Stuttgart bewertete das Bundesverwaltungsgericht wie folgt: Die Ermächtigung zur Entziehung der Rechtsfähigkeit solle den vorbeugenden Vorschriften des Gläubigerschutzes zur Beachtung verhelfen und stelle sich somit als Instrument der Gefahrenabwehr dar. Dementsprechend sei mit der Erfüllung des gesetzlichen Tatbestandes die Entziehung der Rechtsfähigkeit grundsätzlich vorgezeichnet. Ermessenserwägungen seien nur in atypischen Fällen geboten.[260]

b) § 102b Abs. 2 Nr. 8 GüKG a.F.

Eine ähnliche gefahrenabwehrrechtliche Argumentation findet sich in einem Urteil des Bundesverwaltungsgerichts zu § 102b Abs. 2 Nr. 8 GüKG a.F.[261]:

Das Güterkraftverkehrsgesetz macht die Erteilung einer Erlaubnis zum gewerblichen Güterkraftverkehr unter anderem von der Voraussetzung abhängig, daß die finanzielle Leistungsfähigkeit des Unternehmens gesichert ist.[262]

Gemäß § 102b Abs. 2 Nr. 1 GüKG a.F. *konnte* die zuständige Behörde bei wiederholter Nichterfüllung steuerrechtlicher Verpflichtungen die Güternahverkehrserlaubnis widerrufen. Diesbezüglich bestätigte das Bundesverwaltungsgericht die Auffassung des Berufungsgerichts, dem Schutz der Allgemeinheit vor unzuverlässigen Unternehmern käme im Vergleich zu den wirtschaftlichen Auswirkungen für den Betroffenen, dem die Güternahverkehrserlaubnis entzogen werde, vorrangige Bedeutung zu. Bei einer Ermessensentscheidung über den Widerruf einer Erlaubnis wegen wiederholter Nichterfüllung steuerrechtlicher Verpflichtungen stelle der Widerruf demnach im Hinblick auf die erheblich berührten Belange der Allgemeinheit die Regel dar, das Absehen hingegen die Ausnahme. Dementsprechend sei auch regelmäßig eine Begründung der Ermessensentscheidung nicht erforderlich.[263]

---

260 BVerwG, NJW 1998, S. 1168.

261 Fassung vom 10.3.1983, BGBl. I, S. 256.

262 Vgl. dazu § 3 Abs. 2 Nr. 2 GüKG n.F.

263 BVerwG, NVwZ-RR 1991, S. 63 f.

c) § 31 Abs. 1 Nr. 1 BBG

Auch im Beamtenrecht finden sich Verwaltungsgerichtsentscheidungen, die der Sache nach dem intendierten Ermessen zuzuordnen sind. Namentlich entschieden wurde dies hinsichtlich solcher Konstellationen, in denen es um die Entlassung von Beamten auf Probe geht. Die diesbezüglichen beamtenrechtlichen Landesregelungen stimmen inhaltlich mit der Bundesregelung des § 31 Abs. 1 Nr. 1 BBG überein. Hiernach *kann* der Beamte auf Probe entlassen werden, wenn ein Verhalten seinerseits gegeben ist, das bei einem Beamten auf Lebenszeit eine Disziplinarmaßnahme zur Folge hätte, die nur im förmlichen Disziplinarverfahren verhängt werden kann. Nach der einschlägigen Rechtsprechung hierzu liegt in der Regel in der Entlassung kein fehlerhafter Ermessensgebrauch, wenn die Tatbestandsvoraussetzungen erfüllt sind, weshalb es auch keiner ausführlichen Begründung bedürfe.[264]

Dieser Feststellung liegt vermutlich dieselbe Erwägung zugrunde wie den geschilderten Entscheidungen zu § 43 Abs. 2 BGB und § 102b Abs. 2 Nr. 8 GüKG a.F., nämlich der Schutz der Allgemeinheit vor Beamten, die die beamtenrechtlichen Voraussetzungen nicht erfüllen, weil es ihnen an der Eignung für den betreffenden Posten fehlt.[265]

3. Stellungnahme

Um an die anfangs aufgeworfene Frage anzuknüpfen, ob sich die von den Gerichten angenommene Intendierung des Ermessens hinsichtlich der vorstehend geschilderten Normen auf den Zweck der betreffenden Ermächtigungen stützten läßt, bedarf eben dieser Zweck einer genaueren Betrachtung. Bei den genannten Normen handelt es sich sämtlich um ordnungsrechtliche Eingriffsermächtigungen, also um Regelungen, die auf die Beseitigung rechtswidriger Zustände (zum Teil im weiteren Sinne) zielen.

Es ist der Frage nachzugehen, mit welcher Zielsetzung den Behörden in den betreffenden Fällen Ermessen eingeräumt wurde. Die Ermessenseinräumung ist nicht etwa reiner Selbstzweck, der dahin verstanden werden dürfte, daß unabhängig von der geregelten Materie bei einer gesetzlichen Ermessenseinräumung in jedem einzelnen Fall die widerstreitenden Interessen gegeneinander abgewo-

---

264 BVerwG, ZBR 1968, S. 347; BVerwG, ZBR 1976, S. 52; BVerwGE 66, 19, 25; BVerwG, DVBl. 1983, S. 1107; BVerwGE 82, 356, 363.

265 Vgl., wenn auch nicht in der wünschenswerten Deutlichkeit, BVerwGE 66, 19, 23.

gen werden müßten.[266] Anzuknüpfen ist vielmehr an Sinn und Zweck der Ermessenseinräumung. Es besteht Einigkeit darüber, daß das Ermessen darauf angelegt ist, Einzelfallgerechtigkeit zu ermöglichen.[267] Diese Zwecksetzung gilt für jegliche Art der Ermessenseinräumung. Gerade weil der Gesetzgeber nicht jeden denkbaren Einzelfall konkret regeln kann, räumt er der Verwaltung in bestimmten Bereichen zur Erreichung von Einzelfallgerechtigkeit Ermessen ein.

Darüber hinaus dient die Ermessenseinräumung im Bereich des Ordnungsrechts der Ermöglichung einer effektiven Gefahrenabwehr: Die Gefahrenabwehrbehörden sollen die Möglichkeit erhalten, das Wichtigere vor dem weniger Wichtigen zu tun, beispielsweise bei zeitlicher Kollision verschiedener wahrzunehmender Aufgaben oder bei begrenzten personellen und sachlichen Mitteln. Die Behörden sollen demnach nicht etwa zu Untätigkeit und Reaktionslosigkeit ermächtigt werden. Vielmehr bedarf es in Fällen, in denen eine Behörde nicht, noch nicht oder nicht in der zu erwartenden Weise einschreitet, zureichender Gründe des öffentlichen Interesses.[268]

Eine der Hauptsorgen der Kritiker des intendierten Ermessens besteht darin, daß sie einen Verlust an Einzelfallgerechtigkeit befürchten.[269] Fraglich ist jedoch, ob das intendierte Ermessen tatsächlich einen solchen Verlust an Einzelfallgerechtigkeit mit sich bringt. Denn in atypischen Fällen ist es den Behörden auch im Bereich intendierten Ermessens unbenommen, ausnahmsweise einmal von einem Einschreiten abzusehen. Ist die Einzelfallgerechtigkeit also tatsächlich in Gefahr, wenn die zur Beseitigung rechtswidriger Zustände berufenen Behörden nicht in jedem Einzelfall, sondern nur in Ausnahmefällen besondere Ermessenserwägungen anstellen? Müssen die Behörden bei Erfüllung eines Tatbestandes,

---

266 In dieser Richtung vgl. aber Maurer, § 7 Rdnr. 12; ähnlich auch Volkmann, DÖV 1996, S. 284 f; kritisch wie hier auch Schwabe, DVBl. 1998, S. 147.

267 Vgl. nur Starck, Sendler-FS, S. 169 f; ders., Praxis der Verfassungsauslegung, S. 226; Gern, DVBl. 1987, S. 1199; Volkmann, DÖV 1996, S. 284; Hain/Schlette/Schmitz, AöR 122 (1997), S. 37; Schwabe, DVBl. 1998, S. 147; so auch ausdrücklich die Entscheidung des VGH Mannheim zu § 1 Abs. 2 AGFlHG, vgl. dazu S. 102/Fn. 250.

268 Götz, Polizei- und Ordnungsrecht, Rdnr. 351.

Bedeutend zu weit geht Schwabe, DVBl. 1998, S. 147: Das Ermessen solle auch ermöglichen, einmal nicht einzuschreiten, wenn der betreffende Beamte schlicht keine Lust habe. Wird ein Tätigwerden in das Ermessen des zur Entscheidung berufenen Beamten gestellt, so soll dies nicht dem Zweck dienen, der etwaigen Lustlosigkeit des entscheidenden Beamten entgegenzukommen.

269 Vgl. Borowski, S. 160; Volkmann, S. 284 f; Maurer, § 7 Rdnr. 12; ähnlich auch Michaelis, JA 1998, S. 455, der fürchtet, das Ermessen werde auf die Ermittlung des Normzwecks reduziert.

der die Beseitigung rechtswidriger Zustände ermöglicht, tatsächlich in jedem Einzelfall in eine Interessenabwägung eintreten? Das würde bedeuten, daß sich die Behörde in jedem einzelnen Fall zunächst fragen müßte, ob sie dem Bürger im Hinblick auf den rechtswidrigen Zustand ein Einschreiten überhaupt zumuten kann oder ob sie ihn nicht etwa unbehelligt lassen müßte.

Eine solche Vorstellung wirkt geradezu aberwitzig: Selbstverständlich sind die ordnungsrechtlichen Eingriffsermächtigungen ebenso wie die geschilderten Normen, die ein Einschreiten gegen rechtswidrige Zustände im weiteren Sinne vorsehen, dazu erlassen, daß letztlich auch tatsächlich zur Beseitigung dieser rechtswidrigen Zustände eingeschritten wird. Stellt der Staat Ge- und Verbote auf, so gebietet es das Rechtsstaatsprinzip, gegen entsprechende Verstöße einzuschreiten.[270] Anderenfalls würde sich der Staat unglaubwürdig machen, von einem Rechtsstaat könnte der Sache nach nicht gesprochen werden. Denn werden Regeln aufgestellt, deren Einhaltung nicht konsequent betrieben wird, so sind Regelverstöße vorprogrammiert.

Das Ermessen wird den Behörden in diesem Bereich also zu dem Zweck eingeräumt, daß sie ausnahmsweise einmal einen rechtswidrigen Zustand sollen dulden können, wenn Aspekte der Einzelfallgerechtigkeit oder der Opportunität dies erfordern.[271] Dementsprechend ist es regelmäßig rechtmäßig, wenn die Verwaltung zur Beseitigung rechtswidriger Zustände von den entsprechenden Ermächtigungen auch tatsächlich Gebrauch macht und hiervon nur in atypischen Fällen, in denen die besondere Situation ein Absehen rechtfertigt, absieht.

Dies verdeutlicht das sogenannte Grundsatzurteil des Bundesverwaltungsgerichts vom 28. August 1980[272] mit folgenden Ausführungen:

> „Denn bei einem Einschreiten gegen rechts- oder auch nur ordnungswidrige Zustände stehen sich nicht in dem Sinne ein „Für und Wider" gegenüber, daß der zuständigen Behörde ohne gesetzliche Intention freigegeben wäre, zwischen dem Einschreiten und dem Nichteinschreiten zu wählen. Bei der Ermessensentscheidung über das Einschreiten gegen rechts- oder ord-

270 Ausdrückliche Erwähnung findet das Rechtsstaatsprinzip bedauerlicherweise nur in einer einzigen Entscheidung zum intendierten Ermessen, vgl. OVG Lüneburg, GewArch 1976, S. 125.

271 So nachdrücklich VGH Mannheim, GewArch 1966, S. 63; VGH Mannheim, GewArch 1971, S. 233; OVG Münster, GewArch 1978, S. 29; BVerwG, BRS 36 Nr. 93, S. 217; OVG Weimar, LKV 1997, S. 371; VGH Mannheim, NJW 1986, S. 399; VGH Mannheim, ZLR 1997, S. 674.

272 BVerwG, BRS 36 Nr. 93; dazu, daß das eigentliche Grundsatzurteil aus dem Bauordnungsrecht vom VGH München stammt, vgl. bereits Fn. 241/S. 99.

> nungswidrige Zustände geht es vielmehr darum, daß die zuständige Behörde in die Lage versetzt werden soll, von dem an sich aus der Natur der Sache gerechtfertigten, ja, gebotenen Einschreiten (ausnahmsweise) absehen zu dürfen, wenn sie dies für nach den konkreten Umständen opportun hält. Angesichts dessen braucht bei der (Ermessens-)Entscheidung über das Einschreiten das „Für und Wider" nur dann abgewogen zu werden, wenn der Fall so geartet ist, daß ganz bestimmte konkrete Anhaltspunkte für die Angemessenheit einer Ausnahme, d.h. der hier (ausnahmsweise) in Kauf zu nehmenden Duldung eines rechts- oder ordnungswidrigen Zustandes bestehen. Kommt die zuständige Behörde zu dem Ergebnis, daß es daran fehlt, enthält sie sich dementsprechend einer besonderen Abwägung des „Für und Wider" ..., so kann allenfalls – dann nämlich, wenn die Behörde zu Unrecht zu diesem Ergebnis gekommen ist – ein Ermessensfehler ... vorliegen."

Damit erfährt das intendierte Ermessen im Bereich ordnungsrechtlicher Eingriffsermächtigungen mit Blick auf den Zweck, der sämtlichen der entsprechenden Regelungen zugrunde liegt, seine volle Berechtigung.[273]

4. Gefahrenabwehr durch Erlaubnisvorbehalt

Neben den ordnungsrechtlichen Eingriffsermächtigungen stellt die Erlaubnis eine typische Handlungsform der Verwaltung zur Erfüllung von Aufgaben der Gefahrenabwehr dar. Bei der Erlaubnispflicht handelt es sich um eine besondere Technik des Rechts der überwachend tätigen Verwaltung. Das Erlaubnisverfahren gewährleistet eine vorgelagerte behördliche Kontrolle.[274] Bei der gebundenen Erlaubnis hat der Antragsteller unter bestimmten Voraussetzungen einen Anspruch auf ihre Erteilung. Die freie Erlaubnis hingegen ist in das Ermessen der Behörde gestellt. Sie darf nur versagt werden, wenn sie die Erfüllung ordnungsrechtlicher Aufgaben verfolgt.[275] Die folgenden Regelungen stellen die Erlaubniserteilung in das Ermessen der Behörde. Die hiernach zu treffenden Ermessensentscheidungen wurden für intendiert erklärt.

---

273 So im Ergebnis auch Rennert, in: *Eyermann*, VwGO, § 114 Rdnr. 15; Liebetanz, in: *Obermayer*, VwVfG, § 39 Rdnr. 35; Schwabe, aaO.

274 Götz, Allgemeines Verwaltungsrecht, S. 28.

275 Götz, Polizei- und Ordnungsrecht, Rdnr. 596.

a) § 6 Abs. 1 KWKG

Als Ausführungsgesetz zu Art. 26 Abs. 2 GG ist 1961 das Gesetz über die Kontrolle von Kriegswaffen (KWKG)[276] erlassen worden. Gemäß Art. 26 Abs. 2 S. 1 GG dürfen zur Kriegsführung bestimmte Waffen nur mit Genehmigung der Bundesregierung hergestellt, befördert und in Verkehr gebracht werden. § 6 Abs. 1 KWKG bestimmt, daß auf die Erteilung einer nach den §§ 2 ff KWKG für die Herstellung, das Inverkehrbringen und die Beförderung von Kriegswaffen erforderlichen Genehmigung kein Anspruch besteht. Entsprechend entschied das Bundesverwaltungsgericht, daß es von einer zweckgerichteten Prüfung und Bewertung aller Umstände abhänge, ob im jeweiligen Einzelfall die erbetene Genehmigung abzulehnen sei, erteilt werden dürfe oder sogar müsse.[277] Offensichtlich ging es von einer *Ermessensentscheidung* aus. Allerdings sei nach dem erkennbaren Zweck des in Art. 26 Abs. 2 S. 1 GG normierten Verbots mit Genehmigungsvorbehalt davon auszugehen, daß zur Kriegsführung bestimmte Waffen grundsätzlich nicht in private Hand gehörten.[278] Demzufolge dürfe eine Genehmigung nach dem Kriegswaffenkontrollgesetz nur dann erteilt werden, wenn nach den gesamten Umständen des Einzelfalls entweder besondere öffentliche Interessen die Erteilung der Genehmigung forderten oder wenn besondere private Gründe für die Erteilung der Genehmigung sprächen und diese Genehmigung mit den durch das Verbot des Art. 26 Abs. 2 S. 1 GG geschützten öffentlichen Belangen vereinbar sei.[279]

Damit hat das Bundesverwaltungsgericht das nach § 6 Abs. 1 KWKG bestehende Ermessen – wenn auch weniger deutlich als in anderen Urteilen zu anderen Normen – der Sache nach dem intendierten Ermessen zugeordnet: Die Versagung der Genehmigung wird als regelmäßig rechtmäßig und geboten erachtet, während die Erteilung der Genehmigung nur in Ausnahmefällen zulässig sein soll.

Zurückzuführen sind diese Überlegungen offensichtlich auf gefahrenabwehrrechtliche Erwägungen, die – neben insbesondere außenpolitischen Belangen – auch Art. 26 Abs. 2 S. 1 GG zugrunde liegen.

---

276 Gesetz vom 20.4.1961, BGBl. I, S. 444.

277 BVerwGE 61, 24, 31.

278 BVerwG, aaO.

279 BVerwGE 61, 24, 31 f.

b) § 3 Abs. 2 BerlZwVbVO

Das Berliner Gesetz zur Beseitigung der Zweckentfremdung von Wohnraum (BerlZwBesG)[280] i. V. m. der Zweckentfremdungsverbot-Verordnung (BerlZwVbVO)[281] regelt die Änderung der Nutzung als Wohnraum zu anderen als Wohnzwecken. Grundsätzlich bedarf eine Zweckentfremdung i. S. v. § 1 BerlZwBesG i. V. m. § 1 BerlZwVbVO gemäß § 3 BerlZwVbVO einer Genehmigung, es sei denn, eine solche ist gemäß § 1 Abs. 4 BerlZwVbVO entbehrlich.

Steht die Genehmigungsbedürftigkeit einer Zweckentfremdung fest, so richtet sich die Erteilung der Genehmigung nach § 3 Abs. 2 BerlZwVbVO. Gemäß § 3 Abs. 2 BerlZwVbVO ist eine Genehmigung zu erteilen, wenn ein das öffentliche Interesse an der Nutzung zu Wohnzwecken erheblich überwiegendes berechtigtes Interesse besteht. Hierbei handelt es sich also um eine gebundene Erlaubnis.

Zunächst ging die Rechtsprechung davon aus, daß die Vorschrift insoweit abschließend sei und kein etwaiger Ermessensspielraum der Behörde *unterhalb* der Tatbestandsvoraussetzungen des § 3 Abs. 2 BerlZwVbVO bei der Entscheidung über Zweckentfremdungsgenehmigungsanträge bestehe.[282] Abweichend hiervon gelangte das OVG Berlin in seinem Urteil vom 13. Dezember 1990 jedoch zu folgendem Verständnis des § 3 Abs. 2 BerlZwVbVO: Der wohlbedachten und zu respektierenden Entscheidung des Normgebers, in § 3 Abs. 2 BerlZwVbVO als Anspruchsvoraussetzung ein *erheblich* überwiegendes Interesse zu verlangen, sei Rechnung zu tragen.[283] Allerdings ergebe die systematische Auslegung der Gesamtregelung über die Genehmigungserteilung, insbesondere die Berücksichtigung der Folgeabsätze des § 3 Abs. 2 BerlZwVbVO, daß der Behörde unterhalb der Anspruchsvoraussetzung des „erheblich überwiegenden öffentlichen Interesses“ ein Ermessensspielraum eröffnet sei. Dieser ermögliche der Behörde, auch bei bloßem – also nicht *erheblich* – überwiegenden Interesse eine Genehmigung zu erteilen.[284]

Dies der Verwaltung mühselig zugesprochene *Ermessen* für Fälle, die die hohe Schwelle des erheblich überwiegenden Interesses des § 3 Abs. 2 BerlZwVbVO nicht zu überschreiten vermögen, schränkte das Gericht jedoch im selben Atemzug bereits wieder ein: Unterhalb der Schwelle des § 3 Abs. 2 BerlZwVbVO

280 Gesetz vom 27.3.1981, Berliner GVBl. S. 515.

281 Verordnung vom 9.2.1973, Berliner GVBl. S. 421.

282 Vgl. hierzu OVG Berlin, OVGBlnE 19, 56, 61.

283 OVG Berlin, aaO.

284 OVG Berlin, OVGBlnE 19, 56, 62.

werde es regelmäßig keiner besonderen Erwägungen in den Ablehnungsbescheiden bedürfen. Denn im Hinblick auf den Charakter des Zweckentfremdungsverbots als repressives Verbot mit Befreiungsvorbehalt solle die Zweckentfremdung grundsätzlich verhindert werden; für den Verfügungsberechtigten solle es voraussehbar sein, daß er in aller Regel mit einer Genehmigung nicht werde rechnen können. Das unterhalb der Anspruchsnorm des § 3 Abs. 2 BerlZwVbVO verbleibende Ermessen sei damit auf die Versagung hin angelegt („intendiertes Ermessen").[285]

c) Stellungnahme

Der von Kriegswaffen ausgehenden Gefahr kann nur dadurch vorgebeugt werden, daß eine staatliche Kontrolle darüber stattfindet, welche Personen derartige Waffen überhaupt herstellen und in Verkehr bringen dürfen. Art. 26 Abs. 2 S. 1 GG normiert insoweit ein Verbot mit Genehmigungsvorbehalt. Dieses Verbot ist nur dann effektiv durchzusetzen, wenn die Erteilung der Genehmigung die Ausnahme bleibt, die Herstellung und das Inverkehrbringen von Kriegswaffen also in der Regel nicht genehmigt wird. Vor diesem gefahrenabwehrrechtlichen Hintergrund rechtfertigt es sich, das diesbezügliche Ermessen für intendiert zu erklären, und zwar in Richtung Ablehnung einer entsprechenden Genehmigung.

Ebenso erscheint es unter dem Aspekt, daß eine Zweckentfremdung von Wohnraum grundsätzlich verhindert werden soll, sachgerecht, die Versagung einer Zweckentfremdungsgenehmigung bei „bloßem" überwiegenden Interesse für regelmäßig rechtmäßig zu erklären.

5. Vorschriften mit gefahrenabwehrrechtlichem Bezug

Die folgenden Entscheidungen weisen, auch wenn es sich hierbei nicht um ordnungsrechtliche Eingriffsermächtigungen handelt, einen unmittelbaren Bezug zum Gefahrenabwehrrecht auf, der ihre Einordnung in diesen Kontext rechtfertigt. Denn es wird sich zeigen, daß die Inanspruchnahme der betreffenden Ermächtigungen eine notwendige Bedingung für eine effektive Gefahrenabwehr darstellt.

a) § 8 Abs. 2 BadWürttPolG

In untrennbarem Zusammenhang zu den Eingriffsbefugnissen der Ordnungsbehörden steht die Frage, wer zur Kostentragung für ein ordnungsrechtliches Einschreiten heranzuziehen ist. Auch in diesem Bereich findet sich das intendierte Ermessen wieder.

---

285 OVG Berlin, aaO.

Nach § 8 Abs. 2 S. 1 BadWürttPolG a.F.[286] waren für den Fall, daß der Polizei durch die unmittelbare Ausführung einer Maßnahme Kosten entstanden, die in §§ 6 und 7 bezeichneten Personen zu deren Ersatz verpflichtet. Dem VGH Mannheim zufolge handelte es sich bei § 8 Abs. 2 S. 1 BadWürttPolG a.F. trotz der auf den ersten Blick zwingend erscheinenden Formulierung um eine *Ermessensvorschrift.*[287] Diese Ansicht begründete der VGH folgendermaßen: Da die polizeiliche Verantwortung für den Zustand einer Sache nach h. M. selbst dann nicht entfalle, wenn die Gefahr durch außergewöhnliche Ereignisse verursacht worden sei, in der Allgemeinheit wurzele oder unvorhersehbar gewesen sei, könne Unbilligkeiten beim Erlaß von Polizeiverfügungen nur auf der Rechtsfolgenseite begegnet werden. In atypischen Fällen müsse ein Ausgleich durch eine Ermessensentscheidung über die Kostenerhebung unter Beachtung des Grundsatzes der Verhältnismäßigkeit ermöglicht werden.[288]

In der Regel entspreche es jedoch dem Zweck der Ermächtigung und dem Grundsatz der Verhältnismäßigkeit, wenn die Behörde die ihr entstandenen Kosten erhebe, weil sie in erster Linie eine dem Störer oder Pflichtigen obliegende Aufgabe wahrgenommen habe.[289] Damit erkärte der VGH Mannheim das von ihm hergeleitete Ermessen der Sache nach für intendiert.

b) § 31a S. 1 StVZO

§ 31a S. 1 StVZO regelt, daß die Straßenverkehrsbehörde gegenüber einem Fahrzeughalter für ein oder mehrere auf ihn zugelassene oder künftig zuzulassende Fahrzeuge die Führung eines Fahrtenbuches anordnen *kann*, wenn die Feststellung eines Fahrzeugführers nach einer Zuwiderhandlung gegen Verkehrsvorschriften nicht möglich war. Nach Ansicht des VGH Kassel ist bei einer solchen Zuwiderhandlung gegen Verkehrsvorschriften – mit entsprechender Beschränkung des Umfangs der Begründungspflicht – die Richtung der behördlichen Ermessensbetätigung durch § 31a S. 1 StVZO selbst im Sinne der Anordnung einer Fahrtenbuchauflage vorgezeichnet (sog. „intendiertes Ermessen“).[290] Die Straßenverkehrsbehörde dürfe und müsse bei der Ausübung des zur Anordnung einer Fahrtenbuchauflage hin intendierten Ermessens eine – entsprechend zu begründende – Abwägung ausnahmsweise nur dann vornehmen, wenn sie in

---

286 Gesetz vom 16.1.1968, BadWürttGBl. 1968, S. 61, damals zuletzt geändert durch Gesetz vom 18.7.1983, BadWürttGBl. 1983, S. 369.

287 VGH Mannheim, NJW 1991, S. 1698.

288 VGH Mannheim, NJW 1991, S. 1699.

289 VGH Mannheim, aaO.

290 VGH Kassel, VRS 83 Nr. 88, S. 236 u. 238.

dem zu würdigenden Einzelfall Anhaltspunkte für die Angemessenheit eines Verzichts auf die regelmäßig und typischerweise gebotene Auflage oder zumindest für die Verkürzung ihrer Gültigkeitsdauer festzustellen vermöge.[291] Der gefahrenabwehrrechtliche Bezug besteht hier in dem Umstand, daß eine Ahndung von Rechtsverstößen im Straßenverkehr häufig erst durch die Anordnung der Führung eines Fahrtenbuches möglich wird.

c) § 13 BDSG a.F.

§ 13 BDSG a.F.[292] regelte die Auskunft über die Speicherung personenbezogener Daten.

Nach § 13 Abs. 1 BDSG a.F. war dem Betroffenen auf Antrag Auskunft über die zu seiner Person gespeicherten Daten zu erteilen. Nach Absatz 3 der Regelung hatte die Auskunftserteilung allerdings bei Vorliegen der dort angeführten Voraussetzungen zu unterbleiben.

§ 13 Abs. 2 BDSG a.F. traf mit der Verweisung auf § 12 Abs. 2 Nr. 1 BDSG a.F. eine Sonderregelung hinsichtlich der Auskunftserteilung für die in dieser Regelung genannten Behörden. Demzufolge galt die beschriebene grundsätzliche Verpflichtung zur Auskunftserteilung nach § 13 Abs. 1 BDSG a.F. nicht für die Sicherheitsbehörden.

Diese Sonderregelung für die Sicherheitsbehörden legte das Bundesverwaltungsgericht folgendermaßen aus: Abweichend von der generellen Verpflichtung zur Auskunftserteilung nach § 13 Abs. 1 BDSG a.F. für alle anderen Behörden seien die Sicherheitsbehörden befugt, nach *Ermessen* zu handeln, soweit nicht die Erteilung einer Auskunft nach § 13 Abs. 3 BDSG a.F. zwingend untersagt sei.[293]

Diese Befugnis zur Ermessensausübung lasse sich der Entstehungsgeschichte des § 13 Abs. 2 BDSG a.F. entnehmen. Die Regelung bezwecke die Vermeidung von schweren, die Arbeit der dort genannten Behörden in Frage stellenden Beeinträchtigungen und den Schutz vor Nachteilen für die öffentliche Sicherheit und Ordnung oder das sonstige öffentliche Wohl. Derartige Nachteile seien jedoch zu befürchten, wenn die Sicherheitsbehörden – im vorliegenden Fall konkret die Verfassungsschutzbehörden – beispielsweise Trägern verfassungs-

---

291 VGH Kassel, VRS 83, Nr. 88, S. 238.

292 Fassung vom 27.1.1977, BGBl. I, S. 201.

293 BVerwG, NJW 1990, S. 2764; so auch BVerwG, NJW 1990, S. 2767, in der Entscheidung vom selben Tag zum nahezu wortgleichen § 13 BerlDSG a.F. (Gesetz vom 12.7.1978, BerlGVBl. 1978, S. 1317) i. V. m. § 12 BerlDSG a.F., wonach ebenfalls eine Sonderregelung für die Sicherheitsbehörden und die Polizei bestand.

feindlicher Bestrebungen oder Mitarbeitern fremder Nachrichtendienste auskunftspflichtig wären.[294]

Das mit obiger Argumentation hergeleitete Ermessen erklärte das Gericht unter Berücksichtigung folgender Aspekte für vorgeprägt:

Sowohl aus der Verfassung als auch aus dem Gesetz lasse sich die grundsätzliche Geheimhaltungsbedürftigkeit solcher Unterlagen herleiten, die die zur Wahrung der inneren Sicherheit, insbesondere zur Verbrechensbekämpfung tätigen Behörden für die Erfüllung ihrer Aufgaben benötigten. Diese grundsätzliche Geheimhaltungsbedürftigkeit wirke sich auf die Ermessensentscheidung bei der Entscheidung über die Auskunftserteilung aus.[295] So würde die Sondervorschrift des § 13 Abs. 2 BDSG a.F. neben § 13 Abs. 3 BDSG a.F. weitgehend überflüssig, wenn die Sicherheitsbehörden, sofern nicht die Auskunftsverbote des § 13 Abs. 3 BDSG a.F. griffen, nach pflichtgemäßem Ermessen ebenso Auskunft zu erteilen hätten wie andere Behörden aufgrund der Verpflichtung nach § 13 Abs. 1 BDSG a.F. Vielmehr sei Sinn und Zweck genannter Sondervorschrift, die Auskunftsverpflichtung für die Sicherheitsbehörden „wegen ihrer besonderen Aufgabenstellung generell" entfallen zu lassen, „während sie (die Auskunftsverpflichtung, Anm. der Verf.) nach Absatz 3 von allen übrigen Behörden und öffentlichen Stellen im Einzelfall besonders geprüft werden" müsse.[296]

Dementsprechend stelle es keinen Ermessensfehler dar, wenn die Sicherheitsbehörden im Regelfall von einer Auskunftserteilung absähen und nur bei Geltendmachung besonderer Umstände anders vorgingen.[297]

d) § 1 Abs. 1 S. 2 AFWoG

§ 1 Abs. 1 S. 1 des Gesetzes über den Abbau der Fehlsubventionierung im Wohnungswesen (AFWoG) regelt die Erhebung einer Fehlbelegungsabgabe, wenn der Wohnungsinhaber die in § 2 Abs. 1 AFWoG geregelten Voraussetzungen nicht erfüllt.

---

294 BVerwG, NJW 1990, S. 2764, unter Berufung auf die Begründung des Regierungsentwurfes, BT-Drs. 7/1027, S. 26 zu § 11; i. E. ebenso OVG Bremen, NJW 1987, S. 2393; OVG Berlin, NVwZ 1987, S. 819 f; Ordemann/Schomerus, § 13 Anm. 2; Schäfer, NVwZ 1983, S. 85; Roewer, NVwZ 1989, S. 11 ff; Knemeyer, NVwZ 1988, S. 196.

295 BVerwG, NJW 1990, S. 2764; ebenso BVerwG, NJW 1990, S. 2767, bezüglich des für § 13 Abs. 2 BerlDSG a.F. hergeleiteten Ermessens.

296 BVerwG, NJW 1990, S. 2764, unter Berufung auf BT-Drs. 7/1027, aaO; ebenso BVerwG, NJW 1990, S. 2767, zum Ermessen nach § 13 Abs. 2 BerlDSG a.F.

297 BVerwG, NJW 1990, 2764; zu § 13 Abs. 2 BerlDSG ebenso BVerwG, NJW 1990, S. 2768.

Wird die Wohnung von mehreren Personen bewohnt, darf die zuständige Behörde bei Fehlen der erforderlichen Voraussetzungen gemäß § 1 Abs. 1 S. 2 AFWoG die betreffenden Bewohner als Gesamtschuldner in Anspruch nehmen. Wen die Behörde von mehreren Zahlungspflichtigen in Anspruch nimmt, ist in ihr *Ermessen* gestellt. Hierzu führt das Bundesverwaltungsgericht aus, die gängige Praxis, regelmäßig die zuerst im Datensatz aufgeführte Person in Anspruch zu nehmen, sei rechtmäßig. Dies gelte jedenfalls dann, wenn nicht besondere Umstände des Einzelfalls die Inanspruchnahme ausnahmsweise unbillig erscheinen ließen und eine abweichende Ermessensausübung geböten. Die Gründe für die Auswahl des herangezogenen Schuldners seien nicht anzugeben. Die Regelung über die Gesamtschuldnerschaft bezwecke eine Verwaltungsvereinfachung und Effizienz des Gesetzesvollzugs und nicht etwa den Schuldnerschutz, womit sich eine regelmäßige Erwägungs- und Begründungspflicht nicht vereinbaren ließe. Damit sei eine Begründung der behördlichen Auswahl unter Gesamtschuldnern nach § 39 Abs. 2 Nr. 4 VwVfG entbehrlich.[298]

Es ist als Besonderheit hervorzuheben, daß das Gericht vorliegend die Entbehrlichkeit der Begründung nicht auf § 39 Abs. 1 S. 3 VwVfG, sondern auf § 39 Abs. 2 Nr. 4 VwVfG stützt, indem festgestellt wird, die Entbehrlichkeit der Begründung ergebe sich aus der Vorschrift selber. Hierauf wird im Rahmen des intendierten Ermessen normalerweise nicht abgestellt.[299]

e) Stellungnahme

Die Ausführungen zu den ordnungsrechtlichen Eingriffsermächtigungen gelten gleichermaßen für die vorstehend geschilderten Befugnisse, die in untrennbarem Zusammenhang zur Gefahrenabwehr stehen: Eine effektive Beseitigung rechtswidriger Zustände ist nur dann möglich, wenn die anfallenden Kosten dem Verursacher auch zur Last gelegt werden können. Ebenso kann bei wiederholten Verkehrsverstößen nur dann effektiv gegen den Betroffenen vorgegangen werden, wenn die Anordnung der Führung eines Fahrtenbuches getroffen wird. Ein Absehen von der Heranziehung zur Kostentragung bzw. von der Anordnung der Führung eines Fahrtenbuches kann damit allenfalls in atypischen Konstellationen erfolgen. Allein zur Schaffung der Möglichkeit, derartigen atypischen Fallgestaltungen gerecht zu werden, ist den Behörden Ermessen eingeräumt.

Dasselbe gilt für die Akteneinsicht bei Sicherheitsbehörden, beispielsweise der Verfassungsschutzbehörde. Die von diesen Behörden verfolgte Abwehr und

---

298 BVerwG, NJW 1993, S. 1669.

299 Näher zu den Auswirkungen des intendierten Ermessens auf die Begründungspflicht s.u., 3. Teil, Gliederungspunkt B. III., S. 164 ff; insbesondere zu § 39 Abs. 2 Nr. 4 VwVfG vgl. Fn. 495/S. 164.

Vorbeugung von Gefahren wird erst durch die Geheimhaltung entsprechend gespeicherter Daten ermöglicht. Bestünde tatsächlich eine Verpflichtung, bei jedem Antrag auf Auskunftserteilung über gespeicherte Daten in gesonderte Ermessenserwägungen einzutreten, würden Sinn und Zweck der Einrichtung solcher Behörden konterkariert. Regelmäßig wird gerade im Hinblick auf entsprechende Antragsteller ein erhöhtes Geheimhaltungsbedürfnis bestehen. Vor diesem Hintergrund ist es sachgerecht, davon auszugehen, daß die Sicherheitsbehörden in der Regel rechtmäßig handeln, wenn sie von einer Auskunftserteilung absehen. Das betreffende Ermessen ist ihnen nur zu dem Zweck eingeräumt, hiervon ausnahmsweise einmal absehen zu können.

Der Sanktionierung von Fehlbelegungen durch Erhebung einer Abgabe kommt eine generalpräventive Funktion zu: Die drohende Abgabenerhebung soll Fehlbelegungen von vornherein vermeiden. Die angestrebte Generalprävention kann jedoch nur dann erreicht werden, wenn die Abgabe bei Verstößen auch tatsächlich umgehend verlangt wird. Aus diesem Grund ist es geboten, daß die zuständige Behörde ohne ausführliche Ermessenserwägungen ohne weiteres die zuerst im Datensatz aufgeführte Person in Anspruch nehmen kann. Hieraus rechtfertigt sich die Intendierung des bestehenden Auswahlermessens bei Gesamtschuldnern.

II. Intendiertes Ermessen generell auch bei der Rücknahme rechtswidriger Verwaltungsakte?

Rechtswidrige Zustände können sich nicht nur aus Rechtsverstößen des Bürgers ergeben. Vielmehr kann ein rechtswidriger Zustand ebenso auf den Erlaß eines rechtswidrigen Verwaltungsaktes zurückzuführen sein. Ist nun womöglich aus der Feststellung, daß es regelmäßig rechtmäßig ist, rechtswidrige Zustände zu beseitigen, der Schluß zu ziehen, daß die Behörde, die einen rechtswidrigen Verwaltungsakt erlassen hat, regelmäßig auch zur Rücknahme dieses Verwaltungsaktes verpflichtet ist und sie hiervon nur ausnahmsweise absehen darf?

Diese Frage ist zu verneinen, da eine solche Überlegung folgenden Aspekt unberücksichtigt ließe:

Einer regelmäßigen Rücknahme rechtswidriger Verwaltungsakte steht das Institut der Bestandskraft entgegen. Die Bestandskraft ist Teil des Grundsatzes der Rechtssicherheit, welche wiederum aus dem Rechtsstaatsprinzip abgeleitet wird.[300]

---

300 Vgl. nur BVerfGE 60, 253, 267.

Bestandskraft besteht hingegen nicht in Fällen, in denen die Verwaltung gegen Bürger vorgeht, die gegen Rechtsvorschriften verstoßen. Auch können sich die betreffenden Adressaten ordnungsrechtlicher Verfügungen nicht auf Vertrauensschutz berufen, denn ein womöglich bestehendes Vertrauen darauf, trotz Gesetzesverstößen von staatlichen Eingriffen unbehelligt zu bleiben, ist nicht schutzwürdig.

Damit verbleibt es hinsichtlich der Rücknahme rechtswidriger Verwaltungsakte ausschließlich bei den bereits geschilderten Fällen intendierten Ermessens[301], bei denen die Intendierung auf systematischen Erwägungen beruht.

Gestützt auf inhaltlich ähnliche Überlegungen hat das Bundesverwaltungsgericht die *Ermessensentscheidung* darüber, ob bei einem ablehnend beschiedenen Antrag, der in Bestandskraft erwachsen ist, auf Antrag erneut in eine Sachprüfung eingetreten werden soll, der Sache nach für intendiert erklärt.

Im Hinblick auf den Grundsatz der Rechtssicherheit sei die Ablehnung einer erneuten Sachprüfung regelmäßig rechtmäßig, wenn sich die Vorfrage nicht aufdränge, ob der rechtsbeständig gewordene Erstbescheid rechtswidrig zustande gekommen sei.[302] Einer Abwägung der für und gegen die Sachentscheidung sprechenden Gründe bedürfe es dann nicht.[303] Der Sache nach ist damit das Ermessen für intendiert in Richtung Ablehnung einer erneuten Sachprüfung erklärt worden. Die Rechtswidrigkeit des ersten Bescheides wird zum Sonderfall erhoben, der den Eintritt in konkrete Ermessenserwägungen ausnahmsweise erforderlich machen kann. Keinesfalls wird die Ermessensausübung in Fällen der Rechtswidrigkeit des Erstbescheides jedoch dahingehend für vorgeprägt angesehen, daß der Erstbescheid regelmäßig zurückzunehmen wäre.

III. Intendiertes Ermessen infolge der Grundsätze der Wirtschaftlichkeit und Sparsamkeit bei der Verwaltung staatlicher Haushaltsmittel

Vielfach wird eine Lenkung des gesetzlich eingeräumten Ermessens auf die Grundsätze der Wirtschaftlichkeit und Sparsamkeit bei der Verwaltung staatlicher Haushaltsmittel gestützt.

---

301 Vgl. hierzu Gliederungspunkt B. I. 2. c), S. 73.

302 BVerwGE 39, 231, 233; 44, 333, 338; 69, 90, 94.

303 BVerwGE 69, 90, 94 f; ähnlich auch BVerwGE 44, 333, 338.

1. Zweckverfehlung bei staatlichen Zuwendungen

a) Der Widerruf von Zuwendungsbescheiden

Mehrere dem intendierten Ermessen zuzuordnende Urteile finden sich im Bereich des Widerrufs von Zuwendungsbescheiden nach dem jeweiligen Landeshaushaltsrecht.

Erstmalig befaßte sich der VGH Mannheim näher mit der diesbezüglich von der widerrufenden Behörde zu treffenden *Ermessensentscheidung*. Die widerrufende Behörde habe sich bei der Entscheidung über die Rückforderung zweckwidrig verwendeter und nicht mehr bestimmungsgemäß verwendbarer Zuwendungen von dem Gebot der wirtschaftlichen und sparsamen Verwaltung der staatlichen Haushaltsmittel leiten zu lassen. Dazu verpflichte sie § 7 Abs. 1 BadWürttHO[304]. Diese Vorschrift enge den Ermessensspielraum, den die einschlägige landesrechtliche Widerrufsvorschrift[305] der Behörde eröffne, erheblich ein. Sie verbiete den großzügigen Verzicht auf den Widerruf von Zuwendungsbescheiden, deren Widerrufbarkeit zweifelsfrei feststehe. Der Widerruf sei demnach nur dann zu beanstanden, wenn die Behörde bei seinem Erlaß und bei seiner Überprüfung im Widerspruchsverfahren wesentliche Gesichtspunkte übersehen habe, die den Widerruf im konkreten Fall unbillig oder unverhältnismäßig erscheinen ließen und daher hätten gewürdigt werden müssen.[306]

Gegensätzlich entschied das OVG Lüneburg bezüglich der entsprechenden schleswig-holsteinischen Vorschriften.[307] Das Gericht schloß aus den fehlenden Ermessenserwägungen seitens der widerrufenden Behörde darauf, daß diese das ihr eingeräumte Ermessen entweder bereits gar nicht erkannt, es aber jedenfalls nicht rechtsfehlerfrei ausgeübt habe.[308] Die Behörde müsse nach sachlichen Gesichtspunkten unter Abwägung der öffentlichen Belange und der Interessen des einzelnen entscheiden. Dementsprechend sei es ermessensfehlerhaft, wenn sie eine unzutreffende Beschränkung ihres Ermessensspielraumes annähme oder sich des Ermessensspielraumes nicht bewußt sei. Im gegebenen Fall sei dem

---

304 Vom 19.10.1971, BadWürttGBl. 1971, S. 428.

305 Hier: § 12 Abs. 1 BadWürttStaatshaushaltsG 1981/82 vom 7.4.1981, BadWürttGBl. 1981, S. 211.

306 VGH Mannheim, NVwZ 1983, S. 555.

307 Vgl. § 17 des schleswig-holsteinischen Haushaltsgesetzes 1980 vom 14.12.1979, SHGVOBl. 1979, S. 512 und § 117 Abs. 2 des Landesverwaltungsgesetzes i.d.F. vom 19.3.1979, SHGVOBl. 1979, S. 182.

308 OVG Lüneburg, OVGE 38, 328, 334.

Widerspruchsbescheid zu entnehmen, daß die Behörde das ihr eingeräumte Ermessen nicht erkannt habe. Zu Unrecht sei sie davon ausgegangen, ihr Ermessensspielraum sei unter Berücksichtigung des Verwendungszwecks der erteilten Zuwendung erschöpft gewesen. Auch die vom VGH Mannheim in der oben referierten Entscheidung besonders hervorgehobenen Grundsätze der Wirtschaftlichkeit und Sparsamkeit, die bei der Ausführung des Haushaltsplanes zu beachten seien, führten zu keiner Ermessensreduzierung auf Null. Es sei davon auszugehen, daß der Gesetzgeber den Widerruf in Kenntnis genannter Grundsätze in das Ermessen der Behörde gestellt und diesen bewußt gerade nicht als Muß- oder Sollvorschrift ausgestaltet habe. Somit bleibe es bei einer gewöhnlichen Ermessensentscheidung.[309]

Nachdem der VGH Mannheim jedoch an seiner Argumentation festhielt,[310] entschied zu einem späteren Zeitpunkt auch das Bundesverwaltungsgericht[311] in diesem Sinne, indem es den Widerruf eines auf die Gewährung von Grünbrache-Zuschüssen gerichteten Verwaltungsaktes ausdrücklich dem intendierten Ermessen zuzählte. Der strittige Widerruf, welcher nach der – irrevisiblen – Auslegung des Oberverwaltungsgerichts im Ermessen der zuständigen Behörde stand, stützte sich auf das niedersächsische Landesrecht.

Aus dem Nichtvorliegen von Ermessenserwägungen konnte nach Ansicht des Bundesverwaltungsgerichts nicht darauf geschlossen werden, die Behörde habe ihren Ermessensspielraum verkannt und sich offensichtlich zum Widerruf verpflichtet gehalten. Dies würde eine Verkennung der Besonderheiten bedeuten, die sich aus den im vorliegenden Fall anwendbaren Grundsätzen über das gelenkte bzw. das intendierte Ermessen ergäben. Diese besagten folgendes:

Sei eine ermesseneinräumende Norm dahin auszulegen, daß sie für den Regelfall von einer Ermessensausübung in einem bestimmten Sinne ausgehe, so müßten besondere Gründe vorliegen, um eine gegenteilige Entscheidung zu rechtfertigen. Liege ein vom Regelfall abweichender Sachverhalt nicht vor, verstehe sich das Ergebnis der Abwägung von selbst. Verstehe sich aber das Ergebnis von selbst, so bedürfe es insoweit nach § 39 Abs. 1 S. 3 VwVfG auch keiner das Selbstverständliche darstellenden Begründung.[312]

Ermessenslenkende Vorgaben ergäben sich hier aus den landesrechtlichen Vorschriften über die Rückforderung des Grünbrache-Zuschusses in Verbindung mit

309 OVG Lüneburg, OVGE 38, 328, 335.

310 VGH Mannheim, NVwZ 1987, S. 520 f.

311 BVerwGE 105, 55 = DVBl. 1998, S. 145 mit Anm. Schwabe.

312 BVerwGE 105, 55, 57.

dem Landeshaushaltsgesetz.[313] Gemäß § 7 Abs. 1 NdsHO sind bei der Aufstellung und bei der Ausführung des Haushaltsplanes die Grundsätze der Wirtschaftlichkeit und Sparsamkeit zu beachten. Diesem gesetzlichen Gebot sei zu entnehmen, daß bei Verfehlung des mit der Gewährung von öffentlichen Zuschüssen verfolgten Zwecks im Regelfall das Ermessen nur durch eine Entscheidung für den Widerruf fehlerfrei ausgeübt werden könne.[314]

b) Forderung von Zinsen wegen nicht „alsbaldiger" Verwendung von Zuwendungen

An diese Ausführungen des Bundesverwaltungsgerichts knüpfte das OVG Weimar an:

Nach § 44a Abs. 3 S. 1 ThürHO a.F.[315] *konnten* für den Fall, daß Zuwendungen nicht alsbald nach Auszahlung zur Erfüllung des Verwendungszwecks verwendet wurden und der Zuwendungsbescheid nicht widerrufen wurde, für die Zeit bis zur zweckentsprechenden Verwendung Zinsen verlangt werden. Damit handelte es sich bei der beschriebenen Regelung um eine Ermessensnorm.[316]

Bei der Anwendung dieser Norm war nach Ansicht des OVG Weimar zu beachten, daß das eingeräumte Ermessen durch den Regelungszweck und die Grundsätze der Wirtschaftlichkeit und Sparsamkeit „intendiert" sei. Die vom Bundesverwaltungsgericht für den Widerruf einer Subventionsbewilligung bei Zweckverfehlung gewonnenen Grundsätze gälten erst recht für die im Vergleich zum Widerruf des Zuwendungsbescheides viel weniger eingreifende Zinsforderung.

---

313 BVerwGE 105, 55, 58.

314 BVerwG, aaO; an dieser Stelle verwundert stark der Hinweis darauf, in vielen Subventionsgesetzen sei der Widerruf zwingend vorgeschrieben, wenn die Voraussetzungen für den Erlaß des Bescheides nachträglich entfallen sind. Nach Ansicht des Oberverwaltungsgerichts stand der Widerruf nach dem niedersächsischen Landesrecht wie festgestellt im Ermessen der Behörde. Noch auf der Vorseite, S. 57, betont das Bundesverwaltungsgericht seine Bindung an diese Auslegung mit Blick auf § 137 Abs. 2 VwGO. Offensichtlich hätte das Bundesverwaltungsgericht aber eine Auslegung der landesrechtlichen Widerrufsregelung als bindend begrüßt und vermochte sich einen verdeckten Hinweis hierauf nicht zu versagen. Anders ist dieser – überflüssige – Hinweis nicht zu erklären. Das gewünschte Ergebnis wird schließlich unter Rückgriff auf das intendierte Ermessen erreicht.

315 Fassung vom 8.2.1991, ThürGVBl. 1991, S. 3.

316 Vgl. OVG Weimar, ThürVBl. 1999, S. 162 f; so auch OVG Münster, DVBl. 1991, S. 953; a.A. VG Meiningen, Beschluß vom 7. März 1994, Az 2 E 594/94.Me (zitiert in OVG Weimar, aaO), das in der Kann-Formulierung eine bloße Entscheidungsermächtigung erblickt.

Im zu entscheidenden Fall war wegen Vorliegens eines atypischen Falles, nämlich wegen einer zwar verspäteten aber dennoch zweckentsprechenden Verwendung der Zuwendung, vom Widerruf der Zuwendung nach § 44a Abs. 1 S. 2 ThürHO a.F. abgesehen worden.

Hieran anknüpfend führte das Gericht aus, die genannten haushaltsrechtlichen Grundsätze schlügen dann allerdings bei dem milderen Mittel der Zinsforderung durch, wenn – wie hier geschehen – aus Gründen der Verhältnismäßigkeit von einem Widerruf abgesehen worden sei. Im vorliegenden Fall seien keine außergewöhnlichen Umstände vorgetragen worden, die besondere Ermessenserwägungen erfordert hätten, so daß der alleinige Verweis der Behörde auf die Grundsätze der Wirtschaftlichkeit und Sparsamkeit bei Geltendmachung der Zinsforderung rechtmäßig gewesen sei.[317]

2. Überleitung von Unterhaltsansprüchen

§ 90 Abs. 1 S. 1 BSHG regelt, daß der Träger der Sozialhilfe für den Fall, daß der Hilfeempfänger für die Zeit, für die Hilfe gewährt wird, einen Anspruch gegen einen anderen hat, der kein Leistungsempfänger im Sinne von § 12 des Ersten Buches des Sozialgesetzbuches ist, durch schriftliche Anzeige an den anderen bewirken *kann*, daß dieser Anspruch bis zur Höhe seiner Aufwendungen auf ihn übergeht. Somit steht die beschriebene Überleitung im Ermessen des Sozialhilfeträgers. Grundsätzlich hat der Sozialhilfeträger demnach abzuwägen, ob er den Unterhaltsanspruch überleiten will oder nicht. Nach Auffassung des VGH Mannheim lassen allerdings die Grundsätze der Wirtschaftlichkeit und Sparsamkeit und der grundsätzliche Vorrang der Selbsthilfe vor der Sozialhilfe nach § 2 BSHG die Überleitung als Regelfall erscheinen. Von der Überleitung sei nur ausnahmsweise abzusehen, wenn besondere Umstände seitens des Drittschuldners gegeben seien, welche ein Absehen von der Überleitung rechtfertigen könnten. Folglich brauche die Begründung im Regelfall lediglich erkennen zu lassen, daß überhaupt Ermessen ausgeübt wurde und daß nichts für die Annahme eines Ausnahmefalles spreche.[318]

317 OVG Weimar, ThürVBl. 1999, S. 162.

318 VGH Mannheim, NJW 1991, S. 2922; zur Überleitung als Regelfall siehe auch Schellhorn/Jirasek/Seipp, BSHG, § 90 Rdnr. 16.

3. Rücknahme eines rechtswidrigen Verwaltungsaktes nach § 45 SGB X, der laufende Geldleistungen für die Zukunft zuerkennt

Des weiteren finden sich in der Rechtssprechung des Bundessozialgerichts Aussagen im Hinblick auf die Ausübung des *Rücknahmeermessens* nach § 45 SGB X für Fälle, bei denen es um die Rücknahme solcher Verwaltungsakte geht, die laufende Geldleistungen für die Zukunft zuerkennen. So lautet es bereits im Urteil des Gerichts vom 25. Juni 1986, das Rücknahmeermessen der Verwaltung sei generell in Richtung einer Rücknahme vorgeprägt: Zwar folge aus dem Rechtsstaatsprinzip aus Art. 20 Abs. 3 GG der Grundsatz der Rechtssicherheit, zu dem die Bestandskraft eines – auch rechtswidrigen – Verwaltungsaktes nach § 77 SGG zu zählen sei, worauf der Empfänger demnach vertrauen dürfe. In gleichwertiger Art und Weise sei dem Rechtsstaatsprinzip jedoch auch der Grundsatz der Gesetzmäßigkeit der Verwaltung zu entnehmen, welcher das öffentliche Interesse an der Rücknahme eines rechtswidrigen Verwaltungsaktes begründe.[319] Im Konfliktfall seien daher diese beiden Grundsätze gegeneinander abzuwägen.[320] Allerdings überwiege in der Regel das öffentliche Interesse an der Rücknahme eines unrichtigen Verwaltungsaktes, durch den laufende Geldleistungen für die Zukunft zuerkannt worden seien.[321] Das gelte jedenfalls für die Bewilligung von Dauerleistungen, die für sehr lange Zeit gewährt werden müßten.[322]

Zwar begründet das Gericht seine Entscheidung nicht ausdrücklich mit dem Verweis auf das oben zitierte Gebot der Wirtschaftlichkeit und Sparsamkeit. Es ist jedoch offenkundig, daß den Erwägungen des Gerichts derartige Überlegungen zugrunde liegen, was die Einordnung dieser Entscheidung in diesen Kontext geboten erscheinen läßt.

4. Stellungnahme

Im ordnungsrechtlichen Bereich muß der Bürger, wenn er gegen ein gesetzliches Verbot oder Gebot verstößt, mit staatlichen Sanktionen rechnen, so daß es zuläs-

---

319 BSGE 60, 147, 152 unter Verweis auf BVerwGE 11, 136, 137; 41, 277, 280; BVerwG, Buchholz 427.3 § 335a LAG Nr. 57 und Nr. 60.

320 BSG, aaO, unter Verweis auf BVerwGE 11, 136, 138; 41, 277, 279 f; BSGE 57, 274, 278.

321 BSG, aaO, unter Verweis auf BSGE 10, 70, 76 f; BVerwGE 9, 251, 253 f; 19, 188, 189; BVerwG, Buchholz 316 § 48 VwVfG Nr. 38.

322 BSG, aaO, unter Verweis auf BVerwGE 13, 28, 33.

sig ist, das hier eingeräumte Ermessen für intendiert zu erklären. Ähnlich verhält es sich bei den vorstehend geschilderten Regelungsbereichen.

Erfolgt eine staatliche Zuwendung unter Zugrundelegung einer konkreten Zwecksetzung und wird der in dem Verwaltungsakt bestimmte Zweck nicht erreicht, so muß der Empfänger der Leistung damit rechnen, diese wieder zu verlieren. Insofern ist es sachgerecht, in diesen Fällen von dem Grundsatz, daß der Widerruf rechtmäßig begünstigender Verwaltungsakte aus Gründen des Vertrauensschutzes üblicherweise unzulässig ist,[323] abzuweichen.

Vielmehr ist es in derartigen Konstellationen im Gegenteil wegen des haushaltsrechtlichen Grundsatzes der Wirtschaftlichkeit und Sparsamkeit bei der Verwaltung öffentlicher Mittel geboten, den grundsätzlich bestehenden Vertrauensschutz bei der rechtmäßigen Gewährung staatlicher Leistungen in Fällen der Zweckverfehlung in der Regel hinter dem staatlichen Interesse am Widerruf zurückstehen zu lassen. Der Widerruf ist in den beschriebenen Fällen allein aus dem Grund in das Ermessen der widerrufenden Behörde gestellt, um dieser zu ermöglichen, ausnahmsweise einmal trotz Zweckverfehlung von der Rückforderung abzusehen. Das Gleiche gilt für die Verzinsung bis zur zweckentsprechenden Verwendung.

Ebenso muß derjenige, der einem anderen zum Unterhalt verpflichtet ist, damit rechnen, daß der Sozialhilfeträger, wenn er für diese Verpflichtung aufkommt, wegen entsprechender Forderungen an ihn herantritt, also von der gesetzlichen Möglichkeit der Überleitung in der Regel auch tatsächlich Gebrauch macht. Die Ermessenseinräumung verfolgt allein den Zweck, dem Sozialhilfeträger zu ermöglichen, ausnahmsweise von der Überleitung abzusehen, wenn diese für den betroffenen Unterhaltspflichtigen unbillig wäre.

Ob die vorstehenden Überlegungen jedoch auch ohne weiteres für rechtswidrige Verwaltungsakte gelten, wovon das Bundessozialgericht in der betreffenden Entscheidung offensichtlich ausgeht, erscheint fragwürdig. Das Bundessozialgericht stellt selber fest, daß bei der Rücknahme rechtswidrig begünstigender Verwaltungsakte die Bestandskraft und der damit einhergehende Vertrauensschutz dem öffentlichen Rücknahmeinteresse gegenübersteht.

In Fällen einer Zweckverfehlung bei begünstigenden, auf Geldleistung gerichteten Verwaltungsakten ist dem Empfänger die mit der Leistung verbundene Zweckverfolgung von vornherein bekannt. Ihm ist bewußt, daß ihm die Subvention nur unter der „Bedingung“ einer bestimmten Verwendung gewährt wird.

---

323 Vgl. hierzu bereits Gliederungspunkt B. I. d) dd), S. 84.

Dem Empfänger eines rechtswidrig begünstigenden Verwaltungsaktes wird hingegen vielfach die Rechtswidrigkeit und damit die Möglichkeit der Rückforderung der Leistung gar nicht bewußt sein, jedenfalls ist dies nicht zwangsläufig der Fall. Aus diesem Grund kann das hier zwar gleichermaßen bestehende staatliche Interesse an der Rücknahme nicht ohne weiteres generalisierend über den Vertrauensschutz des Empfängers der Geldleistung gestellt werden. Vielmehr muß es bei einer regelmäßigen Abwägung des staatlichen Rücknahmeinteresses mit dem Vertrauensschutz des Begünstigten verbleiben.

Im Ergebnis kehrt auch das Bundessozialgericht in der genannten Entscheidung zu dieser Überlegung zurück: Zwar wird zunächst, wie beschrieben, festgestellt, das öffentliche Interesse an der Rücknahme eines unrichtigen Verwaltungsaktes, durch den laufende Geldleistungen zuerkannt worden seien, überwiege in der Regel. Mit dieser Feststellung hätte das Gericht die Überprüfung des zu entscheidenden Falles allerdings bereits beenden können. Dennoch überprüft es im Anschluß hieran, ob das Vertrauen der Empfängerin der Geldleistung im konkreten Fall schutzwürdig war, was letztlich verneint wird.

Damit stützt sich die Entscheidung im Ergebnis auf die Frage der Schutzwürdigkeit des Vertrauens und nicht – wie auf den ersten Blick – auf ein generelles Überwiegen des öffentlichen Interesses an der Rücknahme.

Abschließend ist also festzuhalten, daß die Grundsätze der Wirtschaftlichkeit und Sparsamkeit nur im Bereich rechtmäßig begünstigender staatlicher Zuwendungen und nur für Fälle der Zweckverfehlung eine Intendierung des Ermessens rechtfertigen.

D. Intendiertes Ermessen und Koppelungsvorschriften[324]

Eine größere Anzahl von Entscheidungen zum intendierten Ermessen findet sich ferner im Anwendungsbereich sogenannter Koppelungsvorschriften. Koppelungsvorschriften sind solche Normen, die auf Tatbestandsseite einen unbestimmten Rechtsbegriff aufweisen und auf der Rechtsfolgenseite Ermessen einräumen.
Um die Besonderheit des intendierten Ermessens im Bereich der Koppelungsvorschriften verdeutlichen zu können, bedarf es vorab einer Darstellung des Phänomens der sogenannten unbestimmten Rechtsbegriffe.

I. Einführung in die Problematik

Bereits 1955 stellte *Bachof* fest, „daß die Frage nach dem Verhältnis von Ermessen und unbestimmtem Rechtsbegriff das gegenwärtig meistbehandelte Thema des Verwaltungsrechts ist".[325] Schon zu diesem Zeitpunkt erklärte er die Flut einschlägiger Äußerungen[326] für unüberschaubar.[327] Diese Flut ebbte bis heute nicht ab;[328] die Ansichten gehen nach wie vor auseinander. Im folgenden soll der

---

324 Vgl. zu dieser Namensgebung BVerwGE 45, 162, 164; teilweise werden die entsprechenden Vorschriften auch „Mischtatbestände" genannt, vgl. etwa Maurer, § 7 Rdnr. 48; Herdegen, JZ 1991, S. 749.

325 JZ 1955, S. 97.

326 Vgl. nur Flume, Smend-FS, S. 97 ff; Giese, JZ 1952, S. 585 ff; Ule, DVBl. 1953, S. 496 f; Reuss, DVBl. 1953, S. 585 ff u. 649 ff; Laun, Kraus-FS, S. 128 ff; Bachof, VVDStRL 12 (1954), S. 67 ff, sowie die weiteren Nachweise bei Bachof, JZ 1955, S. 97, dort Anm. 2.

327 Bachof, aaO.

328 Vgl. nur Jesch, AöR 82 (1957), S. 163 ff; Czermak, JuS 1968, S. 399 ff; Ossenbühl, DÖV 1972, S. 401 ff; ders., DVBl. 1974, S. 309 ff; Soell, Das Ermessen der Eingriffsverwaltung, passim; Schmidt-Eichstaedt, AöR 98 (1973), S. 173 u. 188; ders. DVBl. 1985, S. 645 ff; W. Schmidt, NJW 1975, S. 1753 ff; Scholz, VVDStRL 34 (1976), S. 145 ff ; Schmidt-Aßmann, VVDStRL 34 (1976), S. 221 ff; Koch, passim; Tettinger, S. 373 ff; Kopp, BayVBl. 1983, S. 673 ff; Badura, Bachof-FS, S. 169 ff; Bullinger, JZ 1984, S. 1001 ff; Erichsen, DVBl. 1985, S. 22 ff; Ule, DVBl. 1985, S. 942 f; ders., VerwArch 76 (1985), S. 15 ff; Braun, VerwArch 76 (1985), S. 174 ff; Papier, DÖV 1986, S. 621 ff; von Mutius, Jura 1987, S. 92 ff; Sendler, Ule-FS, S. 337 ff; Rupp, Zeidler-FS II, S. 455 ff; Wilke, in: *Merten*, S. 135 ff.

Aus neuerer Zeit insbesondere: Rupp, S. 177 ff; Wahl, NVwZ 1991, S. 409 ff; Koenig, VerwArch 83 (1992), S. 351 ff; Redeker, NVwZ 1992, S. 305 ff; ders., NVwZ 1996, S. 126 ff; Ossenbühl, Redeker-FS, S. 55 ff; Sendler, NJW 1994, S. 1518 ff; Pieroth/Kemm, JuS 1995, S. 780 ff; Hofmann, NVwZ 1995, S. 740 ff; Riotte,

Diskussionsstand überblickartig wiedergegeben werden. Im Anschluß an die gewonnenen Ergebnisse ist der Frage nachzugehen, inwieweit sich die Auslegung bzw. Anwendung eines unbestimmten Rechtsbegriffes auf die Ermessensausübung auswirkt, ob sich also womöglich Besonderheiten daraus ergeben, daß es sich bei den in diesem Bereich für intendiert erklärte Normen um sogenannte Koppelungsvorschriften handelt.

1. Die unbestimmten Rechtsbegriffe im weiteren Sinne

a) Definitionsversuche

Zunächst ist klarzustellen, daß der unbestimmte *Rechts*begriff, auch wenn er einen weiteren Bedeutungsspielraum auszudrücken scheint, nur für den Bereich *geschriebener* Rechtssätze herangezogen wird.[329]

Auch die Wahl des Adjektives „unbestimmt" zur Beschreibung der hier zu behandelnden Rechtsbegriffe ist insofern etwas unglücklich, als sie eine Abgrenzbarkeit *unbestimmter* Rechtsbegriffe von *bestimmten* Rechtsbegriffen andeutet.

Letztlich bedarf jedoch fast jeder Rechtssatz der Konkretisierung durch das ihn anwendende Organ. Denn nahezu jeder Rechtssatz weist einen gewissen Grad der Unbestimmtheit auf, den es durch Auslegung zu konkretisieren gilt.[330] Die Aufgabe des Normanwenders besteht darin, den Abstraktionsvorgang des Gesetzgebers am konkreten Einzelfall nachzuvollziehen, indem er die Begriffe der angewandten Norm interpretiert und im Wege der Subsumtion konkretisiert bzw. aktualisiert.[331] Damit ist eine Unterscheidung zwischen unbestimmten und bestimmten Rechtsbegriffen allenfalls im Sinne einer quantitativen Differenzie-

---

NWVBl. 1997, S. 1 ff; Bertrams, NWVBl. 1997, S. 3 ff; Schmidt-Aßmann, DVBl. 1997, S. 281 ff; Sieckmann, DVBl. 1997, S. 101 ff; Smeddinck, DÖV 1998, S. 370 ff.

329 W. Schmidt, NJW 1975, S. 1753, dort Fn. 1; Wolff/Bachof/Stober I, § 31 Rdnr. 8; von Mutius, Jura 1987, S. 93; aus diesem Grund wird teilweise der Begriff „unbestimmter Gesetzesbegriff" für treffender erachtet, vgl. Wolff/Bachof/Stober I, aaO; Maurer, § 7 Rdnr. 28; ähnlich auch Erichsen, DVBl. 1985, S. 22. Der „unbestimmte Rechtsbegriff" ist jedoch zu einem feststehenden Ausdruck für diesen Bereich geworden, an dem aus diesem Grund festgehalten werden soll.

330 Erichsen, DVBl. 1985, S. 23; Engisch, S. 108; Ossenbühl, in: *Erichsen*, § 10 Rdnr. 23; von Mutius, Jura 1987, S. 93; Ehmke, S. 29; W. Schmidt, Gesetzesvollziehung, S. 135; Schmidt-Salzer, S. 15 f; Nagel, S. 76.

331 Von Mutius, aaO.

rung tragbar.[332] Je nachdem, wie präzise die Normanwendung vom Gesetzgeber determiniert ist, rechtfertigt es sich, von bestimmten bzw. unbestimmten Rechtsbegriffen zu sprechen.[333]

Bereits Anfang des 20. Jahrhunderts setzten sich *Jellinek* wie auch *Heck* und *Jesch* in theoretischer Hinsicht mit der Problematik unbestimmter Rechtsbegriffe auseinander.

aa) Der Ansatz Jellineks

Jellinek gelangte dabei zu folgender Erkenntnis: Noch bevor der Rechtsanwender „die Quelle der genaueren Begriffsbestimmung kennt, weiß er, daß es Erscheinungsformen gibt, die ganz sicher unter den Begriff fallen, und solche, die ganz sicher nicht darunter fallen. Dadurch entstehen die Sphären der positiven und negativen Gewißheit und diejenigen des möglichen Zweifels."[334] „Aber während der bestimmte Begriff eine einzige Grenze hat, die ein sicheres (assertorisches) Urteil über die Zugehörigkeit oder Nichtzugehörigkeit einer Erscheinung zum Begriffe ermöglicht, hat der unbestimmte Begriff deren zwei. Auch beim unbestimmten Begriff gibt es daher sichere (assertorische) Urteile; aber zwischen dem bejahenden und dem verneinenden Urteil liegt ein Grenzgebiet der bloßen Möglichkeit (problematisches Urteil)."[335] Die Lage der zwei Grenzen beim unbestimmten Rechtsbegriff sei ihrerseits ebenfalls unbestimmt.[336]

bb) Der Ansatz von Heck *und* Jesch

Der *Hecksche* Ansatz verdrängte *Jellineks* Beschreibung alsbald aus der Diskussion.[337] Anschaulich schilderte *Heck* allgemein den Bedeutungsgehalt von gesetzlichen Begriffen dahingehend, daß diesen ein sicherer Bedeutungskern zueigen sei, der von einem allmählich verschwindenden Bedeutungshof umgeben werde.[338] Diesen Ansatz verfolgend, stellte *Jesch* bezüglich unbestimmter

---

332 Vgl. Jesch, AöR 82 (1957), S. 177; Ehmke, S. 29; Schmidt-Salzer, S. 16; Erichsen, DVBl. 1985, S. 22; im Ergebnis so auch von Mutius, aaO; Schmidt-Eichstaedt, DVBl. 1985, S. 645; a.A. Koch, S. 34.

333 Von Mutius, Jura 1987, S. 94.

334 Jellinek, S. 37 f; im Anschluß hieran ähnlich auch Jesch, AöR 82 (1957), S. 185; Henke, S. 76 f; Soell, S. 165; zur Ähnlichkeit dieses Ansatzes zur Beschreibung sogenannter „vager Begriffe" ausführlich Koch, S. 33 f.

335 Jellinek, aaO.

336 Jellinek, aaO; so auch Henke, S. 76, der den unbestimmten Rechtsbegriff als „Begriff mit fließenden, nicht abschließend festgelegten Grenzen" charakterisiert.

337 Koch, S. 40.

338 Vgl. Heck, in: Esser, S. 107.

Rechtsbegriffe fest, „daß bei ihnen der Begriffshof ungewöhnlich groß und diffus ist und der Kernbereich im Vergleich dazu außerordentlich klein".[339] Erst im Laufe der Zeit kristallisiere sich durch die Rechtsprechung ein fester Begriffskern heraus.[340]

cc) Zwischenergebnis

Wie die beiden dargestellten theoretischen Ansätze zeigen, bereitet die abstrakte Definition des unbestimmten Rechtsbegriffes gewisse Schwierigkeiten.[341] Ist jedoch anhand eines konkreten Begriffes über dessen Charakter zu befinden, so besteht regelmäßig Einigkeit hinsichtlich des Ergebnisses. Streitigkeiten darüber, ob ein Begriff bestimmt oder unbestimmt ist, existieren nicht. Den unbestimmten Rechtsbegriff erkennt man, wenn man ihm ins Auge blickt.[342]

Ein unbestimmter Rechtsbegriff liegt beispielsweise nach einhelliger Ansicht vor bei den Begriffen „Gefahr", „Zuverlässigkeit", „Eignung zur sittlichen Gefährdung", „öffentliche Belange", „öffentliches Wohl", „Belange der Bundesrepublik Deutschland", „Denkmalschutzwürdigkeit", „besonders wertvoller Film", „gute Sitten", „Bedürfnis", „Zumutbarkeit", „unbillige Härte", „Stand der Technik" u.ä.

dd) Die unterschiedlichen Arten unbestimmter Rechtsbegriffe

In tatsächlicher Hinsicht ist zu differenzieren nach der Art auftretender unbestimmter Rechtsbegriffe. So können *empirische* (deskriptive), also Erfahrungswerten zugängliche, und *normative* (präskriptive), also wertausfüllungsbedürftige Begriffe voneinander unterschieden werden.[343] Beide Kategorien fallen unter den unbestimmten Rechtsbegriff im weiteren Sinne.

Empirische Begriffe beziehen sich auf Gegenstände und Ereignisse der Wirklichkeit, d.h. auf wahrnehmbare Gegebenheiten, die auf der Grundlage von Erfahrungswerten einer näheren Konkretisierung zugänglich sind.[344] Hierzu zählen

---

339 Jesch, AöR 82 (1957), S. 177.

340 Jesch, aaO.

341 So auch Less, DÖV 1957, S. 418 ff; Ehmke, S. 29.

342 Ehmke, aaO, macht das wesentliche Merkmal des unbestimmten Rechtsbegriffes daran fest, „daß er in seine eigene Kategorie" falle, was die Hilflosigkeit beim Unterfangen einer abstrakten Definition unterstreicht.

343 Von Mutius, Jura 1987, S. 94; Bachof, JZ 1955, S. 99, spricht ausdrücklich von „Wertbegriffen" und „Erfahrungsbegriffen".

344 Erichsen, in: *Erichsen/Martens*, 8. Auflage, S. 203; Engisch, S. 109; von Mutius, aaO; Wolff/Bachof/Stober I, § 31 Rdnr. 10.

beispielsweise Begriffe wie „Tagesanbruch", „Ortsüblichkeit" aber auch „Gefahr"[345], „Störung", „Berufs-, Arbeits- und Erwerbsunfähigkeit".[346]

Den normativen Begriffen[347] fehlt ein derartiger Wirklichkeitsbezug. Ihr Inhalt läßt sich nur durch wertende Stellungnahmen konkretisieren.[348] Bei diesen Begriffen handelt es sich um unbestimmte Rechtsbegriffe im engeren Sinne.[349]

Die Differenzierung nach unbestimmten Rechtsbegriffen im weiteren und im engeren Sinne ist insbesondere im Hinblick darauf von Bedeutung, daß in einer Vielzahl von Abhandlungen lediglich allgemein von unbestimmten Rechtsbegriffen die Rede ist, der Sache nach aber ausschließlich eine Beschäftigung mit unbestimmten Rechtsbegriffen im engeren Sinne erfolgt.

b) Verfassungsmäßigkeit unbestimmter Rechtsbegriffe

Bedenken hinsichtlich der gesetzlichen Verwendung unbestimmter Rechtsbegriffe können sich im Hinblick auf den verfassungsrechtlich verankerten Bestimmtheitsgrundsatz ergeben: Rechtssicherheit als Element des Rechtsstaatsprinzips erfordert die Verläßlichkeit des Rechts.[350] Dementsprechend müssen gesetzliche Regelungen die Kriterien der Klarheit und Bestimmtheit erfüllen.[351] So muß sich der Adressat einer Regelung nach den aufgestellten Anforderungen richten können.[352] Darüber hinaus können nur hinreichend bestimmte gesetzliche Anforderungen Gegenstand gerichtlicher Kontrolle sein.[353] Ob eine an den Bürger adressierte gesetzliche Regelung dem Erfordernis der Bestimmtheit gerecht wird, hängt im einzelnen von der Grundrechtsrelevanz der betreffenden Regelung ab.[354] Diesbezüglich führte das Bundesverfassungsgericht aus: „Das Ausmaß der erforderlichen Bestimmtheit einer gesetzlichen Ermächtigung läßt sich nicht allgemein festlegen, sondern hängt von der Eigenart des geregelten

345 Zur Anwendung des Gefahrenbegriffs als Erfahrungsfrage siehe bereits Bachof, JZ 1955, S. 99.

346 Beispiele nach Wolff/Bachof/Stober I, § 31 Rdnr. 10.

347 Von Wolff/Bachof/Stober I, § 31 Rdnr. 11, als Typenbegriffe bezeichnet.

348 Erichsen, in: *Erichsen/Martens*, 8. Auflage, aaO; von Mutius, aaO; ähnlich auch Maurer, § 7 Rdnr. 29.

349 Diese hilfreiche Klassifizierung stammt von Wolff/Bachof/Stober I, § 31 Rdnr. 10 f.

350 Sachs, GG, Art. 20 Rdnr. 122.

351 Vgl. Sachs, GG, Art. 20 Rdnr. 126 ff; Stern, Staatsrecht I, S. 829; Kunig, S. 396 ff.

352 BVerfGE 31, 255, 264; 37, 132, 142; 45, 400, 420; 52, 1, 41; 62, 169, 183; 78, 205, 212; 83, 130, 145; 84, 133, 149; 87, 234, 263; BVerwG, NVwZ 1994, S. 1099; Stern, Staatsrecht I, S. 830; Sachs, GG, Art. 20 Rdnr. 129.

353 BVerfGE 21, 73, 79 f; 31, 255, 264; 37, 132, 142; 52, 1, 41; Stern, aaO; Sachs, aaO.

354 Vgl. BVerfGE 31, 255, 267; 37, 132, 142; 81, 70, 88; 84, 133, 148 f.

Sachbereichs ab, insbesondere von dem Ausmaß, in dem Grundrechte betroffen werden, und von der Art und der Intensität des Verhaltens, zu dem die Verwaltung ermächtigt wird."[355]

Demnach ist die Frage nach der Verfassungsmäßigkeit der Verwendung unbestimmter Rechtsbegriffe für jede gesetzliche Regelung gesondert zu beantworten.

Die hier zu behandelnden, im Rahmen von Koppelungsvorschriften verwendeten unbestimmten Rechtsbegriffe begründen im Hinblick auf ihre hinreichende Bestimmtheit aus verfassungsrechtlicher Sicht keine Kontroversen, so daß der Frage nach der verfassungsrechtlichen Zulässigkeit im vorliegenden Kontext nicht weiter nachgegangen zu werden braucht. Meinungsverschiedenheiten ergeben sich hier vielmehr im Hinblick auf den Umfang der gerichtlichen Kontrolle der Auslegung und Anwendung unbestimmter Rechtsbegriffe.

2. Die gerichtliche Kontrolle der Anwendung unbestimmter Rechtsbegriffe: die verschiedenen Ansätze

Vor Erlaß der Verwaltungsgerichtsordnung hatte der Innenausschuß des Bundesrates die Aufnahme folgender Vorschrift in das Regelwerk vorgeschlagen: „Ist die Verwaltungsbehörde durch einen unbestimmten Gesetzesbegriff eingeschränkt oder gebunden, so liegt Rechtswidrigkeit nur insoweit vor, als die Beurteilung dieser Begriffe dem Sinn des Gesetzes widerspricht."[356] Die Gemischte Kommission[357] lehnte diesen Vorschlag allerdings mit Beschluß vom 12. Februar 1955 mit der Begründung ab, daß „derartige problemreiche Fragen der Rechtsmethodik einer Regelung durch den Gesetzgeber nicht zugänglich" seien und daß „jede generalisierende Normierung auf diesem Gebiet Gefahr (laufe), zu verfassungsrechtlichen Vorschriften ... in Widerspruch zu geraten."[358] Auch der Koordinierungsausschuß sprach sich dafür aus, „von einer solchen Regelung abzusehen und die Beurteilung der damit zusammenhängenden Fragen wie bisher der Rechtsprechung zu überlassen."[359]

---

355 BVerfGE 48, 210, 221 f; vgl. auch BVerfGE 62, 203, 209 f.

356 Zitiert nach Ule, DVBl. 1985, S. 942; kritisch hierzu bereits ders., DVBl. 1955, S. 148 f.

357 Sie war zusammengesetzt aus Zivilprozeßrechtslehrern und Verwaltungsprozeßrechtslehrern.

358 Zitiert nach Ule, aaO.

359 Zitiert nach Ule, DVBl. 1985, S. 943.

Bis heute kam es zu keiner gesetzlichen Regelung der verwaltungsgerichtlichen Kontrolle der Anwendung unbestimmter Rechtsbegriffe.[360]
Damit ist die Diskussion der Problematik nach wie vor der Literatur und Rechtsprechung vorbehalten. Der aktuelle Diskussionsstand soll im folgenden dargestellt werden. Hiervon ist die oben bereits dargestellte Kategorie sogenannter *empirischer* Begriffe auszunehmen. Denn die von den Gerichten praktizierte vollständige Überprüfung der Auslegung und Anwendung derartiger empirischer unbestimmter Rechtsbegriffe – wie beispielsweise der Gefahr oder der Tages- oder Nachtzeit – unterliegt keiner Kritik.[361]
Streitigkeiten ergeben sich hingegen hinsichtlich der Anwendung[362] normativer, d.h. *wertausfüllungsbedürftiger* unbestimmter Rechtsbegriffe, also hinsichtlich

360 Vgl. zum Entwurf einer Verwaltungsprozeßordnung 1985 Ule, DVBl. 1985, S. 939 ff; kritisch zur Erwägung eines § 114a VwGO als Regelung der richterlichen Kontrolle unbestimmter Rechtsbegriffe auch Götz, in: *Götz/Klein/Starck*, S. 255.

361 Vgl. insoweit von Mutius, Jura 1987, S. 94; Forsthoff, S. 85 f; Erichsen, in: *Erichsen/Martens*, 8. Auflage, aaO; Wolff/Bachof/Stober I, § 31 Rdnr. 10; Bachof, JZ 1955, S. 99.

362 Zum Begriff der „Anwendung“:

In der Literatur wurde zunächst ausführlich erörtert, ob es sich im Hinblick auf die gerichtliche Kontrolle unbestimmter Rechtsbegriffe um ein Auslegungs- oder ein Subsumtionsproblem handelt (vgl. hierzu die ausführlichen Nachweise bei Koch, S. 44 ff). Dabei wurde vielfach nicht hinreichend nach der Art unbestimmter Rechtsbegriffe (empirisch oder normativ) differenziert.

Denn bezüglich normativer, d.h. wertausfüllungsbedürftiger unbestimmter Rechtsbegriffe gehen die jeweiligen Vertreter unzutreffend von der Annahme aus, daß sich Sachverhaltsermittlung und Auslegung bei der Anwendung unbestimmter Rechtsbegriffe getrennt voneinander betrachten ließen.

Im Anwendungsbereich normativer unbestimmter Rechtsbegriffe ist jedoch die besondere Wechselwirkung zwischen Sachverhaltsermittlung und Auslegung zu beachten, die eine Trennung von Auslegung und Subsumtion letztlich unmöglich macht (so auch Sendler, Ule-FS, S. 342 f; Herdegen, JZ 1991, S. 749; sogar insgesamt für alle Rechtsbegriffe Nagel, S. 78 ff, insbes. S. 81 m.w.N.).

Die abstrakte Auslegung unbestimmter Begriffe wie beispielsweise der „unbilligen Härte“ stellt im Ergebnis ein zum Scheitern verurteiltes Unterfangen dar. Eine derartige abstrakte Auslegung könnte sich allenfalls im Wege eines Gedankenspieles dahingehend vollziehen, daß imaginäre Anwendungsfälle daraufhin überprüft werden, ob sie der Formulierung der „unbilligen Härte“ unterfallen oder nicht. Allerdings bliebe eine solche Auslegung stets unzureichend, da niemals alle denkbaren Fälle erwogen werden könnten. Vielmehr sind es letztlich die konkreten Gegebenheiten des Einzelfalles, die die Auslegung des unbestimmten Rechtsbegriffes bedingen:

unbestimmter Rechtsbegriffe im engeren Sinne. Wenn in den folgenden Ausführungen von unbestimmten Rechtsbegriffen die Rede sein wird, so sind hierunter nur noch unbestimmte Rechtsbegriffe im engeren Sinne, d.h. wertausfüllungsbedürftige unbestimmte Rechtsbegriffe zu verstehen.

Im wesentlichen sind bezüglich der Problematik der richterlichen Kontrolle solcher unbestimmter Rechtsbegriffe drei Hauptströmungen aufzuzeigen.

a) Die Lehre vom Beurteilungsspielraum

Zunächst ist die von *Bachof* entwickelte Lehre vom *Beurteilungsspielraum* zu nennen, der zufolge die gesetzgeberische Verwendung unbestimmter Rechtsbegriffe die Anerkennung eines gerichtsfreien Bereiches indiziert. Innerhalb dieses Bereiches hätten die Gerichte behördliche Entscheidungen hinzunehmen, es komme ihnen lediglich zu, die Einhaltung der Grenzen dieses Bereiches zu überprüfen.[363] In ähnliche Richtung geht die nahezu zeitgleich von *Ule* entwickelte *Vertretbarkeitslehre*, wonach, wenn in Grenzfällen mehrere Lösungen vertretbar sind, die von der Verwaltungsbehörde getroffene Entscheidung für rechtmäßig zu erachten ist. Es komme allein darauf an, daß sich die Behörde im Rahmen des Vertretbaren halte.[364] *Wolff* wiederum räumte den Behörden eine *Einschätzungsprärogative* ein. Sofern die Einschätzung der Behörde auch im Wege der Heranziehung von Sachverständigen und anderen Beweismitteln einer Überprüfung nicht zugänglich sei, müsse das Gericht die nicht zu widerlegende Einschätzung der Behörde hinnehmen.[365]

Die Behörde untersucht den von ihr zu bewertenden Sachverhalt daraufhin, ob dieser das Kriterium einer unbilligen Härte erfüllt oder nicht. Kommt sie zu dem Ergebnis, daß dies der Fall sei, so hat sie im selben Atemzug die abstrakte Auslegung des Begriffes der „unbilligen Härte“ um den konkreten Anwendungsfall erweitert.

Die abstrakte Auslegung wertausfüllungsbedürftiger unbestimmter Rechtsbegriffe kann daher lediglich in einer Momentaufnahme bestehen, die sich aus der bisherigen Kasuistik ergibt.

Im folgenden wird daher nur noch allgemein von der „Anwendung“ derartiger unbestimmter Rechtsbegriffe durch die Verwaltung die Rede sein.

363 Bachof, JZ 1955, S. 99 f; ders., JZ 1972, S. 208 ff; ferner u.a. Ossenbühl, DVBl. 1974, S. 309 ff.

364 Ule, Jellinek-GS, S. 309 ff; zustimmend Schmidt-Eichstaedt, DVBl. 1985, S. 651; Brohm, DVBl. 1986, S. 330.

365 Wolff, in: *Wolff/Bachof I*, 9. Auflage, § 31 I c 4, S. 191 ff.

Zur vereinfachten Darstellung sollen die genannten Ansätze im folgenden trotz unterschiedlicher Begriffsverwendung wegen ihrer strukturellen Ähnlichkeit unter der gemeinsamen Bezeichnung „Beurteilungsspielraum“ zusammengefaßt werden.

Vielfach wird der Eindruck erweckt, die Lehre vom Beurteilungsspielraum habe durch die sogenannte *normative Ermächtigungslehre* eine Modifikation erfahren. Hiernach erfordert die Annahme eines behördlichen Beurteilungsspielraumes vor dem Hintergrund der verfassungsrechtlichen Aufgabenteilung eine normative Ermächtigung. So liege ein Beurteilungsspielraum der Behörde nur dann vor, wenn und soweit der einschlägigen gesetzlichen Regelung zu entnehmen sei, daß die Behörde zur abschließenden Beurteilung ermächtigt werden solle.[366] Damit indiziert das Vorliegen eines unbestimmten Rechtsbegriffes dieser Ansicht zufolge nicht per se einen Beurteilungsspielraum, sondern die Annahme eines solchen hängt von der konkreten Ausgestaltung der gesetzlichen Regelung ab.

Nichts anderes hatte aber auch schon *Bachof* mit seiner Lehre vom Beurteilungsspielraum behaupten wollen. So betonte auch er, daß nicht *jeder* unbestimmte Rechtsbegriff der Behörde einen Beurteilungsspielraum einräume. Vielmehr lasse der rechtsstaatliche Grundsatz möglichst weitgehender Durchformung der rechtssatzmäßigen Voraussetzungen des Verwaltungshandelns die Einräumung eines solchen Spielraums als Ausnahme erscheinen. Die Vermutung spreche daher gegen einen solchen Spielraum, sein Bestehen bedürfe einer besonderen und sorgfältigen Begründung. Im selben Atemzug wird die Aufforderung an den Gesetzgeber ausgesprochen, die Absicht der Einräumung eines Spielraumes künftig im Gesetz selbst zum Ausdruck zu bringen.[367]

Letztlich ist damit den geschilderten Ansichten gemeinsam, daß ihnen zufolge die Frage, ob ein Beurteilungsspielraum eingeräumt ist oder nicht, nur im Wege der Auslegung der betreffenden Norm zu beantworten ist.[368]

Ergibt sich diesem Ansatz zufolge, daß eine Norm auf Tatbestandsseite einen Beurteilungsspielraum einräumt, so beschränkt sich die gerichtliche Kontrolle darauf, zu überprüfen, ob die Grenzen der Beurteilungsermächtigung eingehal-

---

366 Vgl. Schmidt-Aßmann, Menger-FS, S. 112 f; Wahl, NVwZ 1991, S. 409 ff; Bullinger, JZ 1984, S. 1006 f; Hill, NVwZ 1989, S. 407; Gerhardt, NJW 89, 2234 ff ; Koenig, VerwArch 83 (1992), S. 366 f; Krebs, S. 96; Pieroth/Kemm, JuS 1995, S. 781; Kind, DÖV 88, 680 f m.w.N.

367 Bachof, JZ 1955, S. 100.

368 Dazu, daß dies auch für die normative Ermächtigungslehre gilt, ausdrücklich Maurer, § 7 Rdnr. 33.

ten worden sind, also darauf – um mit *Ule* zu sprechen –, ob der Rahmen des Vertretbaren eingehalten ist.

b) Die Lehre vom Tatbestandsermessen

Konkretere Maßstäbe für die gerichtliche Überprüfung der Anwendung unbestimmter Rechtsbegriffe liefert die Lehre vom Tatbestandsermessen.

Dieser Denkansatz, der insbesondere in jüngerer Zeit wieder vermehrt Anhänger findet,[369] setzt die Anwendung solcher unbestimmter Rechtsbegriffe, die nach obiger Terminologie einen Beurteilungsspielraum einräumen, die also einer wertenden Ausfüllung bedürfen, mit der Ausübung von Ermessen gleich.[370] In beiden Fällen hätten wertende Beurteilungen zu erfolgen, bestünden gleichermaßen Entscheidungsspielräume für die Verwaltung.[371]

Zusätzlich rekurriert diese Theorie zur Begründung eines Tatbestandsermessens auf die Funktion gesetzlicher Ermesseneinräumung: Ermessensausübung bedeute nichts anderes als die Wahrnehmung der Zuständigkeit zur Rechtskonkretisierung, die der Verwaltung durch das Gesetz zugewiesen sei.[372] Hinter dieser Zuständigkeitsverlagerung vom Gesetzgeber auf die Verwaltung stehe der rechtsphilosophische Gehalt des Ermessensbegriffs[373]: In bestimmten Bereichen seien die auftretenden Sachverhalte derart vielschichtig, daß der Gesetzgeber seine Zielsetzung nicht kraft generalisierender Regelung erreichen könne, sondern auf die Einräumung von Ermessen zurückgreifen müsse, weil es für eine gerechte bzw. angemessene Entscheidung gerade auf die konkreten Umstände des Einzelfalles ankomme.[374] Die Verwaltung treffe dann im Rahmen der gesetzlichen Zielvorgaben die Entscheidung für den konkreten Einzelfall. Hierin bestehe die Konkretisierung des Rechts durch die Verwaltung für den betreffen-

---

369 Nagel, S. 98; Herdegen, JZ 1991, S. 747 ff; Smeddinck, DÖV 1998, S. 370 ff; ähnlich auch Schmidt-Aßmann/Groß, NVwZ 1993, S. 624.

370 Starck, Sendler-FS, S. 167 ff; Meyer, in: *Meyer/Borgs*, VwVfG, § 40 Rdnr. 17 ff; der Sache nach so auch Obermayer, BayVBl. 1975, S. 257 ff; Sendler, Ule-FS, S. 337 ff; Lohmann, S. 82 ff, insbes. S. 86 f; Schenke, in: *Dolzer/Vogel*, GG, Art. 19 Rdnr. 308.

371 Vgl. Starck, Sendler-FS, S. 168; Dreier, S. 185 ff; Herdegen, JZ 1991, S. 747 u. 750; Bullinger, S. 136 ff; ders., JZ 1984, S. 1006; i. E. ähnlich auch Ehmke, S. 23 ff.

372 Starck, Sendler-FS, S. 169; Herdegen, JZ 1991, S. 748; Smeddinck, DÖV 1998, S. 374.

373 Starck, aaO.

374 Starck, Gesetzesbegriff, S. 265; ders., Sendler-FS, S. 169 u. 171; ähnlich auch Schmidt-Eichstaedt, AöR 98 (1973), S. 178; Smeddinck, DÖV 1998, S. 374.

den Einzelfall.[375] Ein derartiges Bedürfnis nach Rechtskonkretisierung bestehe gleichermaßen bei der Anwendung unbestimmter Rechtsbegriffe.[376]

Inhaltlich unterscheiden sich damit die Lehre vom Beurteilungsspielraum und die Lehre vom Tatbestandsermessen letztlich nur in ihrer Terminologie.[377] Der Sache nach gehen beide Ansichten davon aus, daß unbestimmte Rechtsbegriffe, die einer wertenden Ausfüllung bedürfen, der Verwaltung Entscheidungsspielräume verschaffen. Ebenfalls Einigkeit besteht darüber, daß sich das Problem der Kontrolldichte der Verwaltungsgerichtsbarkeit hier funktionell in vergleichbarer Weise wie bei Ermessensermächtigungen auf der Rechtsfolgenseite einer Norm stellt.[378]

Allerdings ziehen die Vertreter eines Tatbestandsermessens deutlichere Konsequenzen für die gerichtliche Kontrolle der Wahrnehmung von Beurteilungsspielräumen durch die Verwaltung: Auf ein auf Tatbestandsseite verankertes Ermessen seien die Vorschriften der §§ 40 VwVfG und 114 VwGO gleichermaßen anzuwenden wie auf eine Ermessenseinräumung auf Rechtsfolgenseite.[379]

c) Die Rechtsprechung

Die Lehre vom Tatbestandsermessen steht im Widerspruch zur heutigen Rechtsprechung, die Ermessen ausschließlich auf der Rechtsfolgenseite einer Norm anerkennt.

Zwar zeichneten sich in der Verwaltungsrechtsprechung zu Beginn der Nachkriegszeit[380] zunächst noch Tendenzen ab, der Verwaltung auch im Bereich

---

375 Vgl. Starck, Sendler-FS, S. 169.

376 Vgl. Herdegen, JZ 1991, S. 748.

377 Dies bestätigen die Entscheidungen des Bundesverwaltungsgerichts, in denen es dahingestellt sein läßt, ob es sich um einen Ermessensbegriff oder einen unbestimmten Rechtsbegriff mit Beurteilungsspielraum handelt, da die Prüfung des Gerichts in beiden Fällen dieselbe sei. In anderen Fällen bedient sich das Gericht der einen oder der anderen Bezeichnung, behandelt sie der Sache nach aber jedenfalls gleich: vgl. BVerwGE 10, 75, 78 f; BVerwG, DVBl. 1960, S. 892.

378 Vgl. Scholz, VVDStRL 34 (1976), S. 145 ff; Schmidt-Aßmann, VVDStRL 34 (1976), S. 221 ff; Bachof, DVBl. 1957, S. 788 ff; ders., JZ 1958, S. 289; ähnlich auch Schuppert, DVBl. 1988, S. 1200; Herdegen, JZ 1991, S. 750 f.

379 So ausdrücklich Starck, Sendler-FS, S. 176; ders., in: *Behrends/Henckel*, S. 111 f; ders., in: *Götz/Klein/Starck*, S. 5; vgl. auch Schmidt-Eichstaedt, DVBl. 1985, S. 648 f; Schmidt-Aßmann/Groß, NVwZ 1993, S. 624.

Ohne ausdrückliche Bezugnahme auf § 114 VwGO verweisen in diesem Zusammenhang allgemein auf die Ermessensfehlerlehre auch Herdegen, JZ 1991, S. 750 f, und Smeddinck, DÖV 1998, S. 374.

380 Zur vorhergehenden historischen Entwicklung siehe Bullinger, JZ 1984, S. 1001 ff.

unbestimmter Rechtsbegriffe einen Raum eigener, kontrollfreier Verantwortung und Entscheidung zu belassen. Beispielsweise wurden unbestimmte Begriffe wie die „schiffahrtspolitische Förderungswürdigkeit“[381], das „öffentliche Interesse“[382] und „das Interesse des öffentlichen Verkehrs“[383] als Ermessensbegriffe eingestuft und in ihrer Auslegung und Anwendung nur eingeschränkt überprüft.

Alsbald setzte sich jedoch vor dem Hintergrund des Gesetzesvorbehaltes und der Verfassungsgarantie gerichtlichen Rechtsschutzes die Auffassung durch, die Verwendung unbestimmter Rechtsbegriffe in einem gesetzlichen Tatbestand vermöge kein Ermessen zu begründen. Das Ermessen wurde von der Rechtsprechung auf die Rechtsfolgenseite der Norm verbannt. Ein unbestimmter Rechtsbegriff wie der des „Interesses des öffentlichen Verkehrs“ erlaube im Einzelfall nur eine richtige Auslegung und Anwendung, die voll von den Verwaltungsgerichten zu ermitteln sei.[384] Diese Theorie von der einzig richtigen Entscheidung etablierte sich schnell in der Rechtsprechung des Bundesverwaltungsgerichts.[385]

Die Verbannung des Ermessens auf die Rechtsfolgenseite einer Norm ist nicht zuletzt auf die intensiven Bemühungen von *Reuss* in dieser Richtung zurückzuführen.[386] Ihm schlossen sich 1955 zwar grundsätzlich auch *Bachof*[387] und *Ule*[388] an, allerdings versuchten sie, mit der Lehre vom Beurteilungsspielraum bzw. der Vertretbarkeitslehre[389] wenigstens einen gewissen Freiraum für die Verwaltung zu retten.

Die Verwaltungsrechtsprechung nimmt mittlerweile infolge der Theorie von der einzig richtigen Entscheidung grundsätzlich eine Befugnis zur unbeschränkten

---

381 Vgl. BVerwGE 1, 66, 66 f.

382 Vgl. BVerwG, BBauBl. 1955, S. 480.

383 Vgl. BVerwGE 1, 92, 96; 1, 311, 314; ähnlich, wenn auch etwas zurückhaltender BVerwGE 4, 89, 93 f m. Anm. v. Bachof, DVBl. 1957, S. 788 ff; BVerwG, MDR 1957, S. 312 = DVBl. 1957, S. 497; BVerwG, DVBl. 1960, S. 600; a.A. VGH München, DVBl. 1952, S. 182; LVG Rheinland-Pfalz, DVBl. 1952, S. 189; OVG Münster, MDR 1952, S. 318.

384 Vgl. BVerfGE 11, 168, 191 f.

385 Vgl. nur BVerwGE 12, 359, 363; 21, 184, 186; 35, 69, 73.

386 Reuss, DVBl. 1953, S. 585 ff; ders., DVBl. 1953, S. 649 ff; ders., DÖV 1954, S. 55 ff; ders. DÖV 1954, S. 535 ff; ders., DÖV 1954, S. 557 ff.

387 JZ 1955, S. 97 ff.

388 Jellinek-GS, S. 309 ff.

389 Zu diesen beiden Ansätzen siehe oben, Gliederungspunkt D. I. 2. a), S. 133.

Nachprüfung der Anwendung unbestimmter Rechtsbegriffe für sich in Anspruch.[390]

Als Ausnahmen von dieser vollen gerichtlichen Überprüfbarkeit unbestimmter Begriffe verblieben in der Rechtsprechung zunächst nur solche Fälle, in denen es um die dienstliche Beurteilung oder die Beurteilung schulischer oder pädagogischer Leistungen ging.[391] Begrifflich erfaßt wurden diese Ausnahmen teilweise unter dem Stichwort der „höchstpersönlichen Beurteilungsermächtigung".[392] Die richterliche Überprüfung beschränkte sich in diesen Fällen darauf, ob die Behörde von falschen Tatsachen ausgegangen war, rechtsverbindliche Verfahrensvorschriften verletzt, allgemeingültige Bewertungsgrundsätze mißachtet oder sachfremde Erwägungen angestellt wurden.[393]

Erst mit dem Urteil des Bundesverwaltungsgerichts zu § 1 Abs. 1 S. 1 GjS vom 16. Dezember 1971[394] schien sich eine Trendwende in der Rechtsprechung der Verwaltungsgerichte anzubahnen. In diesem Urteil wollte man die allgemeine Anerkennung eines Beurteilungsspielraumes für solche Fälle erblicken, in denen die Anwendung unbestimmter Rechtsbegriffe ein Urteil mit einem erheblichen Einschlag wertender Elemente voraussetzt.[395]

Das Gericht hatte in besagtem Urteil über die Aufnahme zweier Hefte einer Illustrierten in die Liste jugendgefährdender Schriften durch die Bundesprüfstelle zu entscheiden. Bezüglich der Behördenentscheidung merkte das Gericht folgendes an: Die Anwendung des Begriffs der „Eignung zur Jugendgefährdung" verlange „ein vorausschauendes und zugleich richtungsweisendes Urteil mit erheblichem Einschlag wertender Elemente ... Von der Sache her sind mehrere Lösungen, ist eine „Bandbreite der Entscheidungsmöglichkeiten" ... denk-

---

390 Vgl. nur BVerwGE 16, 116, 130; 18, 40, 42 ff; 18, 247, 249 ff; 23, 112, 114 ff; 40, 353, 356 ff.

391 Vgl. als Grundsatzurteil hierzu BVerwGE 8, 272; des weiteren BVerwGE 11, 139, 140; 12, 29, 34; 15, 3, 5; vgl. auch OVG Münster, OVGE 12, 327, 330; 27, 16, 17; NJW 1980, S. 1483.

392 Vgl. BVerwGE 26, 65, 75; zu dieser Begrifflichkeit siehe auch Kellner, NJW 1966, S. 859; ders. DÖV 1972, S. 808.

393 Vgl. hierzu von Mutius, Jura 1987, S. 96.

394 BVerwGE 39, 197.

395 Bachof etwa, JZ 1972, S. 208, stufte das betreffende Urteil „fast als eine Sensation" ein; auf ähnlich positive Resonanz stieß das Urteil bei Erichsen, VerwArch 63 (1972), S. 337 ff und Ossenbühl, DÖV 1972, S. 401 ff.

Kritisch äußerten sich hingegen beispielsweise Ott, NJW 1972, S. 1219 ff; von Olshausen, JuS 1973, S. 217 ff; Wagenitz, DVBl. 1972, S. 392 f; Schmidt-Salzer, DVBl. 1972, S. 391 f.

bar, die das Recht in gleicher Weise als vertretbar ansehen kann."[396] Die Zusammensetzung der für die Beurteilung zuständigen Bundesprüfstelle gewährleiste es, daß bei der Entscheidung über die Listenaufnahme unterschiedliche Ansichten einflössen. Die Entscheidung eines derartigen Spruchkörpers sei einer Überprüfung nicht zugänglich. Es würde demnach einen Widerspruch bedeuten, wären die Verwaltungsgerichte befugt, aufgrund eigener Ermittlungen mit Hilfe von Sachverständigen eine eigene Entscheidung an die Stelle der Entscheidung der Prüfstelle zu setzen.[397]
Damit ging das Gericht über die von ihm bis zu diesem Zeitpunkt auf Prüfungs- und prüfungsähnliche Entscheidungen sowie beamtenrechtliche Beurteilungen beschränkten Begrenzungsmöglichkeiten der gerichtlichen Kontrolle hinaus.
In seinen Formulierungen wurde eine Abkehr von der Theorie der einen richtigen Entscheidung hin zur Annahme eines Beurteilungsspielraumes erblickt.[398] Die Hoffnungen der Befürworter einer solchen Trendwende wurden jedoch in nur begrenztem Umfang erfüllt.
Die Rechtsprechung blieb in Folgeurteilen grundsätzlich bei der Annahme einer einzigen richtigen Entscheidung und hält bis heute an der vollen gerichtlichen Überprüfung unbestimmter Rechtsbegriffe fest, lehnt die Annahme eines Beurteilungsspielraumes also in der Regel der Fälle ab.[399]
Allgemeine Kriterien für die Annahme von Beurteilungsspielräumen wurden bisher nicht entwickelt. Die demzufolge zwangsläufig kasuistische Rechtsprechung wurde vielfachen Systematisierungsversuchen unterworfen.[400] Bisher hat die Rechtsprechung für folgende Bereiche Beurteilungsspielräume anerkannt:

- Prüfungsentscheidungen,[401]

---

396 BVerwGE 39, 197, 203.

397 BVerwGE 39, 197, 204.

398 Vgl. Bachof, aaO.

399 Vgl. nur BVerwGE 40, 353, 356; 40, 359, 361; 42, 20, 22; 45, 162, 164 ff; 45, 175, 176 f; 49, 79, 85; 55, 250, 253; 56, 71, 75; 59, 188, 190; 62, 86, 101 f; 65, 19, 22 f; 81, 21, 17; 94, 307, 309 ff; 100, 221, 225 ff; BVerwG, DVBl. 1984, S. 526; BVerwG, DVBl. 1991, S. 47 f.

400 Vgl. Meyn, JA 1980, S. 329 ff; Braun, VerwArch 76 (1985), S. 183; Paefgen, BayVBl. 1986, S. 16 ff; Schulze-Fielitz, JZ 1993, S. 772 f; Bull, Rdnr. 383 ff; die folgenden Ausführungen orientieren sich an der Systematisierung von Maurer, § 7 Rdnr. 37 ff.

401 Zu beachten ist hier allerdings, daß im Bereich von Prüfungsentscheidungen Beurteilungsspielräume seit BVerfGE 84, 34 und 59 nur noch für sog. prüfungsspezifische Wertungen, nicht aber für Fragen der fachspezifischen Richtigkeit anerkannt werden. Fachli-

- prüfungsähnliche Entscheidungen,[402]

- beamtenrechtliche Beurteilungen,[403]

- Entscheidungen wertenden Inhalts durch weisungsungebundene, mit Sachverständigen bzw. Interessenvertretern besetzte Gremien,[404]

- Prognoseentscheidungen und Risikobewertungen, vor allem im Bereich des Umweltrechts und Wirtschaftsrechts,[405]

- solche unbestimmten Rechtsbegriffe, deren Anwendung durch berücksichtigungspflichtige Faktoren im Vorfeld der Entscheidung geprägt ist (sog. Faktorenlehre).[406]

II. Koppelungsvorschriften in der Verwaltungsrechtsprechung: Der Bezug zum intendierten Ermessen

Eine Schnittstelle von unbestimmten Rechtsbegriffen und Ermessen findet sich im Anwendungsbereich sogenannter Koppelungsvorschriften. Im folgenden ist der Frage nachzugehen, inwiefern sich die Judikatur zu den unbestimmten Rechtsbegriffen auf das im Rahmen von Koppelungsvorschriften auf Rechtsfolgenseite eingeräumte Ermessen auswirkt. In diesem Zusammenhang werden die bisherigen Ausführungen zu den unbestimmten Rechtsbegriffen für das Thema dieser Arbeit, nämlich das intendierte Ermessen relevant.

---

che Beurteilungen müssen hiernach von den Gerichten – falls notwendig unter Einschaltung von Sachverständigen – umfassend überprüft werden. Vgl. aus neuerer Zeit zum Beurteilungsspielraum bei prüfungsspezifischen Wertungen etwa BVerwGE 99, 74, 77.

402 BVerwGE 8, 272, 273 f; 75, 275, 278 f; VGH Mannheim, ESVGH 24, 225, 227 f; OVG Lüneburg, OVGE 24, 327.

403 BVerwGE 21, 127, 129; 97, 128, 129; 80, 224, 225 f; BVerfG, DVBl. 1981, S. 1053 (zu BVerwGE 61, 176); BAG, NJW 1981, S. 71.

404 BVerwGE 12, 20, 28; 59, 213, 216 ff; 62, 330, 337 ff; 91, 211, 215 f; 99, 371, 377 f.

405 Prognosen: BVerwGE 79, 208, 213 ff; 82, 295, 299 ff; Risikoermittlung/-bewertung: BVerwGE 72, 300, 316 f; 81, 185, 190 ff.

406 Z.B. behördliche Stellenplanung als Vorgabe für die Beurteilung des „dienstlichen Bedürfnisses für die Versetzung eines Beamten“; dazu: BVerwGE 26, 65, 77; ähnlich auch BVerwGE 39, 291, 299.

1. Unbestimmter Rechtsbegriff und Ermessen als voneinander unabhängige Kategorien

In der Mehrzahl der Fälle ergeben sich nach der Rechtsprechung keine Besonderheiten für die Überprüfung der Anwendung von Koppelungsvorschriften. Die Gerichte behandeln den unbestimmten Rechtsbegriff und die Ermesseneinräumung auf Rechtsfolgenseite nach den jeweils gewonnenen Grundsätzen. Beispielhaft hierfür ist folgende Formulierung des Bundesverwaltungsgerichts: „Das Vorliegen eines dienstlichen Bedürfnisses für die Versetzung ist als unbestimmter Rechtsbegriff gerichtlich voll nachprüfbar, die daran anschließende Ermessensentscheidung jedoch nur auf Ermessensfehler."[407]

2. Erwägungen inhaltlich gleicher Art bei Anwendung des unbestimmten Rechtsbegriffs und der Ermessensausübung

Verschiedenste Vorgehensweisen der Gerichte finden sich allerdings für eine Lösung folgenden Dilemmas bei der Anwendung von Koppelungsvorschriften: Es gibt eine geraume Anzahl von Koppelungsvorschriften, bei denen bereits mit der Prüfung der Tatbestandsmäßigkeit alle denkbaren rechtserheblichen Gesichtspunkte in Erwägung gezogen und geprüft werden. So erscheint es – unter Zugrundelegung der Praxis der Verwaltungsrechtsprechung bei der Überprüfung von unbestimmten Rechtsbegriffen, die ja wie dargestellt umfassend erfolgt, – widersprüchlich, wenn auf Rechtsfolgenseite dennoch Ermessen ausgeübt werden könnte, welches wiederum nur eingeschränkter gerichtlicher Überprüfung unterliegt. Zusätzliche Gesichtspunkte für die Ermessensausübung scheinen in diesen Fällen nicht mehr vorhanden. Andererseits bringt der Gesetzgeber durch die Kann-Formulierung eindeutig zum Ausdruck, daß er der Verwaltung einen Ermessensspielraum einräumen will.[408]

Zur Lösung dieses – durch die gängige Spruchpraxis selbst verursachten – Problems hat die Rechtsprechung verschiedene Wege eingeschlagen.

a) Ermessensschwund[409]

In einigen Entscheidungen begründet der unbestimmte Rechtsbegriff auf Tatbestandsseite nach Ansicht des Bundesverwaltungsgerichts einen „Ermessensschwund" auf Rechtsfolgenseite. Ein solcher Ermessensschwund soll anzuneh-

---

407 BVerwGE 46, 175, 176 f.

408 Vgl. insoweit Seewald, Jura 1980, S. 181; von Mutius, Jura 1987, S. 100 f.

409 Vgl. zu dieser Begriffsbildung Ossenbühl, DÖV 1968, S. 622; des weiteren Koch, S. 182, und auch Maurer, § 7 Rdnr. 49.

men sein, wenn bereits mit der Prüfung des Tatbestandes alle denkbaren rechtserheblichen Gesichtspunkte in Erwägung gezogen und geprüft werden.[410] In diesen Zusammenhang gehört die bereits dargestellte Argumentation des Bundesverwaltungsgerichts zur Auslegung von § 35 Abs. 2 BBauG (heute § 35 Abs. 2 BauGB):[411] Die Auslegung des unbestimmten Rechtsbegriffs der „öffentlichen Belange“ und eine fehlerfreie Ermessensausübung dürften nicht zu unterschiedlichen Ergebnissen führen. Weil aber schon bei der Subsumtion unter den Begriff der öffentlichen Belange alle rechtlich erheblichen Gesichtspunkte geprüft werden müßten, bleibe kein Raum mehr für Ermessenserwägungen.[412]

In gleicher Richtung argumentierte die Rechtsprechung bezüglich § 3 NamÄndG[413] und § 105e Abs. 1 GewO[414].

Dieses Vorgehen beruht allein auf der vollständigen Überprüfung der Anwendung unbestimmter Rechtsbegriffe, die die Gerichte für sich in Anspruch nehmen. Überprüft das Gericht die Erwägungen der Behörde im Rahmen der Auslegung des unbestimmten Rechtsbegriffes auf Tatbestandsseite in vollem Umfang, so entstünde eine nicht von der Hand zu weisende Diskrepanz, wenn die Behörde im Rahmen ihres Rechtsfolgeermessens dieselben Erwägungen anstellen und infolge der hier nach § 114 VwGO nur beschränkten gerichtlichen Kontrolle zu einem inhaltlich anderen Ergebnis kommen könnte.

Um dies zu vermeiden, sprechen die Gerichte der Verwaltung bei der Anwendung unbestimmter Rechtsbegriffe in diesen Fällen nicht nur ein Tatbestandsermessen bzw. einen Beurteilungsspielraum ab, sondern sie gehen noch darüber hinaus: Auch ein Rechtsfolgeermessen soll in diesen Fällen nicht bestehen. Auf diesem Wege maßt sich die Rechtsprechung trotz ausdrücklicher Ermessenseinräumung auf Rechtsfolgenseite eine uneingeschränkte Überprüfung an. Dieses Vorgehen zieht den Vorwurf einer Negierung von Gesetzesinhalten und damit einer Überschreitung der Grenzen richterlicher Rechtsanwendung auf sich.[415]

b) Die einheitliche Ermessensentscheidung

Gegensätzlich argumentiert die Rechtsprechung, wenn sie den auf Tatbestandsseite erscheinenden unbestimmten Rechtsbegriff dem Ermessen zuzählt. In die-

---

410 Seewald, Jura 1980, S. 181.

411 Siehe hierzu bereits 1. Teil, Gliederungspunkt B. II. 2., S. 40.

412 BVerwGE 18, 247, 251.

413 Vgl. dazu BVerwGE 15, 207, 211 f; 37, 301, 306 f.

414 Vgl. dazu BVerwGE 24, 15, 22.

415 So Seewald, Jura 1980, S. 181; allgemein zur Problematik der Gesetzesauflösung durch Überschreitung richterlicher Prüfungskompetenzen vgl. Scheerbarth, DVBl. 1960, S. 185 ff.

sen Fällen ist die Rede von einer sogenannten „einheitlichen Ermessensentscheidung“. Auch hier ist Ausgangspunkt die Erkenntnis, daß die im Rahmen der Anwendung des unbestimmten Rechtsbegriffs anzustellenden Erwägungen mit den auf Rechtsfolgenseite im Rahmen der Ermessensausübung anzustellenden Erwägungen identisch sind. Anstatt aber der Verwaltung – wie in den oben geschilderten Entscheidungen geschehen – das ihr ausdrücklich eingeräumte Ermessen abzusprechen, wird nach einem Weg gesucht, es zur Anwendung gelangen zu lassen. Die einzige Möglichkeit, dieses Ziel zu erreichen, wäre die – aus Rechtsprechungssicht notgedrungene – Einräumung einer Ermessensentscheidung bereits auf Tatbestandsebene.

Dem Namen nach geht die Rechtsprechung zwar einen anderen Weg: Sie spricht von einer einheitlichen Ermessensentscheidung. Inhaltlich geschieht damit jedoch nichts anderes, als daß die Rechtsprechung in diesen Fällen von der ansonsten strikten Verneinung eines Tatbestandsermessens abweicht.

Zur Verdeutlichung soll der Beschluß des Gemeinsamen Senates der obersten Gerichtshöfe des Bundes[416], auf welchen die Begriffsschöpfung des einheitlichen Ermessens zurückgeht, dargestellt werden.

§ 131 Abs. 1 S. 1, 1. HS RAO[417] (heute § 227 AO) traf folgende Regelung: „Im Einzelfall können Steuern ... erlassen werden, wenn ihre Einziehung nach Lage des einzelnen Falles unbillig wäre.“

Der Bundesfinanzhof qualifizierte die Vorschrift des § 131 Abs. 1 S. 1 RAO in ständiger Rechtsprechung als Ermessensvorschrift[418] und prüfte entsprechende Verwaltungsakte demgemäß nur auf Ermessensfehler. Unter Auseinandersetzung mit der hieran geübten Kritik hielt der Bundesfinanzhof ausdrücklich an dieser Vorgehensweise fest.[419]

Demgebenüber gelangte das Bundesverwaltungsgericht zu der Auffassung, daß der wertende Begriff „unbillig“ als unbestimmter Rechtsbegriff zu beurteilen sei, hinsichtlich dessen Auslegung es nur eine richtige und damit gerichtlich voll nachprüfbare Entscheidung geben könne. Für einen Ermessensbereich verbleibe nur das sog. Folgeermessen.[420]

---

416 GmS-OGB BVerwGE 39, 355 ff = JZ 1972, S. 655 ff.

417 Vom 22.5.1931, RGBl. I, S. 161, damals zuletzt geändert am 13.7.1961, BGBl. I, S. 994 = BStBl. I, S. 444.

418 Vgl. BFHE 75, 59; 62, 510, 511 f; 93, 14, 16.

419 Vgl. BFHE 81, 572, 579 ff = BStBl. III 1965, S. 206.

420 BVerwGE 35, 69, 73 ff.

Weil er von einem Urteil des Bundesfinanzhofes[421] abweichen wollte, legte der VII. Senat des Bundesverwaltungsgerichts mit Beschluß vom 13. Februar 1970[422] dem Gemeinsamen Senat gemäß § 11 Abs. 1 des Gesetzes zur Wahrung der Einheitlichkeit der Rechtsprechung der obersten Gerichtshöfe des Bundes (Rechtsprechungseinheitsgesetz[423], RSprEinhG) die Rechtsfrage zur Entscheidung vor, ob die Auslegung des Begriffs „unbillig" in § 131 Abs. 1 S. 1 RAO durch die Behörde in vollem Umfang gerichtlich nachprüfbar sei.

Diese Frage beantwortete der Gemeinsame Senat folgendermaßen: Zwar verschließe er sich der Möglichkeit, den Begriff „unbillig" als unbestimmten Rechtsbegriff einzuordnen, nicht von vornherein.[424] Allerdings könne nicht für alle Vorschriften, in denen eine Verbindung zwischen einem unbestimmten, d.h. einer unmittelbaren Subsumtion nicht zugänglichen Begriff und einem „Können" der Behörde hergestellt sei, von vornherein aufgrund dogmatischer Überlegungen bestimmt und festgestellt werden, ob es sich um eine Koppelung zwischen unbestimmtem Rechtsbegriff und Ermessen oder um die Ermächtigung einer Ermessensausübung handele, die sich am unbestimmten Rechtsbegriff zu orientieren habe. Allein anhand von Sinn und Zweck einer Vorschrift sei zu ermitteln, ob diese in den Bereich der Ermessensbetätigung oder der Rechtsanwendung falle.[425]

Die Praxis der vollen gerichtlichen Überprüfung der Anwendung unbestimmter Rechtsbegriffe im Hinterkopf, gelangte der Gemeinsame Senat zu dem Ergebnis, daß die Verlagerung des Begriffs „unbillig" in den Tatbestand der Norm einer Ermessensbetätigung letztlich keinen Spielraum mehr ließe, also zu einer nahezu vollständigen Ermessensschrumpfung führen würde.[426] Damit war sich der Senat der oben geschilderten Problematik offensichtlich bewußt.

In der Sache schloß sich der Gemeinsame Senat dem Bundesfinanzhof an. An der vollen gerichtlichen Überprüfbarkeit unbestimmter Rechtsbegriffe wurde jedoch eisern festgehalten, so daß man sich zur Lösung des Problems folgender – dogmatisch sehr fragwürdiger[427] – Konstruktion bediente:

Mit dem Bundesfinanzhof ging der Gemeinsame Senat davon aus, daß in § 131 Abs. 1 S. 1 RAO zwischen dem Begriff „unbillig" und der Folge „können" eine

---

421 BFHE 83, 555 = BStBl. 1965 III, S. 700.

422 BVerwGE 35, 69 = JZ 1971, S. 222 m. Anm. v. Franßen.

423 Vom 16.6.1968, BGBl. I, S. 661.

424 GmS-OGB BVerwGE 39, 355, 363.

425 GmS-OGB BVerwGE 39, 355, 364.

426 GmS-OGB BVerwGE 39, 355, 365.

427 Insofern kritisch auch Bachof, JZ 1972, S. 645; ebenso Maurer, § 7 Rdnr. 50.

unlösbare Verbindung bestehe. Eine solche Vorschrift könne nicht zum Zwecke der Auslegung in ihre Bestandteile zerrissen werden. Da aber bei der Unterstellung, es handle sich beim Begriff „unbillig“ um einen unbestimmten Rechtsbegriff, auch das „Können“ voll justitiabel wäre, und da dieses Ergebnis mit dem Sinn und Zweck der als Ermessensvorschrift konzipierten Bestimmung nicht zu vereinbaren sei, müsse man zu folgendem Schluß gelangen: Aufgrund der Besonderheit der hier zu beurteilenden und in ihrem textlichen Zusammenhang zu würdigenden Norm rage der Begriff „unbillig“ in den Ermessensbereich hinein und bestimme damit zugleich Inhalt und Grenzen der pflichtgemäßen Ermessensausübung.[428]

Des weiteren wird abgestellt auf den Begriff der Billigkeit, dem – insbesondere im Steuerrecht – gerade im Bereich der Ermessensentscheidung überragende Bedeutung zukomme. Ein und demselben Begriff könnten nicht ohne Zwang verschiedene Bedeutungen beigemessen werden, so daß der Senat von einem einheitlichen Begriff der Billigkeit ausgehe. Aus diesem einheitlichen Begriff der Billigkeit folge eine unlösbare Verzahnung zwischen Voraussetzung und Inhalt des nach § 131 Abs. 1 S. 1 RAO ergehenden Verwaltungsaktes[429]: Dieser stelle sich als *einheitliche Ermessensentscheidung* dar, wie sie die gesetzliche Regelung in anderen Fällen durch den Begriff des billigen Ermessens zum Ausdruck bringe.[430] Letztlich verdiene die Annahme einer reinen Ermessensentscheidung den Vorzug, weil sie die Gerichte nicht dazu zwinge, an die Stelle der Exekutive zu treten und statt ihrer zu entscheiden.[431]

Dieses Vorgehen kommt im Ergebnis der Sache nach der Annahme eines Tatbestandsermessens gleich. Die geschilderten Strapazen hätte sich der Gemeinsame Senat leicht ersparen können, hätte er sich dazu durchringen können, von der strikten Verneinung der Einräumung eines Beurteilungsspielraumes auf Tatbestandsseite, also eines Tatbestandsermessens, Abstand zu nehmen.[432]

Der Begriff des „einheitlichen Ermessens“ findet sich ferner in der oben bereits referierten Entscheidung des Bundesverwaltungsgerichts zu § 5 Abs. 1 S. 2 lit. c

---

428 GmS-OGB BVerwGE 39, 355, 366.

429 GmS-OGB BVerwGE 39, 355, 367.

430 GmS-OGB BVerwGE 39, 355, 368.

431 GmS-OGB BVerwGE 39, 355, 369.

432 I. E. ähnlich Koch, S. 185; Nagel, S. 98.

WoBindG[433] sowie in der Entscheidung des OVG Münster zu § 2 Abs. 1 S. 1 GjS[434].

c) Intendiertes Ermessen

Eine weitere Spielart im Bereich der Koppelungsvorschriften stellt das intendierte Ermessen dar.

Insbesondere solche Ermessensvorschriften, die die Vermeidung sogenannter unbilliger Härten zum Ziel haben, sind von den Gerichten für intendiert erklärt worden. Es handelt sich hierbei um Vorschriften, bei denen die zuständige Behörde nach *Ermessen* durch das Ergreifen bestimmter Maßnahmen *unbillige Härten* vermeiden kann. Vielfach wird das der Behörde eingeräumte Ermessen in diesem Bereich für gelenkt durch den Begriff der unbilligen Härte auf Tatbestandsseite erklärt, wobei die Gerichte auch hier – wie sollte es anders sein – die volle Überprüfung des unbestimmten Rechtsbegriffs der unbilligen Härte für sich in Anspruch nehmen.

aa) Anwendungsbereich

aaa) § 26 S. 2 BSHG a.F.

Gemäß § 26 S. 1 BSHG a.F.[435] hatten Auszubildende, deren Ausbildung im Rahmen des Bundesausbildungsförderungsgesetzes oder des Arbeitsförderungsgesetzes dem Grunde nach förderungsfähig war, keinen Anspruch auf Hilfe zum Lebensunterhalt. § 26 S. 2 BSHG a.F. (heute § 26 Abs. 1 S. 2 BSHG) regelte, daß *in besonderen Härtefällen* Hilfe zum Lebensunterhalt durch den Träger der Sozialhilfe gewährt werden *konnte*. Die Qualifizierung dieser Vorschrift als dem intendierten Ermessen zugehörig war zunächst umstritten:

In seinem Beschluß vom 3. Februar 1984 entschied das OVG Bremen, daß, wenn ein Härtefall gegeben sei, sich das der Behörde eingeräumte Ermessen auf Null reduziere und es ermessensfehlerhaft sei, die Hilfe zu versagen.[436]

Gegensätzlich entschied ein Jahr später das OVG Münster in seinem Beschluß vom 11. April 1985. Allein die Glaubhaftmachung der Voraussetzungen eines besonderen Härtefalles im Sinne des § 26 S. 2 BSHG (a.F.) rechtfertige noch nicht die Annahme einer „Ermessensreduzierung auf Null". Das dem Träger der

---

433 BVerwGE 72, 1, 5; hierzu bereits ausführlich Gliederungspunkt B. I. 2. a), S. 65.

434 OVG Münster, 23. Mai 1996, Az 20 A 298/94, Juris; vgl. hierzu Gliederungspunkt B. I. 2. b), S. 73.

435 Fassung vom 24.5.1983, BGBl. I, S. 613.

436 Vgl. OVG Bremen, FEVS 33 Nr. 28, S. 146.

Sozialhilfe nach § 26 S. 2 BSHG (a.F.) eingeräumte Ermessen sei nicht durch das Gesetz eingeschränkt.[437]

Die Literatur wiederum erklärt im Einklang mit dem OVG Bremen das nach § 26 S. 2 BSHG a.F. bzw. § 26 Abs. 1 S. 2 BSHG n.F. eingeräumte Ermessen für gebunden durch den unbestimmten Rechtsbegriff des besonderen Härtefalles, soweit es um das Entschließungsermessen des Sozialhilfeträgers geht.[438] Bei Vorliegen eines besonderen Härtefalles habe der Sozialhilfeträger in aller Regel Hilfe zum Lebensunterhalt zu gewähren.[439] Uneingeschränktes Ermessen bestehe nur hinsichtlich der zu wählenden Form der Hilfeleistung.[440]

Dieser Ansicht schloß sich in einer jüngeren Entscheidung vom 10. Dezember 1991 auch der VGH Kassel an. Bei Vorliegen eines besonderen Härtefalles verbleibe dem Sozialhilfeträger in aller Regel kein Ermessensspielraum, ob er Hilfe zum Lebensunterhalt leiste. Hierzu sei er in aller Regel verpflichtet, und eine abweichende Ermessensentscheidung sei trotz der Formulierung „kann“ ausgeschlossen.[441]

bbb) § 135 Abs. 5 S. 1 BBauG

Nach der Regelung des § 135 Abs. 5 S. 1 BBauG[442] (heute § 135 BauGB) *konnte* die Gemeinde von der Erhebung des Erschließungsbeitrages ganz oder teilweise absehen, wenn dies im öffentlichen Interesse oder *zur Vermeidung unbilliger Härten* geboten war. Der hiernach vorgesehenen Ermessensentscheidung sei allerdings eine bestimmte Richtung vorgegeben.[443] Sie sei durch das Gesetz dahin intendiert, daß von einem Erlaß nur ausnahmsweise dann abgesehen werden dürfe, wenn sich dies trotz der unbilligen Härte wegen besonderer, berücksichtigungsfähiger und gewichtiger Gründe rechtfertige.[444] Bereits der Wortlaut bringe den Sinngehalt der Regelung zum Ausdruck, eine Gemeinde sei, wenn eine unbillige Härte vorliege, grundsätzlich gehalten, einen Billigkeitserlaß zu gewähren. Das eingeräumte Ermessen könne im Regefall fehlerfrei nur durch

437 OVG Münster, NDV 1986, S. 141.

438 Schellhorn/Jirasek/Seipp, BSHG, 13. Auflage, § 26 Rdnr. 27.

439 Schellhorn/Jirasek/Seipp, BSHG, 13. Auflage, aaO; Schulte/Trenk-Hinterberger, BSHG, § 26 Anm. 5.

440 Vgl. Schellhorn/Jirasek/Seipp, aaO; Schulte/Trenk-Hinterberger, aaO.

441 VGH Kassel, NVwZ-RR 1992, S. 636.

442 Gesetz vom 23.6.1960, BGBl. 1960, S. 341.

443 BVerwG, NVwZ 1987, S. 603.

444 BVerwG, NVwZ 1987, S. 601.

die Gewährung eines Billigkeitserlasses ausgeübt werden (sog. intendiertes Ermessen).[445]

ccc) Kein *intendiertes Ermessen in Fällen des Art. 1 § 4 Abs. 3 S. 2 DDR-URG*

Ein intendiertes Ermessen in Fällen des 1991 geänderten Art. 1 § 4 Abs. 3 S. 2 des Umweltrahmengesetzes der DDR[446] (DDR-URG) wurde vom OVG Berlin hingegen verneint.[447]

Nach Artikel 1 § 4 Abs. 3 S. 1 DDR-URG n.F. sind Eigentümer, Besitzer oder Erwerber von Anlagen und Grundstücken, die gewerblichen Zwecken dienen oder im Rahmen wirtschaftlicher Unternehmungen Verwendung finden, für die durch den Betrieb der Anlage oder die Benutzung des Grundstücks vor dem 1. Juli 1990 verursachten Schäden nicht verantwortlich, soweit die zuständige Behörde im Einvernehmen mit der obersten Landesbehörde sie von der Verantwortung freistellt. Nach Satz 2 der Regelung *kann* eine Freistellung erfolgen, wenn dies unter Abwägung der Interessen des Eigentümmer, des Besitzers oder des Erwerbers, der durch den Betrieb der Anlage oder die Benutzung des Grundstücks möglicherweise Geschädigten, der Allgemeinheit und des Umweltschutzes geboten ist.

In dem betreffenden Verfahren vor dem OVG Berlin machte der Kläger geltend, in durchschnittlich gelagerten Fällen müsse es zu einer Freistellung kommen. Dieser Auslegung vermochte sich das OVG Berlin nicht anzuschließen: Der Gesetzgeber habe es bewußt bei der Kann-Formulierung belassen, derer sich 1990 noch die Volkskammer der DDR bedient habe, und die Vorschrift nicht durch die Verwendung der Worte „soll“ oder „ist“ umstrukturiert. Die vom Kläger zur Vorschrift des § 135 Abs. 5 S. 1 BauGB[448] gezogene Parallele sei verfehlt. Diese nur Ausnahmekonstellationen erfassende Härtefallregelung sei mit der Interessenlage, die Art. 2 § 4 Abs. 3 S. 2 DDR-URG erfasse, nicht vergleichbar. Dafür spräche insbesondere die unübersehbare Belastung für die öffentliche Hand beispielsweise gemäß Art. 1 § 4 Abs. 3 S. 5 DDR-URG, wonach das Land infolge einer Freistellung zum Schuldner etwaiger Schadensersatzansprüche von Nachbarn wird.

---

445 BVerwG, NVwZ 1987, S. 603.

446 Die Änderung erfolgte durch das Gesetz zur Beseitigung von Hemmnissen bei der Privatisierung von Unternehmen und zur Förderung von Investitionen vom 22. März 1991, BGBl. I, S. 765: Änderung des Art. 1 § 4 Abs. 3 des Umweltrahmengesetzes der DDR in Art. 12 des genannten Gesetzes, BGBl. I, S. 788.

447 OVG Berlin, LKV 2001, S. 376.

448 Vgl. hierzu die vorstehenden Ausführungen unter Gliederungspunkt D. II. 2. c) bbb), S. 147.

Vor diesem Hintergrund normiere Art. 1 § 4 Abs. 3 S. 2 DDR-URG kein intendiertes Ermessen.[449]

ddd) § 12 Abs. 6 S. 2 WPflG

Gemäß § 12 Abs. 6 S. 1 WPflG darf der Wehrpflichtige in Fällen des Absatzes 4 der Regelung höchstens so lange vom Wehrdienst zurückgestellt werden, daß er noch vor der maßgebenden Altersgrenze von 28 Jahren einberufen werden kann. Nach § 12 Abs. 6 S. 2 WPflG *kann* der Wehrpflichtige in Ausnahmefällen, in denen die Einberufung *eine unzumutbare Härte* bedeuten würde, auch darüber hinaus zurückgestellt werden. Nach der Rechtsprechung des Bundesverwaltungsgerichts stellt die Zurückstellung bei Vorliegen einer unzumutbaren Härte i. S. v. § 12 Abs. 6 S. 2 WPflG die regelmäßig anzuordnende Rechtsfolge dar. Dies ergibt sich im Umkehrschluß aus der Formulierung der Gerichte, nur ausnahmsweise könnten die Wehrersatzbehörden im Rahmen des ihnen eingeräumten Ermessens trotz Vorliegens einer unzumutbaren Härte von der Zurückstellung absehen, wenn die Härte durch eine bestimmte militärische Verwendung des Wehrpflichtigen im Grundwehrdienst beseitigt werden könne.[450]

Diese Überlegung krankt allerdings an einem Gedankenfehler: Kann eine zu befürchtende Härte bei der Einberufung zum Wehrdienst durch eine bestimmte militärische Verwendung beseitigt werden, so begründet bereits die Einberufung an sich vor diesem Hintergrund keine Härte.

bb) Zusammenfassung

Auf den ersten Blick scheint das intendierte Ermessen einen Ausweg aus dem oben geschilderten Dilemma zu weisen, welches dann auftritt, wenn die Auslegung des unbestimmten Rechtsbegriffes bereits alle Erwägungen absorbiert, die auch im Rahmen der Ermessensausübung anzustellen wären. Mit der Figur des intendierten Ermessens in diesem Bereich umgehen die Gerichte den Vorwurf, sie sprächen den Behörden unzulässigerweise ihr Ermessen ab, denn für atypische Fälle soll es den Behörden ja gestattet sein, trotz unbilliger Härte keine Sozialhilfe zu gewähren, nicht von der Erhebung des Erschließungsbeitrages abzusehen bzw. den Wehrpflichtigen nicht über die Altersgrenze hinaus zurückzustellen.

Die Gerichte schlagen hiermit gleich zwei Fliegen mit einer Klappe: Sie können nach wie vor die volle Überprüfung der Anwendung der unbestimmten Rechtsbegriffe für sich in Anspruch nehmen, gleichzeitig belassen sie der Verwaltung

---

449 OVG Berlin, LKV 2001, S. 377.

450 BVerwG, NVwZ 1987, 226; BVerwG, NVwZ-RR 1990, S. 87.

den ihr ausdrücklich zugewiesenen Entscheidungsspielraum, wenn auch nur für atypische Fallkonstellationen.

Darüber hinaus entspricht es dem Gerechtigkeitsempfinden, wenn die Verwaltung für verpflichtet erklärt wird, von der entsprechenden Billigkeitsregelung bei Vorliegen besonderer Härten – jedenfalls im Regelfall – auch tatsächlich Gebrauch zu machen. Dies läßt dazu neigen, im intendierten Ermessen die Lösung des oben geschilderten Problems zu erblicken.

cc) Schlußfolgerungen

aaa) Das intendierte Ermessen als Scheinlösung

Allerdings handelt es sich beim intendierten Ermessen bei genauerem Hinsehen in diesem Bereich um eine Scheinkonstruktion: Die Gerichte erwecken den Eindruck, sie beließen den Behörden ihr Ermessen – wenn auch in nur beschränktem Umfang. Tatsächlich ist dies jedoch nicht der Fall:

Denn ist es tatsächlich denkbar, daß die Behörde einmal davon absehen kann, der unbilligen Härte Rechnung zu tragen, obwohl sie eine solche zuvor angenommen hat? Welche Gründe könnten ein solches Vorgehen rechtfertigen?

Diese Fragen führen zurück zu der Ausgangsfrage für die geschilderte Problematik, nämlich wie zu verfahren ist, wenn die Behörde bereits bei der Anwendung des unbestimmten Rechtsbegriffes alle Erwägungen angestellt hat, die sie auch auf Rechtsfolgenseite im Rahmen der Ermessensausübung vornehmen müßte.

Die beschriebenen Koppelungsvorschriften machen das Vorgehen der Behörde vom Vorliegen unbilliger (besonderer, unzumutbarer) Härten abhängig. Verbleiben aber nach Ermittlung dessen, ob eine unbillige Härte vorliegt, überhaupt noch Erwägungen, die einen atypischen Fall begründen und somit ein Absehen von der Beseitigung der unbilligen Härte rechtfertigen könnten? Die Antwort auf diese Frage muß aus folgendem Grund negativ ausfallen:

Wie bereits dargestellt, sind im Rahmen jeder Ermessensausübung die Interessen des von der Regelung betroffenen Individuums gegen die öffentlichen Interessen abzuwägen. Diese Abwägung erfolgt im Rahmen der beschriebenen Koppelungsvorschriften allerdings schon vollständig bei der Ermittlung dessen, ob ein Sachverhalt eine unbillige Härte begründet. Denn innerhalb der Prüfung, ob die Gegebenheiten für den Betroffenen eine Härte darstellen, finden Individualinteressen Berücksichtigung, während das Kriterium der Unbilligkeit die Abwägung dieser Individualinteressen mit dem öffentlichen Interesse herbeiführt. Unbillig ist die Härte für den Betroffenen nur dann, wenn das Individualinteresse das öffentliche Interesse im konkreten Einzelfall überwiegt.

Damit verbleiben keine Gründe, die im Rahmen einer Ermessensausübung über die bei der Anwendung des unbestimmten Rechtsbegriffs angestellten Erwägungen hinausgehen könnten.[451] Die Konsequenz dieser Erkenntnis ist die, daß die

---

451 Etwas anderes gilt laut Rspr. für § 9 Abs. 3 S. 1 MutterSchG:

§ 9 Abs. 1, 1. HS MutterSchG normiert die Unzulässigkeit der Kündigung einer schwangeren Frau während der Schwangerschaft und bis zum Ablauf von vier Monaten nach der Entbindung, wenn dem Arbeitgeber zur Zeit der Kündigung die Schwangerschaft oder Entbindung bekannt war oder innerhalb zweier Wochen nach Zugang der Kündigung mitgeteilt wird. Nach § 9 Abs. 3 S. 1 MutterSchG *kann* die für den Arbeitsschutz zuständige oberste Landesbehörde oder die von ihr bestimmte Stelle *in besonderen Fällen* ausnahmsweise die Kündigung für zulässig erklären.

Der nach § 9 Abs. 3 S. 1 MutterSchG für die Zulässigerklärung der Kündigung einer Schwangeren erforderliche „besondere Fall" stellt einen unbestimmten Rechtsbegriff dar (vgl. nur BVerwGE 7, 294, 296; 36, 160, 161; 54, 276, 280; OVG Hamburg, NJW 1983, S. 1749; OVG Münster, NWVBl. 1989, S. 59). Bei der Anwendung dieses Begriffes haben hinsichtlich der Interessen der werdenden Mutter nach der einschlägigen Rechtsprechung ausschließlich Erwägungen des Mutterschutzes Berücksichtigung zu finden, denen wiederum gegenüber den Interessen des Arbeitnehmers grundsätzlich vorrangige Bedeutung zukomme. Falle die entsprechende Abwägung dennoch einmal zu Lasten der werdenden Mutter aus, so stelle die Entscheidung der Behörde, die Kündigung für zulässig zu erklären, im Regelfall keinen Ermessensfehlgebrauch dar und es bedürfe insoweit weder besonderer Ermessenserwägungen noch ihrer Darlegung (im Ansatz so bereits BVerwGE 54, 276, 280 u. 285; später deutlicher OVG Hamburg, NJW 1983, S. 1749; OVG Münster, NWVBl. 1989, S. 60). Etwas anderes gelte nur, wenn auf Tatbestandsseite noch nicht berücksichtigte Gründe in der Person der werdenden Mutter gegeben seien, die für die Ermessensentscheidung erheblich und ein anderes Ergebnis zu rechtfertigen geeignet seien (vgl. BVerwGE 54, 276, 285; OVG Hamburg, NJW 1983, S. 1749). Dieselbe Argumentation findet sich in einem Urteil des VG Hamburg zu § 18 Abs. 1 S. 2 BErzGG, wobei das Gericht die genannte Vorschrift ausdrücklich dem intendierten Ermessen zuzählt (vgl. VG Hamburg, NordÖR 2000, S. 515).

Damit unterscheidet sich die genannte Rechtsprechung von den hier geschilderten Fällen: Der Rechtsprechung zu § 9 Abs. 3 S. 1 MutterSchG zufolge verbleiben ausdrücklich Erwägungen für die Ermessensausübung, die über die Erwägungen auf Tatbestandsseite hinausgehen. Allerdings erscheint es etwas konstruiert, die Anwendung des Tatbestandsmerkmales des „besonderen Falles" ausschließlich mutterschutzrechtlichen Erwägungen vorbehalten zu wollen, um über das Ermessen die Berücksichtigung weiterer Aspekte zu ermöglichen. Diese Skepsis unterstützt ferner die Ablehnung der Gerichte, beispielsweise von der werdenden Mutter vorgebrachte wirtschaftliche Aspekte im Rahmen weitergehender Erwägungen zu berücksichtigen (vgl. OVG Hamburg, NJW 1983, S. 1749). Es erscheint fraglich, welche Erwägungen überhaupt im Rahmen der Ermessensausübung Berücksichtigung finden könnten.

Gerichte der Verwaltung nur zum Schein auf dem Papier weiterhin Freiräume belassen, die sie faktisch jedoch gar nicht wahrnehmen kann.

Das intendierte Ermessen ist demnach im Hinblick auf die ausdrückliche Ermesseneinräumung durch den Gesetzgeber ebenso abzulehnen wie die Annahme eines Ermessensschwundes.

bbb) Die Notwendigkeit der Anerkennung eines Tatbestandsermessens

Letztlich ist das geschilderte Dilemma, das sich bei der Anwendung der dargestellten Koppelungsvorschriften infolge der Spruchpraxis der Verwaltungsgerichte ergibt, dogmatisch vertretbar nicht anders als durch die Anerkennung eines Tatbestandsermessens zu lösen. Gerade die Erkenntnis, daß die Erwägungen, die inhaltlich im Rahmen der Anwendung des unbestimmten Rechtsbegriffes anzustellen sind, mit den im Rahmen einer Ermessensausübung anzustellenden Erwägungen identisch sind, spricht für die Akzeptanz eines Ermessensspielraumes auch auf Tatbestandsseite. Demzufolge ist ein Tatbestandsermessen zumindest stets bei solchen Koppelungsvorschriften anzunehmen, bei denen die beschriebene Abwägungsidentität vorliegt. Denn jedenfalls hier bringt der Gesetzgeber durch die Kann-Formulierung auf Rechtsfolgenseite eindeutig zum Ausdruck, daß er die betreffende Entscheidung in das Ermessen der Behörde stellen will.[452]

Diesen Willen des Gesetzgebers ignoriert die Rechtsprechung, wenn sie sich der Konstruktionen des Ermessensschwundes oder des intendierten Ermessens bedient.

Wie dargestellt, handelt es sich beispielsweise beim Begriff der „unbilligen Härte“ um einen solchen unbestimmten Rechtsbegriff, bei dem einer Ermessensausübung inhaltlich identische Erwägungen anzustellen, nämlich Individualinteressen gegen öffentliche Interessen abzuwägen sind.

Damit kann zumindest als Minimallösung[453] festgehalten werden, daß unbestimmte Rechtsbegriffe jedenfalls immer dann ein Tatbestandsermessen, respektive einen Beurteilungsspielraum einräumen, wenn mit ihrer Anwendung die abschließende Abwägung von Individualinteressen und öffentlichem Interesse einhergeht und die Kann-Formulierung auf Rechtsfolgenseite verdeutlicht, daß diese Abwägung einer gerichtlichen Überprüfung nur in beschränktem Umfang

---

452 Auf diese Klarstellungsfunktion beschränkt sich im Ergebnis die Kann-Formulierung auf Rechtsfolgenseite, denn die entsprechenden Erwägungen sind ja bereits auf Tatbestandsseite angestellt und einem Ergebnis zugeführt worden. Insofern rechtfertigt es sich tatsächlich – wie in den oben geschilderten Entscheidungen geschehen – von einer einheitlichen Ermessensentscheidung zu sprechen.

453 Vgl. insoweit auch Schmidt-Eichstaedt, DVBl. 1985, S. 648.

zugänglich sein soll. Aus Gründen der Rechtssicherheit muß für die betreffenden Begriffe ein Tatbestandsermessen auch dann angenommen werden, wenn sie einmal nicht gekoppelt mit einer Ermessenseinräumung auf Rechtsfolgenseite auftauchen.[454]

Aber auch über eine solche Minimallösung hinaus sind keine Gründe ersichtlich, warum die Rechtskonkretisierungsbefugnis für unbestimmte Rechtsbegriffe nicht bei der Verwaltung, sondern bei der Rechtsprechung liegen sollte.

Vielfach wird für eine entsprechende Konkretisierungsbefugnis der Gerichte unzutreffend die Rechtsweggarantie aus Art. 19 Abs. 4 GG ins Feld geführt,[455] wonach jedem, der durch die öffentliche Gewalt in seinen Rechten verletzt wird, der Rechtsweg offensteht. Zwar qualifiziert das Bundesverfassungsgericht Art. 19 Abs. 4 GG als formelles Hauptgrundrecht, das jedermann einen „lückenlosen" Rechtsschutz gegen behauptete rechtswidrige Eingriff der öffentlichen Gewalt in seine Rechte gewährleiste.[456]

Der vom Bundesverfassungsgericht eingeforderte „lückenlose" Rechtsschutz kann jedoch nur dort erfolgen, wo Gesetz und Recht einen eindeutigen Maßstab liefern. Fehlt es aber an einer entsprechenden Determinierung der Verwaltung, so folgen hieraus entsprechende Begrenzungen für die gerichtliche Kontrolle.[457] Art. 19 Abs. 4 GG darf nicht verabsolutiert werden.[458]

Zutreffend stellte das Bundesverwaltungsgericht daher fest, daß Art. 19 Abs. 4 GG Gestaltungs-, Ermessens- und Beurteilungsspielräume der Verwaltung nicht ausschließt.[459] Vielmehr verlangt Art. 19 Abs. 4 GG, *daß* eine Kontrolle stattfindet. Der Kontrollumfang, die Kontrollintensität kann hingegen variieren, je nachdem, welchen Rahmen die Rechtsordnung aufstellt. Denn der gewaltenteilige Rechtsstaat verlangt ein Miteinander der Gewalten und damit gerade nicht, daß der Richter die Verwaltung in jedem Punkte überprüft.[460]

---

454 Auch hier zeigen sich die Mängel der Rechtsprechung, die beispielsweise bezüglich des Begriffs der „besonderen Härte" mal einen unbestimmten Rechtsbegriff verneint (vgl. BVerwGE 72, 1, 4 f) mal einen solchen annimmt (vgl. nur OVG Münster, NDV 1987, S. 141; VGH Kassel, NVwZ-RR 1992, S. 636). Vgl. hierzu bereits die Kritik zu BVerwGE 72, 1, Gliederungspunkt B. I. 2. a) cc) bbb), S. 70.

455 So z.B. von Maurer, § 7 Rdnr. 56 ff; Bachof, Dürig-FS, S. 339 ff.

456 BVerfGE 58, 1, 40.

457 Pieroth/Kemm, JuS 1995, S. 780; Nagel, S. 162.

458 Starck, Sendler-FS, S. 172; ähnlich auch Fiedler, in: *Ress*, S. 327 ff.

459 Vgl. etwa BVerwGE 5, 153, 162 f; 8, 272, 273; 9, 284, 288; 15, 39, 41 f; 21, 127, 131; 72, 195, 206.

460 So auch Nagel, S. 162.

Fehlt es demnach an eindeutigen rechtlichen Kontrollmaßstäben, so ist es nicht Aufgabe der Verwaltungsgerichte, solche eigenständig zu entwickeln.[461] Da unbestimmte Rechtsbegriffe, die einer wertenden Ausfüllung bedürfen, derartige Kontrollmaßstäbe vermissen lassen[462], ist die verbleibende Offenheit durch die Exekutive auszufüllen. Denn wie die Lehre vom Tatbestandsermessen[463] zutreffend feststellt, sind die Entscheidungsprozesse bei unbestimmten Rechtsbegriffen und Ermessen identisch. Damit besteht die geschilderte Rechtskonkretisierungsbefugnis der Verwaltung auch im Bereich wertausfüllungsbedürftiger unbestimmter Rechtsbegriffe.

Mit folgender Formulierung trifft *Franßen* den Kern der Sache: „Gibt ihm (dem Richter, Anm. der Verf.) das Gesetz nur einen Zentimetermaßstab an die Hand, dann darf er nicht Millimeter oder Zehntelmillimeter messen wollen, sonst dringt er in den der Verwaltung vorbehaltenen Bereich ein und verändert damit die vom Gesetzgeber für den Gesetzesvollzug vorausgesetzten Randbedingungen.“[464]

Als Ergebnis bleibt somit festzuhalten, daß unbestimmte Rechtsbegriffe auf Tatbestandsseite, die einer wertenden Stellungnahme bedürfen, ein Tatbestandsermessen normieren und folglich wegen § 114 VwGO nur einer eingeschränkten gerichtlichen Kontrolle unterliegen.

dd) Ergebnis

Die Anwendung des intendierten Ermessens im Bereich von Koppelungsvorschriften zwingt zu der erfolgten Auseinandersetzung mit der Problematik der gerichtlichen Kontrolle unbestimmter Rechtsbegriffe. Aus den geschilderten Gründen vermag das intendierte Ermessen in diesem Bereich jedoch keine sachgerechte Lösung zu vermitteln. Es ist daher für diesen Anwendungsbereich abzulehnen. Anzuschließen ist sich hinsichtlich der geschilderten Problematik vielmehr den Vertretern eines Tatbestandsermessens, da nur diese im Ergebnis zu einer dogmatisch konsequenten Lösung des Problems gelangen.

---

461 Nagel, aaO; a.A. Papier, S. 18 f; ders., DÖV 1986, S. 622: Aus Art. 19 Abs. 4 GG folge ein „Rechtsverweigerungsverbot“, daß dazu führe, daß der Richter gewissermaßen „Ersatzgesetzgeber“ spielen müsse, wenn ihm der Gesetzgeber nicht die für seine Tätigkeit erforderlichen Kontrollmaßstäbe mitliefere.

462 Etwas anderes gilt für die sogenannten empirischen Begriffe, die aufgrund von Erfahrungswerten einer Konkretisierung und damit auch einer gerichtlichen Überprüfung zugänglich sind.

463 Vgl. hierzu Gliederungspunkt C. I. 2. b), S. 135.

464 Franßen, Zeidler-FS, S. 439.

Gleichzeitig kann für den Bereich von Koppelungsvorschriften festgehalten werden, daß der oben geschilderte Vorwurf der Okkupation behördlicher Entscheidungsspielräume[465] ausschließlich hier seine volle Berechtigung erfährt.

Die Kritik der Autoren, die ihre Ablehnung des intendierten Ermessens auf den Vorwurf einer Okkupation behördlicher Entscheidungsspielräume stützen, bezieht sich jedoch nicht etwa auf die gerichtliche Praxis bei der Überprüfung der Anwendung von unbestimmten Rechtsbegriffen. Der Grund hierfür liegt darin, daß diese Autoren nicht zwischen den verschiedenen Anwendungsbereichen des intendierten Ermessens differenzieren.

Es bleibt jedoch zu hoffen, daß das intendierte Ermessen – gerade weil es für den Bereich von Koppelungsvorschriften abzulehnen ist – zumindest zu einer Belebung der Diskussion um die gerichtliche Überprüfung der Anwendung unbestimmter Rechtsbegriffe beiträgt.

---

465 Vgl. hierzu ausführlich Gliederungspunkt A. I., S. 53.

E. Zusammenfassung der Ergebnisse

Zusammenfassend läßt sich damit festhalten, daß die Rechtsfigur des intendierten Ermessens für folgende Bereiche ihre Berechtigung hat:

- **intendiertes Ermessen kraft Gesetzeswortlaut**
  Ein intendiertes Ermessen ist überall dort anzunehmen, wo bereits dem Gesetzeswortlaut die Präferenz für eine ganz bestimmte Rechtsfolge zu entnehmen ist, etwa durch Formulierungen wie „in Ausnahmefällen".

- **intendiertes Ermessen kraft systematischer Auslegung**
  Aus der Gesetzessystematik, d.h. aus den verschiedenen gesetzlichen Vorschriften eines Regelungsbereiches kann sich ergeben, daß das Ermessen in der Regel in eine bestimmte Richtung auszuüben ist.

- **intendiertes Ermessen bei der Beseitigung rechtswidriger Zustände**
  Ein intendiertes Ermessen ist immer dort anzunehmen, wo es um die Beseitigung rechtswidriger Zustände im weitesten Sinne geht, da die Ermessenseinräumung für die betreffenden Fälle allein zu dem Zweck geschieht, der zuständigen Behörde die Möglichkeit offenzuhalten, ausnahmsweise einmal von einer Beseitigung des rechtswidrigen Zustandes abzusehen, sei es aus Gründen der Einzelfallgerechtigkeit, sei es aus Gründen der Opportunität.

- **intendiertes Ermessen infolge der Grundsätze der Wirschaftlichkeit und Sparsamkeit bei der Verwaltung öffentlicher Mittel**
  Für Ermessensentscheidungen, bei denen die Grundsätze der Wirtschaftlichkeit und Sparsamkeit bei der Verwaltung öffentlicher Mittel greifen, ist eine Intendierung in solchen Fällen anzunehmen, in denen mit einer Rückforderung bzw. Einforderung gerechnet werden muß.

- ***kein* intendiertes Ermessen im Anwendungsbereich sogenannter Koppelungsvorschriften**
  Abzulehnen ist ein intendiertes Ermessen im Anwendungsbereich sogenannter Koppelungsvorschriften, da es sich hier um eine bloße Scheinlösung handelt. Für den Bereich der Verzahnung von Ermessen und unbestimmtem Rechtsbegriff muß ein anderer Lösungsweg beschritten werden, der allein über die Anerkennung eines Tatbestandsermessens führen kann.

3. Teil:

Konsequenzen des intendierten Ermessens

Nachdem die Rechtsfigur des intendierten Ermessens für die geschilderten Bereiche ihre Berechtigung erfährt, ist der hieran anknüpfenden Frage nachzugehen, welche Konsequenzen dies mit sich bringt. Zu unterscheiden sind hierbei die materiell-rechtlichen und die verfahrensrechtlichen Auswirkungen.

A. Materiell-rechtliche Auswirkungen des intendierten Ermessens

Im Hinblick auf die Überprüfung eines Verwaltungsaktes unter materiell-rechtlichen Gesichtspunkten ergeben sich, wenn er auf der Grundlage einer Norm mit intendiertem Ermessen ergangen ist, verschiedene denkbare Konstellationen.

I. Der gesetzliche Regelfall

Es ist unproblematisch, wenn die Behörde bei Vorliegen eines Regelfalles kenntlich macht, daß sie bewußt wegen Vorliegens dieses Regelfalles auf die Ausübung von Ermessen verzichtet. In einem solchen Fall handelt sie bewußt der gesetzlichen Intention entsprechend und damit rechtmäßig.

Probleme bereitet hingegen auf den ersten Blick die Fallgestaltung, daß die Behörde sich bei Vorliegen eines Regelfalles irrtümlich für gebunden hält, sie also im Ergebnis zwar der gesetzlichen Intention gemäß entscheidet, dies aber nicht bewußt geschieht. So scheint es in der ganz überwiegenden Mehrzahl der Fälle, in denen die Gerichte mit dem intendierten Ermessen argumentierten, geschehen zu sein.[466] In dem fehlenden Verweis auf das Vorliegen eines Regelfalles könnte unter Umständen ein Ermessensnichtgebrauch liegen, falls die Entscheidung darüber, ob ein Regelfall oder ein Ausnahmefall vorliegt, selber eine Ermessensentscheidung darstellt.[467] In diesem Fall hätte die Behörde auch im Rahmen

---

466 Vgl. hierzu die obige Darstellung der Rechtsprechungsentwicklung, 1. Teil, Gliederungspunkt C., S. 43 ff.

467 In diese Richtung wohl OVG Münster, NVwZ 1994, S. 704; ausführliche Erwägungen zum Rechtscharakter der Entscheidung über das Vorliegen eines Regelfalles finden sich bei Borowski, DVBl. 2000, S. 151 ff.

intendierten Ermessens in jedem Fall eine Ermessensentscheidung zu treffen: Bei Vorliegen eines Regelfalles würde sich die Ermessensausübung auf die Ermittlung desselben beschränken, während bei Vorliegen eines atypischen Falles ausgiebige Ermessenserwägungen zu erfolgen hätten. Insofern wäre die oben gemachte Ausführung, erst das Vorliegen eines atypischen Falles löse den Eintritt in Ermessenserwägungen aus, dahingehend zu korrigieren, daß erst das Vorliegen eines atypischen Falles den Eintritt in *ausführliche* Ermessenserwägungen auslöst. Doch selbst wenn die Entscheidung darüber, ob ein Regelfall vorliegt oder nicht, eine Ermessensentscheidung darstellen sollte, ist es fraglich, ob ein Ermessensnichtgebrauch, wie normalerweise üblich, auch hier zur Aufhebung des Verwaltungsaktes führt.

Möglicherweise könnte die Behörde entsprechende Erwägungen nach der neuen Regelung des § 114 S. 2 VwGO noch bis zum Ende des Verwaltungsprozesses ergänzen. Eine Ergänzung von Ermessenserwägungen liegt jedoch bereits begrifflich dann nicht vor, wenn ursprünglich gar keine Ermessenserwägungen angestellt worden sind. Somit schafft § 114 S. 2 VwGO nicht die Möglichkeit, einen ursprünglich als gebundene Entscheidung ergangenen Verwaltungsakt in einen Ermessensakt umzuwandeln.[468]

Ein entsprechender Verwaltungsakt kann letztlich jedoch aufgrund folgender Erwägungen aufrecht erhalten werden:

Für die Ermessensreduzierung auf Null wurde bereits festgestellt, daß ein Ermessensnichtgebrauch unschädlich ist und nicht zur Aufhebung des Verwaltungsaktes führt, wenn die ohnehin einzige richtige Entscheidung getroffen wurde.[469] Gleiches muß für Fälle intendierten Ermessens gelten: Liegt ein Regelfall vor, so ist die Anordnung der intendierten Rechtsfolge in jedem Falle rechtmäßig, also auch dann, wenn sich die Behörde irrtümlich für gebunden hielt.[470]

Damit kann die Frage danach, ob es sich bei der Entscheidung über das Vorliegen eines Regelfalles oder eines atypischen Falles um eine Ermessensentscheidung handelt, dahinstehen, da der Umstand, daß sich die Behörde womöglich irrtümlich für gebunden hielt, aus den geschilderten Gründen jedenfalls nicht zur Aufhebung des Verwaltungsaktes führt.

---

468 VGH München, BayVBl. 1999, S. 152; Kopp/Schenke, VwGO, § 114 Rdnr. 50; Redeker, in: *Redeker/von Oertzen*, VwGO, § 114 Rdnr. 10a; Rennert, in: *Eyermann*, VwGO, § 114 Rdnr. 87 und 89.

469 Vgl. BVerwGE 48, 81, 85; Rennert, in: *Eyermann*, VwGO, § 114 Rdnr. 19 und 32.

470 So ausdrücklich OVG Münster, GewArch 1978, S. 29, unter Bezugnahme auf BVerwGE 48, 81, 84; ebenso Rennert, in: *Eyermann*, VwGO, § 114 Rdnr. 19; ähnlich VGH Mannheim, NVwZ 1983, S. 554 f; OVG Weimar, LKV 1997, S. 371.

II. Der atypische Fall

Geht die Behörde vom Vorliegen eines Regelfalles aus oder hält sie sich irrtümlich für gebunden und verzichtet sie demgemäß auf Ermessenserwägungen, tatsächlich liegt jedoch ein atypischer Fall vor, so unterläßt sie die entsprechenden Ermessenserwägungen zu Unrecht. Es liegt ein Ermessensnichtgebrauch vor, der zur Aufhebung des Verwaltungsaktes führt.[471]

Ist hingegen ein atypischer Fall gegeben und die Behörde erkennt dies, und trifft sie aufgrund dessen eine Ermessensentscheidung, so muß diese Entscheidung die Anforderungen erfüllen, die an jede gewöhnliche Ermessensentscheidung zu stellen sind.

---

471 Vgl. OVG Lüneburg, BauR 1986, S. 692; VG Berlin, GewArch 1992, S. 190; OVG Lüneburg, BRS 38 Nr. 205, S. 441; OVG Saarlouis, BRS 44 Nr. 194, S. 452; OVG Lüneburg, BRS 46 Nr. 191, S. 444; VGH Mannheim, BauR 1991, S. 452; VGH Mannheim, ZLR 1997, S. 674.

B. Verfahrensrechtliche Auswirkungen des intendierten Ermessens, insbesondere auf die Begründungspflicht

Über die geschilderten materiell-rechtlichen Folgen hinaus ist den verfahrensrechtlichen Auswirkungen des intendierten Ermessens, namentlich den Auswirkungen auf Inhalt und Umfang der Begründungspflicht nach § 39 VwVfG nachzugehen. Denn auch die formelle Rechtswidrigkeit eines Verwaltungsaktes kann zu dessen Aufhebung führen. Gemäß § 39 Abs. 1 S. 1 VwVfG ist ein schriftlicher oder schriftlich bestätigter Verwaltungsakt schriftlich zu begründen. Wie dargestellt, wurde in den Fällen, die von den Gerichten dem intendierten Ermessen zugeordnet worden sind, von Klägerseite ein Ermessensnichtgebrauch einhergehend mit einer fehlenden bzw. fehlerhaften Begründung geltend gemacht.

Hieraus ist der Rückschluß zu ziehen, daß es sich bei den angegriffenen Verwaltungsakten um schriftlich ergangene oder zumindest schriftlich bestätigte Verfügungen handelte. Dies ist bei Verwaltungsakten, gegen die rechtlich vorgegangen wird, in der Regel der Fall: Selbst wenn die angegriffene Verfügung zunächst nicht schriftlich ergangen war, ist nach § 37 Abs. 2 S. 2 VwVfG die zunächst mündlich ergangene Verfügung schriftlich zu bestätigen, wenn hieran ein Interesse besteht und der Betroffene dies unverzüglich verlangt. Das nach dieser Regelung geforderte rechtliche Interesse kann rechtlicher oder wirtschaftlicher aber auch ideeller Natur sein.[472] Es ist für den Adressaten einer Verfügung regelmäßig zu bejahen,[473] insbesondere wenn er sich anhand der Begründung über die Möglichkeiten einer Anfechtung Klarheit verschaffen will.[474] Daß die Begründung unverzüglich verlangt werden muß, bedeutet, daß dies – wie nach § 121 BGB – ohne schuldhaftes Zögern zu erfolgen hat.[475]

Werden also rechtliche Schritte gegen eine Verfügung erwogen, so wird sich der Betroffene regelmäßig alsbald eine schriftliche Bestätigung ausstellen lassen. Dies löst wiederum die Begründungspflicht nach § 39 Abs. 1 S. 1 VwVfG aus.

Gemäß § 39 Abs. 1 S. 2 VwVfG sind in der Begründung die wesentlichen tatsächlichen und rechtlichen Gründe mitzuteilen, die die Behörde zu ihrer Entscheidung bewogen haben. Eine Sonderregelung findet sich in Satz 3 für die Begründung von Ermessensentscheidungen: Sie soll auch die Gesichtspunkte

---

472 Henneke, in: *Knack*, VwVfG, § 37 Rdnr. 24.

473 Kopp/Ramsauer, VwVfG, § 37 Rdnr. 24.

474 Stelkens, in: *Stelkens/Bonk/Sachs*, VwVfG, § 37 Rdnr. 42.

475 Vgl. Stelkens, in: *Stelkens/Bonk/Sachs*, VwVfG, § 37 Rdnr. 43 unter Berufung auf die Begründung zu § 33 Abs. 2 Entwurf 73 und zu § 125 Abs. 2 AO 1974; Kopp/Ramsauer, VwVfG, § 37 Rdnr. 25; Janßen, in: *Obermayer*, VwVfG, § 37 Rdnr. 21; Henneke, in: *Knack*, VwVfG, aaO.

erkennen lassen, von denen die Behörde bei der Ausübung ihres Ermessen ausgegangen ist. Zu klären wird also sein, welche Erwägungen bei der Begründung einer intendierten Ermessensentscheidung gemäß § 39 Abs. 1 S. 3 VwVfG darzulegen sind. Hierbei wird besonderes Augenmerk auf die Funktion der Begründungspflicht zu richten sein.

I. Die einzelnen Funktionen der Begründungspflicht, insbesondere bei Ermessensentscheidungen

Der Begründung von Verwaltungsakten, wie § 39 VwVfG sie vorschreibt, kommen verschiedene Funktionen zu.

Zunächst strebt die Begründung einer behördlichen Entscheidung eine erhöhte Akzeptanz seitens des Bürgers an: Kennt der Betroffene die Gründe für die Entscheidung der Behörde, wird er eher geneigt sein, diese Entscheidung zu akzeptieren (Akzeptanzfunktion).[476] Diese angestrebte Akzeptanz behördlicher Entscheidungen durch den Bürger ist Ausdruck des modernen Verständnisses einer Verwaltung, die im Bürger einen Partner und nicht ein bloßes Objekt staatlichen Handelns erblickt.[477] Zwar kann die Ausgestaltung der Entscheidungsbegründung die Akzeptanz der Entscheidung und damit ihre Befolgung letztlich nicht garantieren,[478] jedenfalls aber nimmt sie der Entscheidung durch Offenlegung der Gründe den Verdacht behördlicher Wertungswillkür.[479]

Darüber hinaus erläutet die Begründung das behördliche Entscheidungsergebnis und konkretisiert den Regelungsgegenstand und damit zugleich den potentiellen Streitgegenstand (Klarstellungs- und Beweisfunktion).[480]

Eine dritte, wichtige Funktion der Begründung von Verwaltungsakten besteht in der erleichterten verwaltungsinternen Kontrolle der behördlichen Entscheidung,

---

476 Vgl. Stelkens, in: *Stelkens/Bonk/Sachs*, VwVfG, § 39 Rdnr. 6; Kopp/Ramsauer, VwVfG, § 39 Rdnr. 5. Von der Befriedigungsfunktion der Begründung sprechen insoweit Liebetanz, in: *Obermayer*, VwVfG, § 39 Rdnr. 9, und Henneke, in: *Knack*, VwVfG, § 39 Rdnr. 5; allgemein zur Akzeptanz als Grundlage von Verwaltungsentscheidungen: Präve, DÖV 1990, S. 18 ff und Becker, NVwZ 1993, S. 1129 f.

477 Kopp/Ramsauer, aaO; Stelkens, aaO.

478 Schwab, S. 20; ders., ZfV 1988, S. 189 ff; ähnlich auch Malorny, S. 89.

479 Vgl. Namagalies, DÖV 1984, S. 241; Ule, VerwArch 1971, S. 131.

480 Liebetanz, aaO; Stelkens, aaO; Henneke, aaO.

sei es durch die Behörde selbst[481] oder durch entsprechende Aufsichtsbehörden (Selbst-Kontrollfunktion).[482]

Die aus Bürgersicht jedoch wohl bedeutendste Funktion der Begründung liegt in der Ermöglichung einer effektiven Inanspruchnahme von Rechtsschutz (Rechtsschutzfunktion).[483] Zwar wird dem Bürger durch eine fehlende Begründung nicht die Möglichkeit genommen, die Entscheidung gerichtlich anzufechten.[484] Doch letztlich gibt erst die Begründung dem Betroffenen Kriterien an die Hand, die eine Entscheidung darüber ermöglichen, ob ein Rechtsmittel eingelegt werden sollte.[485]

Wie bereits an anderer Stelle dargelegt, garantiert Art. 19 Abs. 4 GG einen „lükkenlosen"[486] und effektiven gerichtlichen Rechtsschutz gegen Akte öffentlicher Gewalt. Dieser substantielle Anspruch auf eine möglichst wirksame Entscheidungskontrolle macht die Offenlegung der für die Behörde entscheidungsrelevanten Gesichtspunkte unerläßlich. Insbesondere bei Ermessensentscheidungen wird erst durch eine Begründung der Behördenentscheidung ein solcher effektiver Rechtsschutz möglich:[487] Da die gerichtliche Kontrolle bei Ermessensentscheidungen gemäß § 114 VwGO nur eingeschränkt erfolgt, muß die Verwaltungsbehörde die von ihr getroffene Entscheidung substantiiert begründen. Denn allein anhand der Entscheidungsbegründung vermag das angerufene Verwaltungsgericht zu beurteilen, ob sich die Behörde überhaupt einer Ermessensentscheidung bewußt war, ob sie die einzelnen sachlichen Gesichtspunkte zutref-

---

481 „Die Verpflichtung zu sagen, weshalb man handelt, ist das beste Mittel, um über den Wert des Aktes nachzudenken.", so Buch, in: *Ule*, S. 99; ebenso Scheffler, DÖV 1977, S. 768.

482 VGH Mannheim, NuR 1987, S. 270; Liebetanz, aaO; Henneke, aaO; Stelkens, aaO; Kopp/Ramsauer, aaO; Koenig, AöR 117 (1992), S. 520 f; Dolzer, DÖV 1985, S. 10; Scheffler, DÖV 1977, S. 768 f; Lücke, S. 39 ff.

483 Vgl. Kopp/Ramsauer, aaO; Henneke, aaO; Liebetanz, aaO, Stelkens, aaO.

484 Liebetanz, in: *Obermayer*, VwVfG, § 39 Rdnr. 4.

485 Henneke, aaO.

486 Zu diesem Kriterium der „Lückenlosigkeit" vgl. allerdings den 2. Teil, Gliederungspunkt C. II. 2. c) cc) bbb), S. 153.

487 Vgl. BVerwG, DÖV 1981, S. 426 m. Anm. Deibel, DÖV 1982, S. 970; Kopp/Schenke, VwGO, § 114 Rdnr. 47; Zschacke, NJW 1954, S. 414; Ule, VerwArch 1971, S. 130; Gusy, JA 1981, S. 83; Häberle, Boorberg-FS, S. 80; Scheffler, DÖV 1977, S. 71; Schenke, VBlBW 1982, S. 324; Feneberg, DVBl. 1965, S. 223; Laubinger, VerwArch 73 (1982), S. 82; Malorny, S. 90; Schwab, S. 19; Reuss, DVBl. 1954, S. 596; Redeker, Scupin-FS, S. 872; skeptisch insoweit Rupp, ZRP 1971, S. 233 f.

fend erkannt, sie in ihre Entscheidung eingestellt und sachgerecht abgewogen hat.[488]

II. Grundsätzliche Anforderungen an die Begründung von Ermessensentscheidungen

Nach § 39 Abs. 1 S. 3 VwVfG *soll* die Begründung von Ermessensentscheidungen erkennen lassen, von welchen Gesichtspunkten die Behörde bei der Ausübung ihres Ermessens ausgegangen ist.

Daß die Begründungspflicht für Ermessensentscheidungen nur in Form einer Sollvorschrift normiert wurde, stieß wegen der geschilderten hohen Bedeutung der Begründung gerade für die gerichtliche Kontrolle von Ermessensentscheidungen auf vehemente Kritik.[489]

Der Bedeutung der Begründung gerade bei Ermessensentscheidungen ist dementsprechend zumindest durch eine restriktive Anwendung der Ausnahmemöglichkeiten, die die Soll-Formulierung schafft, Rechnung zu tragen: Die Soll-Formulierung ist wie gewöhnlich dahin auszulegen, daß eine Begründung von Ermessensentscheidungen in der Regel zu erfolgen hat und nur in Ausnahmefällen hiervon abgesehen werden kann.[490] Angesichts der rechtsstaatlichen Bedeutung der Begründungspflicht ist allerdings nur in besonders gelagerten Ausnahmefällen ein Absehen von der Begründung zu rechtfertigen,[491] sind also an die Annahme eines Ausnahmefalles besonders strenge Anforderungen zu stellen.[492]

Hinsichtlich des Inhalts von Ermessensbegründungen ergibt sich für den Regelfall hieraus folgendes: Der Begründung muß nach Wortlaut oder Inhalt auf jeden Fall zu entnehmen sein, daß die Behörde ihr Ermessen überhaupt ausgeübt hat.[493] Des weiteren müssen die für die Abwägung wesentlichen Gesichtspunkte,

---

488 Schwab, S. 20.

489 Vgl. Maurer, JuS 1976, S. 489; Scheffler, DÖV 1977, S. 771; Ule, DVBl. 1976, S. 428; a.A. Dolzer, DÖV 1985, S. 14 ff, der aus der abgeschwächten Gerichtskontrolle auf eine Rücknahme der Anforderungen auch an den Umfang der Begründungspflicht schließt.

490 Vgl. OVG Mannheim, NVwZ 1983, S. 554; OVG Hamburg, GewArch 1983, S. 194; OVG Lüneburg, NJW 1984, S. 1139; Liebetanz, in: *Obermayer*, VwVfG, § 39 Rdnr. 30; Stelkens, in: *Stelkens/Bonk/Sachs*, VwVfG, § 39 Rdnr. 33.

491 Schwab, S. 38; Borowski, DVBl. 2000, S. 159.

492 Liebetanz, aaO; Stelkens, aaO; weniger streng Henneke, aaO. Nicht mit der Soll-Formulierung in § 39 Abs. 1 S. 3 VwVfG vereinbar ist es hingegen, Ausnahmen von der Begründungspflicht nur unter den Voraussetzungen des Abs. 2 der Regelung zuzulassen. In diese Richtung aber Kopp/Ramsauer, VwVfG, § 39 Rdnr. 31.

493 BVerwGE 57, 1, 6.

sowie die Gründe, die dazu geführt haben, daß bestimmten Gesichtspunkten Vorrang eingeräumt wurde, dargelegt werden.[494]

III. Auswirkungen des intendierten Ermessens auf die Begründungspflicht

Da es sich bei der in § 39 Abs. 1 S. 3 VwVfG normierten Begründungspflicht um eine Sollvorschrift handelt, sind, wie oben dargestellt, Ausnahmen von der allgemeinen Begründungspflicht für Ermessensentscheidungen möglich. Eine solche Ausnahme stellt nach der Rechtsprechung das intendierte Ermessen dar.[495]

Im folgenden sollen die Konsequenzen, die das intendierte Ermessen im Hinblick auf Inhalt und Umfang der Begründungspflicht hat, näher untersucht werden.

1. Die Begründung bei Vorliegen des gesetzlichen Regelfalles

a) Inhalt der Begründung

Teilweise formulieren die Gerichte, beim intendierten Ermessen genüge bei Vorliegen eines Regelfalles der Verweis auf die gesetzliche Regelung[496] bzw. darauf, der rechtswidrige Zustand müsse beseitigt werden[497], teilweise wird über den Verweis auf die Tatbestandserfüllung hinaus der Hinweis gefordert, es bestünden keine Anhaltspunkte für ein Abweichen von der intendierten Rechtsfolge[498].

---

494 Vgl. BVerwGE 22, 215, 217; 91, 262, 268 = NVwZ 1993, S. 677; BFHE, 133, 1 = BStBl. II 1981, S. 493 = NJW 1981, S. 2600; OVG Münster, BauR 1981, S. 363 f; OVG Münster, NVwZ 1984, S. 600.

495 Ebenso wie Sollvorschriften ist das intendierte Ermessen nicht etwa über § 39 Abs. 2 Nr. 4 VwVfG als Ausnahme von der Begründungspflicht zu begreifen, vgl. dazu Kopp/Ramsauer, VwVfG, § 39 Rdnr. 29. So aber fälschlicherweise i. E. die oben referierte Entscheidung des Bundesverwaltungsgerichts, BVerwG, NJW 1993, S. 1669; vgl. 2. Teil, Gliederungspunkt C. I. 5. d), S. 116.

496 Am deutlichsten BVerwGE 72, 1, 7; vgl. aber auch VGH Mannheim, GewArch 1970, S. 252; VGH Mannheim, GewArch 1974, S. 123; VG Hannover, GewArch 1978, S. 338; OVG Schleswig, GewArch 1996, S. 25: Die Darlegung besonderer Ermessenserwägungen sei nicht erforderlich. Ähnlich BVerwG, Buchholz 448.0 § 13a WPflG Nr. 19, S. 6; BVerwG, Buchholz 448.0 § 9 WPflG Nr. 11, S. 4; VGH München, NVwZ-RR 1989, S. 424: Eine ausführliche Begründung sei nicht erforderlich.

497 Vgl. BVerwG, BRS 36 Nr. 93, S. 217; OVG Weimar, LKV 1997, S. 371.

498 Vgl. BVerwGE 82, 356, 363; VGH Mannheim, NJW 1991, S. 2922; VGH Kassel, GewArch 1996, S. 292.

Daß der alleinige Verweis der Behörde auf Tatbestandserfüllung trotz Ermesseneinräumung den Verdacht eines Ermessensnichtgebrauches mit sich bringt, wurde bereits dargestellt.[499] Dieser Verdacht ließe sich jedoch ohne weiteres mit dem Zusatz umgehen, besondere Gründe, die ein anderweitiges Vorgehen rechtfertigen könnten, seien nicht ersichtlich.[500] Mit einer derartigen Formulierung würde die entscheidende Behörde deutlich machen, daß sie sich des ihr eingeräumten Ermessens bewußt ist, hiervon aber wegen Vorliegens eines Regelfalles bewußt keinen Gebrauch macht.

Es kann nicht geleugnet werden, daß das intendierte Ermessen die Gefahr einer vorschnellen Immunisierung gegen besondere Umstände des Einzelfalles in sich birgt. Allzu leicht kann es die Behörden zu einer inadäquat schematischen Behandlung der zu entscheidenden Fälle verleiten, bei der die Einzelfallgerechtigkeit auf der Strecke zu bleiben droht.[501] Dies bestätigen die Urteile, in denen die Behörden das Vorliegen eines atypischen Falles übersehen und in der Tat offensichtlich vorschnell die intendierte Rechtsfolge angeordnet haben.[502]

Wird den Behörden beim intendierten Ermessen hingegen auch bei Vorliegen eines Regelfalles im Rahmen der Begründung der Hinweis abverlangt, es seien keine Umstände ersichtlich, aufgrund derer anders verfahren werden könnte, so zwingt dies die Behörden dazu, sich die Option, auch anders verfahren zu können, stets zu vergegenwärtigen.[503] Damit würde der beschriebenen Gefahr der Immunisierung gegen die besonderen Umstände des Einzelfalles vorgebeugt. Diese Erwägungen verdeutlichen einmal mehr die Bedeutung der Begründungspflicht auch für eine Selbstkontrolle der Verwaltung.[504]

Im Hinblick auf diese Selbstkontrolle ist für die Begründung von Regelfallentscheidungen im Rahmen intendierten Ermessens demnach folgendes zu fordern:

---

499 Vgl. hierzu den 1. Teil, Gliederungspunkt C. I. 3., S. 45.

500 Ähnlich auch Volkmann, DÖV 1996, S. 288; Schwabe, DVBl. 1998, S. 147.

501 Vgl. Borowski, DVBl. 2000, S. 160.

502 Vgl. VG Berlin, GewArch 1992, S. 190; OVG Lüneburg, BRS 38 Nr. 205, S. 441; OVG Saarlouis, BRS 44 Nr. 194, S. 452; OVG Lüneburg, BRS 46 Nr. 191, S. 444; VGH Mannheim, BauR 1991, S. 452; VGH Mannheim, ZLR 1997, S. 674.

503 Diesen Umstand banalisiert Volkmann, DÖV 1996, S. 288, mit seiner Aussage, ein solcher Zusatz sei im Zeitalter des Textbausteins durchaus erträglich.

504 Vgl. hierzu bereits Gliederungspunkt B. I., S. 161.

Die Begründung muß
- den Hinweis auf die Tatbestandserfüllung enthalten[505] und
- die Erklärung, daß Umstände, die eine andere Entscheidung rechtfertigen könnten, nicht ersichtlich sind.

b) Folgen eines Verstoßes gegen die Begründungspflicht

Fraglich ist allerdings, welche Folgen eine fehlerhafte Begründung im Rahmen intendierten Ermessens hat, wenn letztlich der Intention gemäß entschieden wurde. Zu unterscheiden ist hierbei nach folgenden Konstellationen:

Welche Folgen hat ein Verstoß gegen die Begründungspflicht, wenn sich die Behörde des Vorliegens eines Regelfalles bewußt war, dies jedoch nicht in ihrer Begründung kenntlich macht?

Und welche Konsequenzen zieht es nach sich, wenn die Behörde sich bei Vorliegen eines Regelfalles für gebunden hielt und sich dementprechend keine Ausführungen in ihrer Begründung dazu finden, warum sie so und nicht anders entschieden hat?

Beschränkt sich die Behörde darauf, auf die Erfüllung des Tatbestandes zu verweisen, obwohl sie ihre Entscheidung im Bewußtsein des Vorliegens eines Regelfalles getroffen hat, ist die Begründung obigen Ausführungen zufolge unvollständig bzw. im Hinblick auf Ermessenserwägungen gänzlich unterblieben.

Gemäß § 45 Abs. 2 VwVfG kann die erforderliche Begründung mittlerweile allerdings bis zum Abschluß des verwaltungsgerichtlichen Verfahrens nachgeholt werden. Wird also das Fehlen des Verweises darauf, daß Gründe für eine andere Entscheidung nicht ersichtlich waren, bis zum Abschluß des gerichtlichen Verfahrens nachgeholt, so wird der Begründungsmangel geheilt.

Selbst wenn eine solche Nachholung unterbleiben sollte, was kaum zu erwarten ist, da die Behörde vom Kläger ja gerade hierauf aufmerksam gemacht würde, ist es zweifelhaft, ob eine unvollständige Begründung die Aufhebung des Verwaltungsaktes zur Folge hat.[506]

Dem steht letztlich die Regelung des § 46 VwVfG entgegen:[507]

---

505 Dies fordert bereits § 39 Abs. 1 S. 2 VwVfG, von dessen Anforderungen das intendierte Ermessen nicht befreit.

506 So auch Schwabe, DVBl. 1998, S. 147, jedoch ohne näheres Aufzeigen eines Lösungsweges.

507 Unbehagen hinsichtlich der Anwendung des § 46 VwVfG auf das intendierte Ermessen äußert Volkmann, DÖV 1996, S. 267; ähnlich auch Stelkens, NWVBl. 1989, S. 339, der aber letztlich zugeben muß, daß die Anwendung des § 46 VwVfG die jedenfalls konsequente verfahrensrechtliche Umsetzung des intendierten Ermessens darstellt.

Hiernach kann die Aufhebung eines Verwaltungsaktes, der nicht nach § 44 VwVfG nichtig ist, nicht allein deshalb beansprucht werden, weil er unter Verletzung von Vorschriften über das Verfahren, die Form oder die örtliche Zuständigkeit zustande gekommen ist, *wenn offensichtlich ist, daß die Verletzung die Entscheidung in der Sache nicht beeinflußt hat.*

In der alten Fassung der Regelung lautete der letzte Passus noch „*..., wenn keine andere Entscheidung in der Sache hätte getroffen werden können.*"[508] Aufgrund dieser Formulierung war der Anwendungsbereich des § 46 VwVfG a.F. gebundenen Entscheidungen vorbehalten und konnte sich allenfalls auf Fälle der Ermessensreduzierung auf Null erstrecken. Ermessensentscheidungen im allgemeinen waren hingegen vom Anwendungsbereich der Vorschrift ausgenommen, da im Ermessensbereich immer Entscheidungsalternativen zu Gebote stehen, es also nicht nur die eine richtige Entscheidung gibt.[509]

Bisher ist noch ungeklärt, ob § 46 VwVfG in seiner neuen Fassung tatsächlich – wie der Begründung der Bundesregierung[510] zu § 46 VwVfG n.F. zu entnehmen ist – einen allgemeinen Ausschluß des Aufhebungsanspruchs, also eine generelle Ausdehnung auch auf den Ermessensbereich bewirkt. Die Mehrzahl der Stimmen spricht sich dafür aus, daß die Regelung Ermessensentscheidungen nach wie vor jedenfalls grundsätzlich nicht erfaßt, da bei abstrakter Betrachtungsweise in der Regel nicht ausgeschlossen werden könne, daß unter Einhaltung der Verfahrensvorschriften eine andere Entscheidung in der Sache getroffen worden wäre.[511]

Dieser Frage braucht im vorliegenden Zusammenhang jedoch nicht weiter nachgegangen zu werden, da sich eine Anwendung des § 46 VwVfG in seiner neuen wie auch in seiner alten Fassung jedenfalls für Fälle einer Ermessensreduzierung auf Null ergibt. Nach der alten Rechtslage fand § 46 VwVfG in diesen Fällen Anwendung, weil wegen der Ermessensreduzierung keine andere Entscheidung

---

508 Ausführlich zur Kritik an der alten wie an der neuen Vorschrift Sachs, in: *Stelkens/Bonk/Sachs*, VwVfG, § 46 Rdnr. 4, wobei die vorgebrachten Bedenken überwiegend rechtspolitischer Natur sind, der Wirksamkeit und damit der Anwendbarkeit der Regelung also nicht entgegenstehen.

509 Vgl. Sachs, in: *Stelkens/Bonk/Sachs*, VwVfG, 4. Auflage, § 46 Rdnr. 30; Kopp, VwVfG, 6. Auflage, § 46 Rdnr. 30; Klappstein, in: *Knack*, VwVfG, 5. Auflage, § 46 Anm. 4.4; Meyer, in: *Meyer/Borgs*, VwVfG, § 46 Rdnr. 26.

510 Vgl. BT-Drs. 13/3995, S. 8.

511 Kopp/Ramsauer, VwVfG, § 46 Rdnr. 32; Schäfer, in: *Obermayer*, VwVfG, § 46 Rdnr. 26; Redeker, NVwZ 1996, S. 131; a.A. Meyer, in: *Knack*, VwVfG, § 46 Rdnr. 27; Sodan, DVBl. 1999, S. 734.

in der Sache hätte ergehen können.[512] Auch die Neufassung der Regelung findet auf die Ermessensreduzierung auf Null Anwendung[513], da in einem solchen Fall ein eventueller Verfahrensfehler in keinem Fall Einfluß auf das Ergebnis der Entscheidung zu nehmen vermag, weil letztlich nur dieses eine Ergebnis inhaltlich richtig ist.

Die Anwendung des § 46 VwVfG auch auf das intendierte Ermessen stellt die konsequente Fortführung dieses Gedankens dar:

Liegt ein Regelfall im Rahmen intendierten Ermessens vor, so stellt die Anordnung der intendierten Rechtsfolge nach der einschlägigen Rechtsprechung die einzig richtige Entscheidung dar; eine wie oben geschilderte unvollständige Begründung führt in einem solchen Falle demnach nicht zur Aufhebung des Verwaltungsaktes.[514]

Anders verhält es sich hingegen, wenn die Behörde sich irrig für gebunden hält und ihre Begründung aus diesem Grunde keine Erwägungen dazu enthält, warum sie so und nicht anders entschieden hat. In einem derartigen Fall liegt schon gar kein Verstoß gegen die Begründungspflicht nach § 39 Abs. 1 S. 3 VwVfG vor.

Denn dieser Regelung zufolge hat die Behörde in der Begründung nur *die von ihr angestellten Erwägungen* darzulegen. Wurden jedoch keine Ermessenserwägungen angestellt, so können solche auch nicht Inhalt einer entsprechenden Begründung sein. Die Frage nach der *sachlichen* Richtigkeit[515] der für die Behörde maßgeblichen Gründe für den Erlaß des Verwaltungsaktes ist demnach von der Begründungspflicht, die § 39 VwVfG normiert, strikt zu trennen. Denn die sach-

512 Vgl. BVerwGE 62, 116; BVerwG, NVwZ 1988, S. 525 = JuS 1988, S. 995 m. Anm. Osterloh; VGH Mannheim, VBlBW 1989, S. 54; OVG Münster, DVBl. 1981, S. 691; Ossenbühl, NJW 1981, S. 378; Krebs, DVBl. 1984, S. 113; Schenke, DÖV 1986, S. 315; Kopp, VwVfG, 6. Auflage, § 46 Rdnr. 31; Sachs, in: *Stelkens/Bonk/Sachs*, VwVfG, 4. Auflage, § 46 Rdnr. 31; Ehlers/Link, in: *Obermayer*, VwVfG, 2. Auflage, § 46 Rdnr. 14; a.A. Klappstein, in: *Knack*, VwVfG, 5. Auflage, § 46 Anm. 4.4; Meyer, in: *Meyer/Borgs*, VwVfG, § 46 Rdnr. 27.

513 Vgl. Kopp/Ramsauer, VwVfG, § 46 Rdnr. 35; Schäfer, in: *Obermayer*, VwVfG, § 46 Rdnr. 27.

514 Dies entspricht im Ergebnis dem Vorgehen der Gerichte, wobei diese allerdings nicht ausdrücklich auf § 46 VwVfG Bezug nehmen, sondern in besagten Fällen bereits den Verweis auf den gesetzlichen Tatbestand ausreichen lassen.

515 Vgl. hierzu oben Gliederungspunkt A., S. 157 ff.

liche Richtigkeit der gegebenen Begründung betrifft nicht die formelle, sondern die materielle Rechtmäßigkeit des betreffenden Verwaltungsaktes.[516]

2. Die Begründung bei Vorliegen eines atypischen Falles

Liegt bei Anwendung einer Norm mit intendiertem Ermessen ein atypischer Fall vor, so löst dies den Eintritt in ausführliche Ermessenserwägungen aus. Diese Erwägungen, also die Abwägung der widerstreitenden Interessen, hat die Behörde in ihrer Begründung umfassend darzulegen.

Geht die Behörde hingegen irrig von der Annahme aus, sie sei gebunden bzw. es liege ein Regelfall im Rahmen intendierten Ermessens vor, weil sie die Atypik des Falles nicht erkennt, und beschränkt sie sich in ihren Ausführungen auf den Verweis, der gesetzliche Tatbestand sei erfüllt, so stellt dies auch hier *keinen* Verstoß gegen die Begründungspflicht nach § 39 Abs. 1 VwVfG dar.[517] Denn wie bereits festgestellt, hat die Behörde in der Begründung nur *die von ihr angestellten Erwägungen* darzulegen. Wurden jedoch keine Ermessenserwägungen angestellt, so können solche auch nicht Inhalt einer entsprechenden Begründung sein. Dementsprechend stellt die oben bereits dargestellte,[518] als solche bezeichnete Grundsatzentscheidung aus dem Ordnungsrecht klar:[519]

> „Kommt die Behörde zu dem Ergebnis, daß es daran (an einem Ausnahmefall, Anm. der Verf.) fehlt, enthält sie sich dementsprechend einer besonderen Abwägung des „Für und Wider“ und schweigt sich infolgedessen dazu auch die ihrer Anordnung beigefügte Begründung aus, so kann allenfalls – dann nämlich, wenn die Behörde zu Unrecht zu diesem Ergebnis gekommen ist – ein Ermessensfehler, nicht aber eine mangelhafte Begründung vorliegen. Denn die Behörde braucht keine „Abwägung des Für und Wider“ zu begründen, die sie nicht vorgenommen hat und nach ihrer Auffassung auch nicht vorzunehmen brauchte.“

---

516 Schoch, DÖV 1984, S. 402 f; Henneke, in: *Knack*, VwVfG, § 39 Rdnr. 4.

517 BVerwG, BRS 36 Nr. 93, S. 217; BVerwGE 72, 1, 7; OVG Lüneburg, BRS 46 Nr. 191, S. 444.

518 Vgl. 2. Teil, Gliederungspunkt C. I. 1. b) aa), S. 98.

519 BVerwG, BRS 36 Nr. 93.

C. Schlußbetrachtung

Abschließend ist festzuhalten, daß im intendierten Ermessen bei weitem nicht das Schreckgespenst zu sehen ist, das eine Vielzahl von Autoren in ihm zu erblicken meint.

Das intendierte Ermessen stellt keine neu von den Gerichten erfundene Rechtsfigur dar. Vielmehr ist das intendierte Ermessen nichts anderes als ein Teilaspekt dessen, worüber seit jeher Einigkeit besteht, nämlich über die Vielschichtigkeit des Ermessens. Wie festgestellt, kann der Gesetzgeber die Verwaltung ausdrücklich zum Tätigwerden in einer bestimmten Art und Weise verpflichten. Auf der anderen Seite besteht die Möglichkeit, teilweise auch die Notwendigkeit, der Verwaltung beim Vollzug des Verwaltungsrechts gewisse Entscheidungsspielräume zu verschaffen, was regelmäßig durch die Einräumung von Ermessen geschieht.

Daß der Gesetzgeber diese Entscheidungsspielräume unterschiedlich eng fassen kann, ist unumstritten. Dies folgt aus der allgemeinen Akzeptanz der gesetzlichen Formulierung von Sollvorschriften. Im Ergebnis kann es jedoch keinen Unterschied machen, ob sich ein nur eingeschränkter Entscheidungsspielraum der Verwaltung aus der Formulierung „soll" bzw. „in der Regel wird", aus anderen gesetzlichen Umschreibungen wie „in Ausnahmefällen kann" oder aber dem besonderen Zweck einer Ermessenseinräumung ergibt.

Nachdem ein intendiertes Ermessen für die geschilderten Bereiche anzunehmen ist, kann der Vorwurf, das intendierte Ermessen verwische die Grenze zwischen Sollvorschrift und Ermessensvorschrift abschließend endgültig verworfen werden: Bei Sollvorschriften handelt es sich um nichts anderes, als um formelle Sollvorschriften, die gleichermaßen wie das intendierte Ermessen eine Kategorie materieller Sollvorschriften darstellen.

Die Bedenken in der Literatur gegen das intendierte Ermessen könnten zwar durch Gesetzesänderungen beseitigt werden, indem die betreffenden Normen, für welche in der vorliegenden Arbeit die Annahme einer Intendierung für zulässig erklärt wurde, in Sollvorschriften umformuliert würden. Dies würde jedoch einen erheblichen gesetzgeberischen Aufwand bedeuten, obwohl aus den im einzelnen dargelegten Erwägungen feststeht, daß die Verwaltung ihr Ermessen für die betreffenden Fälle in der Regel in eine ganz bestimmte Richtung auszuüben hat. Ferner sind die Normen, die ein intendiertes Ermessen enthalten, in der Regel bedeutend älter als eine Vielzahl ausdrücklicher Sollvorschriften. Dieser Umstand unterstützt zusätzlich die These, daß gesetzlich vorgeprägte Entscheidungsspielräume der Verwaltung eine Kategorie darstellen, bezüglich derer ausdrückliche Sollvorschriften lediglich einen Unterfall bedeuten.

Auch die verfahrensrechtlichen Auswirkungen des intendierten Ermessens geben keinen Anlaß zur Sorge. Da § 39 Abs. 1 S. 3 VwVfG die entscheidende Behörde anhält, sie solle die von ihr getroffenen Ermessensentscheidungen begründen, ist die Gefahr einer Immunisierung der Behörde gegen die besonderen Umstände des Einzelfalles nicht gegeben. Denn wie festgestellt, soll die Begründung einer intendierten Ermessensentscheidung stets den Hinweis enthalten, besondere Umstände des Einzelfalles, die ausnahmsweise eine andere Entscheidung rechtfertigen könnten, seien nicht ersichtlich. Dieser Hinweis erspart den Behörden den überflüssigen Aufwand, in jedem Fall intendierten Ermessens ausdrücklich noch einmal darauf einzugehen, daß im konkreten Fall das öffentliche Interesse das entgegenstehende Privatinteresse überwiegt, wobei vorab stets festgestellt werden müßte, welcher Art das öffentliche und das private Interesse im jeweils betroffenen Fall sind. Insofern bringt das intendierte Ermessen eine begrüßenswerte Vereinfachung auch des Verwaltungsverfahrens mit sich.

Es bleibt abzuwarten, welche weiteren Vorschriften in Zukunft von den Gerichten für intendiert erklärt werden. Wünschenswert ist eine differenziertere Herleitung intendierten Ermessens als bisher, da die Begründung zur angenommenen Intendierung in den betreffenden Urteilen häufig sehr dürftig ausfällt. Für eine erhöhte Akzeptanz der Rechtsprechung zum intendierten Ermessen ist eine Differenzierung nach den verschiedenen Anwendungsbereichen geboten.

Einer solchen Differenzierung nimmt sich die vorliegende Arbeit an.

Anhang:

Entscheidungsübersicht zum intendierten Ermessen

Datum der Entscheidung/ Aktenzeichen	*Fundstelle*	*Fußnote/Seitenzahl*

A. Entscheidungen des Bundesverwaltungsgerichts

Urteil vom 16. Mai 1968 Az 11 C 71/65	ZBR 1968, S. 346	264/106
Urteil vom 6. Januar 1972 Az III C 83/70	E 39, 231	302/118
Urteil vom 30. Januar 1974 Az VIII C 20/72	E 44, 333	303/118
Beschluß vom 22. Oktober 1974 Az VI B 55/74	ZBR 1976, S. 52	264/106
Urteil vom 18. August 1977 Az V C 8/77	E 54, 276	451/151
Beschluß vom 28. August 1980 Az 4 B 67/80	BRS 36 Nr. 93 = Buchholz 406.11 § 35 BBauG Nr. 168	1/25; 109/53; 235/98; 237/98; 241/99; 271/108; 272/108; 497/164; 517/169; 519/169
Urteil vom 16. September 1980 Az 1 C 1/77	E 61, 24	277/110; 279/110
Urteil vom 22. Juni 1982 Az 2 C 44/80	E 66, 19	264/106; 265/106
Urteil vom 28. April 1983 Az 2 C 89/81	DVBl. 1983, S. 1105 = Buchholz 237.6 § 39 LBG Niedersachsen Nr. 1	264/106
Urteil vom 14. März 1984 Az 6 C 107/82	E 69, 90	303/118

Urteil vom 5. Juli 1985 Az 8 C 22/83	E 72, 1 = NJW 1986, S. 738 = BayVBl. 1986, S. 87	1/25; 45/33; 109/53; 141/64; 142/64; 143/66; 144/67; 146/67; 147/68; 149/68; 152/69; 162/72; 433/146; 454/153; 496/164; 517/169
Urteil vom 30. August 1985 Az 4 C 50/82	NJW 1986, S. 393	235/98
Urteil vom 16. Januar 1986 Az 5 C 72/84	E 72, 354	197/87; 198/87; 199/87; 200/88
Urteil vom 1. August 1986 Az 8 C 54/85	NVwZ 1987, S. 601 = Buchholz 406.11 § 135 BBauG Nr. 27	443/147; 444/147; 445/148
Urteil vom 1. Oktober 1986 Az 8 C 29/84	BayVBl. 1987, S. 219 = NJW 1987, S. 1564 = Buchholz 454.32 § 5 WoBindG 1974 Nr. 2	148/68
Urteil vom 1. Oktober 1986 Az 8 C 31/84	NVwZ 1987, S. 225 = Buchholz 448.0 § 12 WPflG Nr. 166	450/148
Urteil vom 25. September 1987 Az 8 C 61/85	Buchholz 448.0 § 9 WPflG Nr. 11	109/53; 180/79; 181/80; 496/164
Urteil vom 29. April 1988 Az 8 C 69/86	E 79, 274	44/33; 203/88; 204/89; 205/89
Urteil vom 7. April 1989 Az 8 C 79/88	NVwZ-RR 1990, S. 87	450/148
Urteil vom 12. Oktober 1989 Az 2 C 22/87	E 82, 356	264/106; 498/164
Urteil vom 20. Februar 1990 Az 1 C 42/83	NJW 1990, S. 2761 = DVBl. 1990, S. 707	293/114; 294/115; 295/115; 296/115; 297/115
Urteil vom 20. Februar 1990 Az 1 C 29/86	NJW 1990, S. 2765	44/33; 45/33; 293/114; 295/115; 296/115; 297/115
Urteil vom 29. Juni 1990 Az 8 C 69/88	Buchholz 448.0 § 13a WPflG Nr. 19	66/40; 496/164

Beschluß vom 27. Juni 1990 Az 7 B 93/90	NVwZ-RR 1991, S. 63	263/105
Urteil vom 24. Januar 1992 Az 7 C 38/90	NVwZ 1992, S. 565 = Buchholz 316 § 49 VwVfG Nr. 25 = JuS 1992, S. 970 m. Anm. Osterloh = BayVBl. 1992, S. 730	183/81
Urteil vom 25. September 1992 Az 8 C 68 u. 70/90	E 91, 82 = NJW 1993, S. 747	45/33; 177/78; 178/78
Urteil vom 22. Januar 1993 Az 8 C 57/91	NJW 1993, S. 1667	298/116; 495/164
Urteil vom 4. März 1993 Az 5 C 27/91	E 92, 169	195/85; 196/86
Urteil vom 29. Juli 1993 Az 1 C 25/93	NVwZ 1994, S. 381	50/35
Urteil vom 13. Juli 1994 Az 6 C 39/92	NVwZ-RR 1995, S. 43	187/82; 189/83
Urteil vom 19. Dezember 1995 Az 1 C 3/93	E 100, 187	232/97; 233/98
Urteil vom 23. Mai 1996 Az 3 C 13/94	Buchholz 451.513 Sonst. Marktordnungs-recht Nr. 1	167/75; 169/75
Urteil vom 16. Juni 1997 Az 3 C 22/96	E 105, 55 = DÖV 1997, 1006 = NJW 1998, S. 2233 = DVBl. 1998, S. 145 m. Anm. Schwabe	45/33; 311/120; 312/120; 313/121
Urteil vom 6. November 1997 Az 1 C 18/95	NJW 1998, S. 1166	260/103

B. Entscheidungen der Oberverwaltungsgerichte und Verwaltungsgerichte

I. OVG Bautzen

Beschluß vom 20. Januar 1997 Az 3 S 315/96	NVwZ-RR 1997, S. 411	247/102
Urteil vom 29. September 1999 Az 2 S 775/98	SächsVBl. 2000, S. 118	211/91; 212/92

II. OVG Berlin

Urteil vom 13. Dezember 1990 Az OVG 5 B 53/89	OVGBlnE 19, 56	283/111; 284/111
Beschluß vom 14. Februar 2000 Az 2 N 20/99	LKV 2001, S. 376	447/148; 449/149

III. OVG Bremen

Beschluß vom 3. Februar 1984 Az 2 B 15/84	FEVS 33 Nr. 28	436/146

IV. OVG Greifswald

Beschluß vom 2. November 1993 Az 3 M 89/93	NVwZ 1995, S. 608	235/98; 236/98

V. OVG Hamburg

Urteil vom 10. September 1982 Az Bf I 87/81	NJW 1983, S. 1748	451/151
Urteil vom 1. Februar 1988 Az Bf II 69/85	NVwZ-RR 1989, S. 117	207/89; 208/90; 209/90

VI. VGH Kassel

Urteil vom 20. Februar 1990 Az 11 UE 2161/85	NVwZ 1991, S. 280 = GewArch 1990, S. 412	57/37; 102/48; 215/73; 220/94; 222/95
Urteil vom 25. Juni 1991 Az 2 UE 2271/90	VRS 83 Nr. 88	290/113; 291/114
Urteil vom 10. Dezember 1991 Az 9 UE 3241/88	NVwZ-RR 1992, S. 636	441/147; 454/153
Beschluß vom 13. Oktober 1993 Az 14 TH 84/93	GewArch 1994, S. 116	227/96
Beschluß vom 20. Februar 1996 Az 14 TG 430/95	GewArch 1996, S. 291 = DÖV 1996, S. 973	57/37; 229/96; 498/164

VII. OVG Koblenz

Beschluß vom 6. Dezember 1993 Az 11 B 12074/93	GewArch 1994, S. 203 = NVwZ-RR 1994, S. 438	211/91

VIII. OVG Lüneburg

Urteil vom 17. September 1975 Az VII OVG A 149/75	GewArch 1976, S. 124	102/48; 220/94; 221/95; 270/108
Urteil vom 27. Februar 1981 Az 1 A 64/79	BRS 38 Nr. 205	235/98; 471/159; 502/165
Urteil vom 10. April 1984 Az 9 OVG A 223/81	OVGE 38, 328 = NVwZ 1985, S. 120	308/119; 309/120
Urteil vom 10. März 1986 Az 6 A 70/85	BRS 46 Nr. 191	235/98; 471/159; 502/165; 517/169
Urteil vom 15. Dezember 1998 Az 10 L 5935/96	ZUM 1999, S. 347	254/103

IX. VGH Mannheim

Urteil vom 9. Dezember 1964 Az IV 514/62	GewArch 1966, S. 62	3/25; 76/43; 220/94; 271/108
Urteil vom 25. März 1970 Az VI 788/68	GewArch 1970, S. 249	77/43; 78/43; 90/46; 220/94; 221/95; 496/164
Urteil vom 9. Juni 1971 Az VI 14/70	GewArch 1971, S. 232	77/43; 220/94; 271/108
Urteil vom 7. November 1973 Az VI 857/72	GewArch 1974, S. 120	103/49; 220/94; 221/95; 223/95; 496/164
Urteil vom 1. Februar 1983 Az 10 S 1346/82	NVwZ 1983, S. 552 = VBlBW 1983, S. 169 = DÖV 1983, S. 383	306/119; 470/158; 490/163
Urteil vom 12. März 1985 Az 10 S 1891/82	NJW 1986, S. 395	246/101; 271/108
Beschluß vom 2. Oktober 1985 Az 14 S 2058/85	GewArch 1987, S. 34	226/96
Urteil vom 5. Februar 1987 Az 5 S 2954/86	NVwZ 1987, S. 520	310/120
Urteil vom 6. September 1990 Az 6 S 725/90	NJW 1991, S. 2922	318/122; 498/164
Urteil vom 17. September 1990 Az 1 S 2805/89	NJW 1991, S. 1698	215/73; 287/113; 288/113
Urteil vom 9. November 1990 Az 8 S 1013/90	BauR 1991, S. 449	235/98; 471/159; 502/165
Beschluß vom 23. November 1992 Az 14 S 2179/92	GewArch 1993, S. 81	227/96
Beschluß vom 4. November 1993 Az 14 S 2322/93	GewArch 1994, S. 30	227/96

Beschluß vom 12. November 1997 Az 9 S 2530/97	ZLR 1997, S. 670 = VBlBW 1998, S. 186	45/33; 109/53; 249/102; 250/102; 251/102; 271/108; 471/159; 502/165

X. VGH München

Urteil vom 6. Februar 1980 Az Nr. 15.B-1048/79	BayVBl. 1981, S. 89	235/98; 235/98; 241/99
Beschluß vom 23. September 1980 Az 22.B-1046/79	GewArch 1981, S. 14	103/49; 221/95
Urteil vom 1. Februar 1989 Az 3 B 88.01323	NVwZ-RR 1989, S. 423 = BayVBl. 1989, S. 311	138/64; 496/164

XI. OVG Münster

Urteil vom 15. September 1977 Az XIII A 1008/75	GewArch 1978, S. 28	57/37; 102/48; 215/73; 220/94; 222/95; 271/108; 470/158
Urteil vom 3. September 1979 Az VI A 2223/78	NJW 1980, S. 722	136/63
Beschluß vom 11. April 1985 Az 8 B 2460/84	NDV 1986, S. 141	57/37; 437/147
Urteil vom 28. Juni 1988 Az 8 A 2693/86	NWVBl. 1989, S. 59	451/151
Urteil vom 25. September 1990 Az 11 A 1983/87	BauR 1991, S. 448	235/98; 236/98
Urteil vom 25. Oktober 1993 Az 11 A 1349/91	NVwZ 1994, S. 703	235/98; 239/98; 467/157
Urteil vom 3. Februar 1994 Az 10 A 1149/91	NVwZ-RR 1995, S. 247	235/98
Urteil vom 23. Mai 1996 Az 20 A 298/94	Juris	165/73; 434/146

XII. OVG Saarlouis

Urteil vom 9. August 1985 Az 2 R 91/84	BRS 44 Nr. 194	235/98; 471/159; 502/165

XIII. OVG Schleswig

Beschluß vom 23. Oktober 1995 Az 3 M 82/95	GewArch 1996, S. 24	225/96; 496/164

XIV. OVG Weimar

Beschluß vom 27. Juni 1996 Az 1 EO 425/95	LKV 1997, S. 370 = ThürVBl. 1997, S. 16	109/53; 235/98; 238/98; 271/108; 470/158; 497/164
Urteil vom 16. Februar 1999 Az 2 KO 61/96	ThürVBl. 1999, S. 161 = NVwZ-RR 1999, S. 435	316/121; 317/122

XV. Verwaltungsgerichte

Urteil vom 30. November 1977 Az I A 51/76	VG Hannover, GewArch 1978, S. 338	45/33; 103/49; 220/94; 221/95; 496/164
Urteil vom 28. Februar 1978 Az I A 824/75	VG Oldenburg, GewArch 1978, S. 26	102/48; 220/94; 222/95
Urteil vom 11. September 1991 Az VG 4 A 144/88	VG Berlin, GewArch 1992, S. 188	103/49; 220/94; 221/95; 471/159; 502/165
Beschluß vom 29. August 1996 Az 8 E 656/96	VG Meiningen, GewArch 1997, S. 34	230/97
Beschluß vom 7. August 1997 Az 8 E 777/97	VG Meiningen, GewArch 1998, S. 167	231/97
Beschluß vom 17. Oktober 1997 Az 5 E 921/97	VG Meiningen, Juris	235/98

Urteil vom 8. Dezember 1998 Az 1 K 4548/97	VG Karlsruhe, Juris	256/104
Urteil vom 24. September 1999 Az 5 VG 4192/98	VG Hamburg, NordÖR 2000, S. 515	451/151
Urteil vom 8. Dezember 2000 Az AN 5 S 00.01664	VG Ansbach, Juris	259/104
Urteil vom 25. April 2001 Az 1 K 3816/99	VG Weimar, ThürVBl. 2001, S. 190	235/98

C. Entscheidungen des Bundessozialgerichts

Urteil vom 25. Juni 1986 Az 9a RVg 2/84	E 60, 147 = MDR 1987, S. 85	319/123
Urteil vom 26. September 1990 Az 9b/7 RAr 30/89	E 67, 232 = NVwZ 1991, S. 407	175/77
Urteil vom 25. Januar 1994 Az 4 RA 16/92	DVBl. 1994, S. 1246	45/33; 57/37; 176/77

D. Entscheidungen des Bundesgerichtshofs in Strafsachen

Beschluß vom 28. November 1991 Az 4 StR 366/91	NJW 1992, S. 446	50/35
Beschluß vom 17. März 1992 Az 4 StR 367/91	NJW 1992, S. 1397	50/35

Literaturverzeichnis

Achterberg, Norbert — Allgemeines Verwaltungsrecht, Heidelberg 1988

Alexy, Robert — Ermessensfehler, in: JZ 1986, S. 701

Bachof, Otto — Neue Tendenzen in der Rechtsprechung zum Ermessen und Beurteilungsspielraum, in: JZ 1972, S. 641

Bachof, Otto — Anmerkung zum Urteil des Bundesverwaltungsgerichts vom 10. November 1956 (DVBl. 1957, S. 786), in: DVBl. 1957, S. 788

Bachof, Otto — Anmerkung zum Urteil des Bundesverwaltungsgerichts vom 16. Dezember 1971 (JZ 1972, S. 204) in: JZ 1972, S. 208

Bachof, Otto — Anmerkung zum Urteil des Bundesverwaltungsgerichts vom 29. Juni 1957 (JZ 1958, S. 285), in: JZ 1958, S. 288

Bachof, Otto — Begriff und Wesen des sozialen Rechtsstaates, in: VVDStRL 12 (1954), S. 37

Bachof, Otto — Beurteilungsspielraum, Ermessen und unbestimmter Rechtsbegriff im Verwaltungsrecht, in: JZ 1955, S. 97

Bachof, Otto — Hände weg vom Grundgesetz – Änderungen von Rechtsweggarantie und Asylrecht?, in: Maurer (Hrsg.), Das akzeptierte Grundgesetz; Festschrift für Günter Dürig zum 70. Geburtstag, München 1990, S. 319

Badura, Peter — Gestaltungsfreiheit und Beurteilungsspielraum der Verwaltung, bestehend aufgrund und nach Maßgabe des Gesetzes, in: Püttner (Hrsg.), Festschrift für Otto Bachof zum 70. Geburtstag, München 1984, S. 169

Becker, Peter — Überlegungen zur „Neuzeit des Prüfungsrechts", in: NVwZ 1993, S. 1129

Beckmann, Klaus — Das intendierte Ermessen, in: VR 1999, S. 357

Bertrams, Michael — Verwaltungsverantwortung und Verwaltungsgerichtsbarkeit – Notwendigkeit des Abbaus richterlicher Kontrolldichte?, in: NWVBl. 1997, S. 3

Borowski, Martin — Intendiertes Ermessen, in: DVBl. 2000, S. 149

Braun, Wilfried — Offene Kompetenznormen, VerwArch 76 (1985), S. 24 u. S. 158 (Fortsetzung)

Brinktrine, Ralf — Verwaltungsermessen in Deutschland und England: eine rechtsvergleichende Untersuchung von Entscheidungsspielräumen der Verwaltung im deutschen und englischen Verwaltungsrecht, Heidelberg 1998 (Diss. Münster 1997)

Brohm, Winfried — Die staatliche Verwaltung als eigenständige Gewalt und die Grenzen der Verwaltungsgerichtsbarkeit, in: DVBl. 1986, S. 321

Buch, Henri — Einführung zum belgischen Verwaltungsverfahrensrecht, in: Ule (Hrsg.), Verwaltungsverfahrensgesetze des Auslandes, Berlin 1967

Bull, Hans Peter — Allgemeines Verwaltungsrecht, 6. Auflage, Heidelberg 2000

Bullinger, Martin — Das Ermessen der öffentlichen Verwaltung – Entwicklung, Funktionen, Gerichtskontrolle, in: JZ 1984, S. 1001

Bullinger, Martin	Verwaltungsermessen im modernen Staat, in: ders. (Hrsg.), Verwaltungsermessen im modernen Staat, Landesberichte und Generalbericht der Tagung für Rechtsvergleichung 1985 in Göttingen, Baden-Baden 1986, S. 131
Czermak, Fritz	Was ist Verwaltungsermessen?, in: DÖV 1966, S. 750
Czermak, Fritz	Zur Lehre vom gerichtsfreien Beurteilungsspielraum der Verwaltungsbehörden, in: JuS 1968, S. 399
Di Fabio, Udo	Die Ermessensreduzierung – Fallgruppen, Systemüberlegungen und Prüfprogramm, in: VerwArch 86 (1995), S. 214
Dietlein, Johannes	Der Anspruch auf polizei- oder ordnungsbehördliches Einschreiten – Zu den dogmatischen Grundlagen des drittschützenden Charakters der polizei- und ordnungsrechtlichen Generalklauseln, in: DVBl. 1991, S. 685
Dolzer, Rudolph	Zum Begründungsgebot im geltenden Verwaltungsrecht, in: DÖV 1985, S. 9
Dolzer, Rudolph Vogel, Klaus	Bonner Kommentar zum Grundgesetz, gegründet 1950, Losebl., Band 3: Art. 15-19, Stand: November 2000
Dreier, Horst	Hierarchische Verwaltung im demokratischen Staat: Genese, aktuelle Bedeutung und funktionelle Grenzen eines Bauprinzips der Exekutive, Tübingen 1991
Ehmke, Horst	„Ermessen“ und „unbestimmter Rechtsbegriff“ im Verwaltungsrecht, Tübingen 1960
Engisch, Karl	Einführung in das juristische Denken, 6. Auflage, Stuttgart/Berlin/Köln/Mainz 1975

Erichsen, Hans-Uwe — Die sog. unbestimmten Rechtsbegriffe als Steuerungs- und Kontrollmaßgaben im Verhältnis von Gesetzgebung, Verwaltung und Rechtsprechung, in: DVBl. 1985, S. 22

Erichsen, Hans-Uwe
Martens, Wolfgang — Allgemeines Verwaltungsrecht, 8. Auflage, Berlin/New York 1988

Erichsen, Hans-Uwe — Unbestimmter Rechtsbegriff und Beurteilungsspielraum, in: VerwArch 63 (1972), S. 337

Erichsen, Hans-Uwe (Hrsg.) — Allgemeines Verwaltungsrecht, 11. Auflage, Berlin/New York 1998

Eyermann, Erich — Verwaltungsgerichtsordnung, Kommentar, 11. Auflage, München 2000

Feneberg, Hermann — Zum Musterentwurf eines Verwaltungsverfahrensgesetzes, in: DVBl. 1963, S. 222

Fiedler, Wilfried — Effektiver Rechtsschutz durch die Exekutive? – Aufgaben und Funktion der Verwaltung in der neueren Rechtsprechung des Bundesverwaltungsgerichts, in: Ress (Hrsg.), Entwicklungstendenzen im Verwaltungsverfahrensrecht und in der Verwaltungsgerichtsbarkeit – Rechtsvergleichende Analysen zum österreichischen und deutschen Recht, Wien/New York 1990, S. 315

Finkelnburg, Klaus
Ortloff, Karsten-Michael — Öffentliches Baurecht, Band II, 4. Auflage, München 1998

Flume, Werner — Steuerwesen und Rechtsordnung, in: Festschrift für Rudolf Smend zum 70. Geburtstag, Göttingen 1952, S. 59

Forsthoff, Ernst — Lehrbuch des Verwaltungsrechts, Erster Band: Allgemeiner Teil, 10. Auflage, München 1973

Franßen, Everhardt	(Un)bestimmtes zum unbestimmten Rechtsbegriff, in: Fürst/Herzog/Umbach (Hrsg.), Festschrift für Wolfgang Zeidler, Band I, Berlin/New York 1987, S. 429
Fröhler, Ludwig Dannbeck, Siegmund	Das Berufszulassungsrecht der Handwerksordnung dargestellt anhand der Rechtsprechung, München 1971
Frotscher, Werner	Grundfälle zum Wirtschaftsverfassungs- und Wirtschaftsverwaltungsrecht, in: JuS 83, S. 521
Gerhardt, Michael	Normkonkretisierende Verwaltungsvorschriften, in: NJW 1989, S. 2233
Gern, Alfons	Die Ermessensreduzierung auf Null, in: DVBl. 87, S. 194
Giese, Friedrich	Grenzen der verwaltungsgerichtlichen Ermessensnachprüfung, in: JZ 1952, S. 585
Götz, Volkmar Klein, Hans Hugo Starck, Christian	Die öffentliche Verwaltung zwischen Gesetzgebung und richterlicher Kontrolle – Göttinger Symposion 1985; München 1985
Götz, Volkmar	Allgemeines Verwaltungsrecht, 4. Auflage, München 1997
Götz, Volkmar	Allgemeines Polizei- und Ordnungsrecht, 12. Auflage, Göttingen 1995
Groschupf, Otto	Wie entscheidet das Verwaltungsgericht, wenn das Verwaltungsverfahren fehlerhaft war?, in: DVBl. 1962, S. 627
Gusy, Christoph	Verbot mit Erlaubnisvorbehalt – Verbot mit Dispensvorbehalt, in: JA 1981, S. 80

Häberle, Peter	Verfassungsprinzipien im Verwaltungsverfahren, in: Schmitt-Glaeser (Hrsg.), Festschrift zum 50-jährigen Bestehen des Richard Boorberg Verlags, Stuttgart/München/Hannover 1977, S. 47 ff
Hain, Karl-Eberhard Schlette, Volker Schmitz, Thomas	Ermessen und Ermessensreduktion – ein Problem im Schnittpunkt von Verfassungs- und Verwaltungsrecht, in: AöR 122 (1997), S. 32
Heck, Philipp	Gesetzesauslegung und Interessenjurisprudenz (redigiert von Roland Dubischar), in: Esser, Josef (Hrsg.), Studien und Texte zur Theorie und Methodologie des Rechts, Band 2, Bad Homburg v.d.H./Berlin/Zürich 1968
Henke, Horst-Eberhard	Die Tatfrage. Der unbestimmte Begriff im Zivilrecht und seine Revisibilität, Berlin 1966
Herdegen, Matthias	Beurteilungsspielraum und Ermessen im strukturellen Vergleich, in: JZ 1991, S. 747
Hill, Hermann	Normkonkretisierende Verwaltungsvorschriften, in: NVwZ 1998, S. 401
Hofmann, Christian	Der Beitrag der neueren Rechtsprechung des BVerfG zur Dogmatik des Beurteilungsspielraums, in: NVwZ 1995, S. 740
Hofmann, Harald Gerke, Jürgen	Allgemeines Verwaltungsrecht mit Bescheidtechnik, Verwaltungsvollstreckung und Rechtsschutz, 7. Auflage, Köln 1998
Imboden, Max	Das Gesetz als Garantie rechtsstaatlicher Verwaltung, 2. Auflage, Basel 1962
Ipsen, Jörn	Allgemeines Verwaltungsrecht, Köln/Berlin/Bonn/München 2000

Jellinek, Walter	Gesetz, Gesetzesanwendung und Zweckmäßigkeitserwägung, Tübingen 1913 (Neudruck 1964)
Jesch, Dietrich	Unbestimmter Rechtsbegriff und Ermessen in rechtstheoretischer und verfassungsrechtlicher Sicht, in: AöR 82 (1957), S. 163
Kellner, Hugo	Der sog. Beurteilungsspielraum in der verwaltungsgerichtlichen Prozeßpraxis, in: NJW 1966, S. 857
Kellner, Hugo	Neue Erkenntnisse zum sogenannten Beurteilungsspielraum?, in: DÖV 1972, S. 801
Kind, Hansgeorg	Ist die gesetzliche Verpflichtung der Exekutive zur (letztverbindlichen) Auslegung eines „unbestimmten Rechtsbegriffes“ durch Allgemeine Verwaltungsvorschriften verfassungswidrig? – Probleme der Neuregelung des § 7a WHG, in: DÖV 1988, S. 679
Kirchhof, Paul	Der Auftrag des Grundgesetzes an die rechtsprechende Gewalt, in: Richterliche Rechtsfortbildung – Erscheinungsformen, Auftrag und Grenzen, Festschrift der Juristischen Fakultät zur 600-Jahr-Feier der Ruprecht-Karls-Universität Heidelberg, Heidelberg 1986, S. 11
Knack, Hans Joachim Busch, Jost-Dietrich Henneke, Hans-Günter Clausen, Wolfgang Klappstein, Walter	Verwaltungsverfahrensgesetz (VwVfG), Kommentar, 5. Auflage, Köln/Berlin/Bonn/München 1996
Knack, Hans Joachim Busch, Jost-Dietrich Clausen, Wolfgang Dürr, Hansjochen Henneke, Hans-Günter Meyer, Hubert	Verwaltungsverfahrensgesetz (VwVfG), Kommentar, 7. Auflage, Köln/Berlin/Bonn/München 2000

Knemeyer, Franz-Ludwig	Datenerhebung und Datenverarbeitung im Polizeirecht, in: NVwZ 1988, S. 193
Koch, Hans-Joachim	Unbestimmte Rechtsbegriffe und Ermessensermächtigungen im Verwaltungsrecht, Frankfurt am Main 1979
Koenig, Christian	Zur gerichtlichen Kontrolle sogenannter Beurteilungsspielräume im Prüfungsrecht, in: VerwArch 83 (1992), S. 351
Koenig, Christian	Der Begründungszwang in mehrpoligen Verwaltungsrechtsverhältnissen am Beispiel umweltrelevanter Entscheidungen, in: AöR 117 (1992), S. 513
Kopp, Ferdinand O.	Grenzen der Gesetzgebung und der Rechtskontrolle der öffentlichen Verwaltung, in: BayVBl. 1983, S. 673
Kopp, Ferdinand O.	Verwaltungsverfahrensgesetz, Kommentar, 6. Auflage, München 1996
Kopp, Ferdinand O. Ramsauer, Ulrich	Verwaltungsverfahrensgesetz, Kommentar, 7. Auflage, München 2000
Kopp, Ferdinand O. Schenke, Wolf-Rüdiger	Verwaltungsgerichtsordnung, Kommentar, 12. Auflage, München 2000
Krebs, Walter	Kontrolle in staatlichen Entscheidungsprozessen – Ein Beitrag zur rechtlichen Analyse von gerichtlichen, parlamentarischen und Rechnungshofkontrollen, Heidelberg 1984
Krebs, Walter	Kompensation von Verwaltungsverfahrensfehlern durch gerichtlichen Rechtsschutz? – Zur Problematik des § 46 VwVfG des Bundes und der Länder, in: DVBl. 1984, S. 109
Krey, Volker	Rechtsfortbildung contra legem als Verfassungsproblem (III), in: JZ 1978, S. 465

Kunig, Philip — Das Rechtsstaatsprinzip – Überlegungen zu seiner Bedeutung für das Verfassungsrecht der Bundesrepublik Deutschland, Tübingen 1986

Laubinger, Hans Werner — Grundrechtsschutz durch Gestaltung des Verwaltungsverfahrens, in: VerwArch 73 (1982), S. 60

Laun, Rudolf — Bemerkungen zum freien Ermessen und zum détournement de pouvoir im staatlichen und im Völkerrecht, in: Kruse/Seraphim (Red.), Mensch und Staat in Recht und Geschichte, Festschrift für Herbert Kraus zur Vollendung seines 70. Lebensjahres, Kitzingen/Main 1954

Less, Erwin — Begriffsherrschaft und Verwaltungstätigkeit, in: DÖV 1957, S. 418

Lisken, Hans
Denninger, Erhard — Handbuch des Polizeirechts, 2. Auflage, München 1996

Loening, Hellmuth — Die gesetzliche Koppelung von unbestimmtem Rechtsbegriff und Ermessenstatbestand bei der Versagung und Einziehung von Vergünstigungen, in: DÖV 1952, S. 197 und S. 235 (Fortsetzung)

Lohmann, Hans Henning — Die Zweckmäßigkeit der Ermessensausübung als verwaltungsrechtliches Rechtsprinzip, Berlin 1972

Lücke, Jörg — Begründungszwang und Verfassung – Zur Begründungspflicht der Gerichte, Behörden und Parlamente, Tübingen 1987

Malorny, Michael — Die Pflicht zur Begründung von Verwaltungsakten, Speyer 1981 (Diss. Speyer 1981)

Mang, Johann
Simon, Alfons — Bayerische Bauordnung, Kommentar, Band I, 1.-7. Auflage, München, Stand: Februar 1981

Martens, Wolfgang — Zum Rechtsanspruch auf polizeiliches Handeln, in: JuS 1962, S. 245

Maurer, Hartmut — Das Verwaltungsverfahrensgesetz des Bundes, in: JuS 1976, S. 485

Maurer, Hartmut — Allgemeines Verwaltungsrecht, 13. Auflage, München 2000

Menger, Christian Friedrich — Zum Koppelungsverbot bei öffentlich-rechtlichen Verträgen, in: VerwArch 64 (1973), S. 203

Meyer, Hans
Borgs-Maciejewski, Hermann — Verwaltungsverfahrensgesetz-Kommentar, 2. Auflage, Frankfurt am Main 1982

Meyn, Karl-Ulrich — Aspekte zur Problematik von Beurteilungsspielraum und Ermessen, in: JA 1980, um S. 327

Michaelis, Lars Oliver — Anmerkung zum Urteil des Bundesverwaltungsgerichts vom 16. Juni 1997 (DVBl. 1998, 145 = DÖV 1997, 1006), in: JA 1998, S. 453

Müller, Friedrich — Richterrecht – rechtstheoretisch formuliert, in: Richterliche Rechtsfortbildung – Erscheinungsformen, Auftrag und Grenzen, Festschrift der Juristischen Fakultät zur 600-Jahr-Feier der Ruprecht-Karls-Universität Heidelberg, Heidelberg 1986, S. 65

Mussgnug, Reinhard — Der Dispens von gesetzlichen Vorschriften, Heidelberg 1964

Mutius, Albert von — Unbestimmter Rechtsbegriff und Ermessen im Verwaltungsrecht, in: Jura 1987, S. 92

Nagel, Walter — Die Rechtskonkretisierungsbefugnis der Exekutive – Ermessenskategorien und verwaltungsgerichtliche Kontrolldichte, Konstanz 1993 (Diss. Konstanz 1993)

Namaglies, Johannes	„Künstlerische Bedeutung“ und „öffentliches Interesse“ im Denkmalschutzrecht, in: DÖV 1984, S. 239
Obermayer, Klaus	Die Beurteilungsfreiheit der Verwaltung, in: BayVBl. 1975, S. 257
Obermayer, Klaus Ehlers, Dirk Link, Christoph	Kommentar zum Verwaltungsverfahrensgesetz, 2. Auflage, Neuwied/Frankfurt am Main 1990
Obermayer, Klaus Fritz, Roland (Hrsg.)	Kommentar zum Verwaltungsverfahrensgesetz, 3. Auflage, Neuwied/Kriftel 1999
Olshausen, Henning von	Beurteilungsspielraum der Verwaltung und Rationalität der Rechtsanwendung – BVerwGE 39, 197, in: JuS 1973, S. 217
Ordemann, Hans-Joachim Schomerus, Rudolf	Bundesdatenschutzgesetz – Kommentar, 2. Auflage, München 1978
Ossenbühl, Fritz	Gedanken zur Kontrolldichte in der verwaltungsgerichtlichen Rechtsprechung, in: Bender/Breuer/Ossenbühl/Sendler (Hrsg.); Rechtsstaat zwischen Sozialgestaltung und Rechtsschutz. Festschrift für Konrad Redeker zum 70. Geburtstag, München 1993, S. 55
Ossenbühl, Fritz	Tendenzen und Gefahren der neueren Ermessenslehre, in: DÖV 1968, S. 618
Ossenbühl, Fritz	Zur Renaissance der administrativen Beurteilungsermächtigung – Rezension zum Urteil des BVerwG vom 16.12.1991 – I C 31.68, DÖV 1972, S. 419, in: DÖV 1972, S. 401
Ossenbühl, Fritz	Vom unbestimmten Rechtsbegriff zur letztverbindlichen Verwaltungsentscheidung, in: DVBl. 1974, S. 309

Ossenbühl, Fritz	Der polizeiliche Ermessens- und Beurteilungsspielraum, in: DÖV 1976, S. 467
Ossenbühl, Fritz	Zur Bedeutung von Verfahrensmängeln im Atomrecht, in: NJW 1981, S. 375
Ott, Sieghart	Die neue Rechtsprechung des Bundesverwaltungsgerichts zum literarischen Jugendschutz in verfassungsrechtlicher Sicht, in: NJW 1972, S. 1219
Paefgen, Thomas Christian	Gerichtliche Kontrolle administrativer Prognoseentscheidungen, in: BayVBl. 1986, S. 513 und S. 551 (Fortsetzung)
Papier, Hans-Jürgen	Die Stellung der Verwaltungsgerichtsbarkeit im demokratischen Rechtsstaat, Berlin/New York 1979
Papier, Hans-Jürgen	Zur verwaltungsgerichtlichen Kontrolldichte, in: DÖV 1986, S. 621
Pauly, Manfred	Die Untersagungsverfügung nach § 16 Abs. 3 der Handwerksordnung, in: GewArch 85, S. 10
Peine, Franz-Joseph	Allgemeines Verwaltungsrecht, 5. Auflage, Heidelberg 2000
Pieroth, Bodo Kemm, Siegmar	Beurteilungsspielraum und verwaltungsgerichtliche Kontrolldichte bei der Anerkennung eines besonderen pädagogischen Interesses an privaten Grundschulen – BVerfGE 88, 40, in: JuS 1995, S. 780
Präve, Peter	Legitimation durch Anerkennung, in: DÖV 1990, S. 18
Püttner, Günter	Allgemeines Verwaltungsrecht, 7. Auflage, Düsseldorf 1995

Rapp, Ulrich	Inwieweit können illegale Bauwerke geduldet werden?, in: BauR 1983, S. 126
Redeker, Konrad von Oertzen, Hans-Joachim Redeker, Martin Kothe, Peter	Verwaltungsgerichtsordnung, Kommentar, 13. Auflage, Stuttgart/Berlin/Köln 2000
Redeker, Konrad	Entwicklungen und Probleme verwaltungsgerichtlicher Rechtsprechung, in: Achterberg/Krawietz/Wyduckel (Hrsg.), Recht und Staat im sozialen Wandel, Festschrift für Hans Ulrich Scupin zum 80. Geburtstag, Berlin 1983, S. 861
Redeker, Konrad	Verfassungsrechtliche Vorgaben zur Kontrolldichte verwaltungsgerichtlicher Rechtsprechung – Versuch eines sachlichen Gesprächs, in: NVwZ 1992, S. 305
Redeker, Konrad	Legislative, Exekutive und Verwaltungsgerichtsbarkeit, in: NVwZ 1996, S. 126
Reuss, Hermann	Der Verwaltungsakt und seine Begründung, in: DVBl. 1954, S. 593
Reuss, Hermann	Der unbestimmte Rechtsbegriff, in: DVBl. 1953, S. 649
Reuss, Hermann	Das Ermessen – Versuch einer Begriffsklärung, in: DVBl. 1953, S. 585
Reuss, Hermann	Anmerkung zum Urteil des VGH Stuttgart vom 16. Januar 1953 (DÖV 1953, S. 641), in: DÖV 1954, S. 55
Reuss, Hermann	Gegenäußerung auf die Erwiderung von Erwin Schütz auf die Anmerkung von Reuss (DÖV 1954, S. 55), in: DÖV 1954, S. 557

Reuss, Hermann	Anmerkung zum Urteil des Bundesverwaltungsgerichts vom 10. März 1954 (DÖV 1954, S. 532), in: DÖV 1954, S. 535
Riotte, Wolfgang	Verwaltungsverantwortung und Verwaltungsgerichtsbarkeit – Notwendigkeit des Abbaus richterlicher Kontrolldichte?, in: NWVBl. 1997, S. 1
Roellecke, Gerd	Gesetzmäßigkeitsprinzip und verwaltungsrechtliche Auflagen und Bedingungen, in: DÖV 1968, S. 333
Roewer, Helmut	Bürgerauskunft durch die Verfassungsschutzbehörden? – Ein Beitrag zu § 13 II BDSG und § 3 I BVerfSchG, in: NVwZ 1989, S. 11
Rupp, Hans Heinrich	Nochmals: Zur Begründung von Ermessensentscheidungen nach dem Entwurf eines Verwaltungsverfahrensgesetzes des Bundes, in: ZRP 1971, S. 233
Rupp, Hans Heinrich	„Ermessen", „unbestimmter Rechtsbegriff" und keine Ende, in: Fürst/Herzog/Umbach (Hrsg.), Festschrift für Wolfgang Zeidler, Band I, Berlin/New York 1987, S. 455
Rupp, Hans Heinrich	Grundfragen der heutigen Verwaltungsrechtslehre, 2. Auflage, Tübingen 1991
Sachs, Michael	Grundgesetz, Kommentar, 2. Auflage, München 1999
Sarnighausen, Hans-Cord	Zum Nachbaranspruch auf baubehördliches Einschreiten, in: NJW 1993, S. 1623
Schäfer, Kurt	Auskunft über zur Person des Anfragenden gespeicherte Daten, in: NVwZ 1983, S. 85

Scheerbarth, Walter — Fehler in den drei neuen Landesbauordnungen? – Zugleich ein juristisches Promemoria für die Gesetzgeber der noch zu erwartenden Landesbauordnungen, in: DVBl. 1963, S. 286

Scheerbarth, Walter — Ist im Verwaltungsrecht die Hermeneutik auf Abwegen?, in: DVBl. 1960, S. 185

Scheffler, Hans Hermann — Die allgemeine Pflicht zur Begründung von Verwaltungsakten – Ein Beitrag zum Verwaltungsverfahrensgesetz des Bundes, in: DÖV 1977, S. 767

Schellhorn, Walter; Jirasek, Hans; Seipp, Paul — Das Bundessozialhilfegesetz: ein Kommentar für Ausbildung, Praxis und Wissenschaft, 13. Auflage, Neuwied 1988

Schellhorn, Walter; Jirasek, Hans; Seipp, Paul — Das Bundessozialhilfegesetz: ein Kommentar für Ausbildung, Praxis und Wissenschaft, 15. Auflage, Neuwied/Kriftel/Berlin 1997

Schenke, Wolf Rüdiger — Das Verwaltungsverfahren zwischen Verwaltungseffizienz und Rechtsschutzauftrag, in: VBlBW 1982, S. 313

Schenke, Wolf Rüdiger — Der verfahrensfehlerhafte Verwaltungsakt gemäß § 46 VwVfG, in: DÖV 1986, S. 305

Scheuner, Ulrich — Das Gesetz als Auftrag der Verwaltung, in: DÖV 1969, S. 585

Schmalz, Dieter — Allgemeines Verwaltungsrecht und Grundlagen des Verwaltungsrechtsschutzes, 3. Auflage, Baden-Baden 1998

Schmidt, Walter — Abschied vom „unbestimmten Rechtsbegriff", in: NJW 1975, S. 1753

Schmidt, Walter — Gesetzesvollziehung durch Rechtsetzung, Bad Homburg v.d.H./Berlin/Zürich 1969

Schmidt, Walter	Einführung in die Probleme des Verwaltungsrechts, München 1982
Schmidt-Aßmann, Eberhard	Funktionen der Verwaltungsgerichtsbarkeit, in: Erichsen/Hoppe/von Mutius (Hrsg.), System des verwaltungsgerichtlichen Rechtsschutzes, Festschrift für Christian-Friedrich Menger zum 70. Geburtstag, Köln/Berlin/Bonn/München 1985, S. 107
Schmidt-Aßmann, Eberhard	Verwaltungsverantwortung und Verwaltungsgerichtsbarkeit, in: VVDStRL 34 (1976), S. 221
Schmidt-Aßmann, Eberhard	Die Kontrolldichte der Verwaltungsgerichte: Verfassungsgerichtliche Vorgaben und Perspektiven, in: DVBl. 1997, S. 281
Schmidt-Aßmann, Eberhard Groß, Thomas	Zur verwaltungsgerichtlichen Kontrolldichte nach der Privatgrundschul-Entscheidung des BVerfG, in: NVwZ 1993, S. 617
Schmidt-Eichstaedt, Gerd	Ermessen, Beurteilungsspielraum und eigenverantwortliches Handeln der Verwaltung, in: AöR 98 (1973), S. 173
Schmidt-Eichstaedt, Gerd	Der Konkretisierungsauftrag der Verwaltung beim Vollzug öffentlich-rechtlicher Normen, in: DVBl. 1985, S. 645
Schmidt-Preuß, Matthias	Kollidierende Privatinteressen im Verwaltungsrecht, Berlin 1992
Schmidt-Salzer, Joachim	Anmerkung zum Urteil des Bundesverwaltungsgerichts vom 16. Dezember 1971 (DVBl. 1972, S. 388), in: DVBl. 1972, S. 91
Schmidt-Salzer, Joachim	Der Beurteilungsspielraum der Verwaltungsbehörden, Berlin 1968

Schmitt Glaeser, Walter Horn, Hans-Detlef	Verwaltungsprozeßrecht, 15. Auflage, Stuttgart/München/Hannover/Berlin/Weimar/Dresden 2000
Schoch, Friedrich	Nachholen der Begründung und Nachschieben von Gründen, in: DÖV 1984, S. 401
Schoch, Friedrich Schmidt-Aßmann, Eberhard Pietzner, Rainer	Verwaltungsgerichtsordnung, Kommentar, Band II, München, Losebl., Stand: Januar 2000
Scholz, Rupert	Verwaltungsverantwortung und Verwaltungsgerichtsbarkeit, in: VVDStRL 34 (1976), S. 145
Schulte, Bernd Trenk-Hinterberger, Peter	Bundessozialhilfegesetz (BSHG) mit Durchführungsverordnungen und Erläuterungen, 2. Auflage, München 1998
Schulze-Fielitz, Helmuth	Neue Kriterien für die verwaltungsgerichtliche Kontrolldichte bei der Anwendung unbestimmter Rechtsbegriffe, in: JZ 93, S. 772
Schuppert, Gunnar Folke	Self restraint der Rechtsprechung – Überlegungen zur Kontrolldichte in der Verfassungs- und Verwaltungsgerichtsbarkeit, in: DVBl. 1988, S. 1191
Schwab, Siegfried	Rechtsgrundlagen und Funktionen der Öffentlichkeitsbeteiligung im Rahmen bundesbahnrechtlicher Planfeststellungsverfahren, in: ZfV 1988, S. 189
Schwab, Siegfried	Die Begründungspflicht nach § 39 VwVfG, Pfaffenweiler 1991 (Diss. Heidelberg 1991)
Schwabe, Jürgen	Anmerkung zum Urteil des Bundesverwaltungsgerichts vom 16. Juni 1997 (DVBl. 1998, S. 145), in: DVBl. 1998, S. 147

Seewald, Otfried — Die Gestaltungsfreiheit der Verwaltung – Ermessen und unbestimmter Rechtsbegriff, in: Jura 1980, S. 175

Selmer, Peter — Anmerkung zum Urteil des Bundesverwaltungsgerichts vom 16. Juni 1997 (NJW1998, S. 2233 = DVBl. 1998, S. 145 m. Anm. Schwabe), in: JuS 1998, S. 764

Sendler, Horst — Skeptisches zum unbestimmten Rechtsbegriff, in: Blümel/Merten/Quaritsch (Hrsg.); Verwaltung im Rechtsstaat. Festschrift für Carl Hermann Ule zum 80. Geburtstag, Köln/Berlin/Bonn/München 1987, S. 337

Sendler, Horst — Über richterliche Kontrolldichte in Deutschland und anderswo, in: NJW 1994, S. 1518

Sieckmann, Jan-R. — Beurteilungsspielräume und richterliche Kontrollkompetenzen, in: DVBl. 1997, S. 101

Siegert, Albrecht
Musielak, Hans-Joachim — Das Recht des Handwerks, Kommentar zur Handwerksordnung nebst anderen für das Handwerksrecht bedeutsamen Rechtsvorschriften und Bestimmungen, 2. Auflage, München 1984

Smeddinck, Ulrich — Der unbestimmte Rechtsbegriff – strikte Bindung oder Tatbestandsermessen?, in: DÖV 1998, S. 370

Sodan, Helge — Unbeachtlichkeit und Heilung von Verfahrens- und Formfehlern, in: DVBl. 1999, S. 729

Soell, Hermann — Das Ermessen der Eingriffsverwaltung, Heidelberg 1973

Starck, Christian — Der Gesetzesbegriff des Grundgesetzes – Ein Beitrag zum juristischen Gesetzesbegriff, Baden-Baden 1970

Starck, Christian	Praxis der Verfassungsauslegung, Baden-Baden 1994
Starck, Christian	Rechtsdogmatik und Gesetzgebung im Verwaltungsrecht, in: Behrends/Henckel (Hrsg.), Gesetzgebung und Dogmatik, Göttingen 1989
Starck, Christian	Das Verwaltungsermessen und dessen gerichtliche Kontrolle, in: Franßen/Redeker/Schlichter/Wilke (Hrsg.), Bürger – Richter – Staat, Festschrift für Horst Sendler, Präsident des Bundesverwaltungsgerichts, zum Abschied aus seinem Amt, München 1991, S. 167
Steinberg, Rudolf	Grundfragen des öffentlichen Nachbarrechts, in: NJW 1984, S. 457
Stelkens, Paul Bonk, Heinz Joachim Sachs, Michael	Verwaltungsverfahrensgesetz, Kommentar, 4. Auflage, München 1993
Stelkens, Paul Bonk, Heinz Joachim Sachs, Michael	Verwaltungsverfahrensgesetz, Kommentar, 5. Auflage, München 1998
Stelkens, Paul	Die Rolle der Verwaltungsgerichte bei der Umsetzung der Verwaltungsverfahrensgesetze, in: NWVBl. 1989, S. 335
Stern, Klaus	Das Staatsrecht der Bundesrepublik Deutschland, Band I, 2. Auflage, München 1984
Stern, Klaus	Das Staatsrecht der Bundesrepublik Deutschland, Band III/2, München 1994
Suckow, Horst	Allgemeines Verwaltungsrecht und Verwaltungsrechtsschutz, 12. Auflage, Köln 1997
Tettinger, Peter J.	Rechtsanwendung und gerichtliche Kontrolle im Wirtschaftsverwaltungsrecht, München 1980

Ule, Carl Hermann	Das Verwaltungsverfahrensgesetz, in: DVBl. 1976, S. 421
Ule, Carl Hermann	Verwaltungsverfahren und Verwaltungsprozeß, in: VerwArch 62 (1971), S. 114
Ule, Carl Hermann	Zur Anwendung unbestimmter Rechtsbegriffe im Verwaltungsrecht, in: Bachof/Drath/Gönnenwein/Walz (Hrsg.); Forschungen und Berichte aus dem öffentlichen Recht. Gedächtnisschrift für Walter Jellinek, München 1955, S. 309
Ule, Carl Hermann	Ermessen und unbestimmter Rechtsbegriff, in: DVBl. 1955, S. 148
Ule, Carl Hermann	Rechtsstaat und Verwaltung, in: VerwArch 76 (1985), S. 1
Ule, Carl Hermann	Verwaltungsgerichte überstaatlicher und internationaler Organisationen, in: DVBl. 1953, S. 491
Ule, Carl Hermann	Ein neuer Anlauf? – Zum Entwurf einer Verwaltungsprozeßordnung 1985, in: DVBl. 1985, S. 939
Ule, Carl Hermann	Speyerer Antrittsvorlesung über das Verhältnis von Verwaltungsstaat und Rechtsstaat, in: Staats- und verwaltungswissenschaftliche Beiträge: 10 Jahre Hochschule für Verwaltungswissenschaften Speyer, Stuttgart 1957
Ule, Carl Hermann	Rechtsstaat und Verwaltung, in: VerwArch 76 (1985), S. 1 und S. 129 (Fortsetzung)
Ule, Carl Hermann	Streik und Polizei, 2. Auflage, Köln/Berlin/Bonn/München 1972

Ule, Carl Hermann Laubinger, Hans-Werner	Verwaltungsverfahrensrecht – Ein Lehrbuch für Studium und Praxis, 4. Auflage, Köln/Berlin/Bonn/München 1995
Vahle, Jürgen	Anmerkung zum Urteil des Bundesverwaltungsgerichts vom 16. Juni 1997 (DÖV 1997, S. 1007), in: DVP 1998, S. 85
Volkmann, Uwe	Das „intendierte“ Verwaltungsermessen, in: DÖV 96, S. 282
Wagenitz, Thomas	Anmerkung zum Urteil des Bundesverwaltungsgerichts vom 16. Dezember 1971 (DVBl. 1972, S. 388), in: DVBl. 1972, S. 392
Wahl, Rainer	Risikobewertung der Exekutive und richterliche Kontrolldichte – Auswirkungen auf das Verwaltungs- und gerichtliche Verfahren, in: NVwZ 1991, S. 409
Weides, Peter	Verwaltungsverfahren und Widerspruchsverfahren, 3. Auflage, München 1993
Weitzel, Christian	Justitiabilität des Rechtsetzungsermessens: Zugleich ein Beitrag zur Theorie des Ermessens, Berlin 1998 (Diss. Münster 1997)
Wilke, Dieter	Der Anspruch auf behördliches Einschreiten im Polizei-, Ordnungs- und Baurecht, in: Achterberg/Krawietz/Wyduckel (Hrsg.). Recht und Staat im sozialen Wandel, Festschrift für Hans Ulrich Scupin zum 80. Geburtstag, Berlin 1983, S. 831
Wilke, Dieter	Die Kontrollfunktion der Verwaltungsgerichte, in: Merten (Hrsg.), Gewaltentrennung im Rechtsstaat – Zum 300. Geburtstag von Charles de Montesquieu, Berlin 1989, S. 135
Wolff, Hans J. Bachof, Otto	Verwaltungsrecht I: Ein Studienbuch, 9. Auflage, München 1974

Wolff, Hans J. Bachof, Otto Stober, Rolf	Verwaltungsrecht: ein Studienbuch, Band 1, 11. Auflage, München 1999
Zschacke	Die Begründung des Verwaltungsakts und ihre Bedeutung im Verwaltungsverfahren, in: NJW 1954, S. 413